항공서비스시리즈 ⑨

항공사
객실승무원 면접

Flight Attendant Interview

박혜정

 백산출판사

✈ 항공서비스시리즈를 출간하며

    글로벌시대 관광산업의 발전과 더불어 항공서비스 및 객실승무원에 대한 관심이 날로 증가됨에 따라 전문직업인을 양성하는 대학을 비롯하여 교육기관에서 관련 교육이 확대되고 있다.

    저자도 객실승무원을 희망하는 전공학생을 대상으로 강의를 하면서 교과에 따른 교재들을 개발·활용해 왔으며, 이제 그 교재들을 학습의 흐름에 따라 직업이해, 직업기초, 직업실무, 면접 준비 등의 네 분야로 구분·정리하여 항공서비스시리즈로 출간하게 되었다.

직업이해	1	멋진 커리어우먼 스튜어디스	직업에 대한 이해
직업기초	2	고객서비스 입문	서비스에 대한 이론지식 및 서비스맨의 기본자질 습득
	3	서비스맨의 이미지메이킹	서비스맨의 이미지메이킹 훈련
직업실무	4	항공경영의 이해	항공운송업무 전반에 관한 실무지식
	5	항공객실업무	항공객실서비스 실무지식
	6	항공기내식음료서비스	서양식음료 및 항공기내식음료 실무지식
	7	항공객실 안전과 보안	비행안전 및 보안 업무 실무지식
	8	기내방송 1·2·3	기내방송 훈련
면접 준비	9	항공사 객실승무원 면접	승무원 면접 준비를 위한 자가학습 훈련
	10	English Interview for Stewardesses	승무원 면접 준비를 위한 영어인터뷰 훈련

모쪼록 객실승무원을 희망하는 지원자 및 전공학생들에게 본 시리즈 도서들이 단계적으로 직업을 이해하고 취업을 준비하는 데 올바른 길잡이가 되기를 바란다. 또한 이론 및 실무지식의 습득을 통해 향후 산업체에서의 현장적응력을 높이는 데도 도움이 되기를 바란다.

아울러 항공운송산업의 환경은 지속적으로 변화·발전할 것이므로, 향후 현장에서 변화하는 내용들은 즉시 개정·보완해 나갈 것을 약속드리는 바이다.

본 항공서비스시리즈 출간에 의의를 두고, 흔쾌히 맡아주신 백산출판사 진욱상 사장님과 편집부 여러분께 깊은 감사의 말씀을 전한다.

저자 씀

PREFACE

세계를 무대로 자신의 꿈을 한껏 펼쳐나갈 수 있는 멋진 커리어우먼, 객실승무원!

국제적 감각의 세련된 매너와 품위 있는 행동, 능숙한 외국어실력, 타인을 배려할 줄 아는 서비스마인드를 갖춘 객실승무원은 시대를 막론하고 많은 여성들에게 선망의 대상이 되는 매력 있는 직업임에 틀림없다.

그러나 실제로 승무원이 되기 위해서는 치열한 경쟁을 거쳐야 하고 그 경쟁이 점점 첨예화됨에 따라 항공사에서는 채용단계에서부터 승무원의 능력과 자질을 충분히 갖춘 지원자를 선호하는 추세이다.

그렇다면 객실승무원이 되기 위해서는 과연 어떠한 자질을 개발해야 하는가? 그리고 무엇을 어떻게 준비해야 하는가?

이는 단순히 직업에 대한 막연한 동경이 아니라, 엄연히 평생직장을 갖기 위한 준비가 되어야 하므로 단기적으로 해결될 일도, 또 해결되어서도 안 될 것이다.

그러나 어찌된 까닭인지 객실승무원은 외모 위주로 채용된다는 생각으로 채용공고가 나면 너도나도 미용실부터 알아보는 게 현실이다. 물론 호감 가는 외모도 매우 중요한 요소지만 그보다 서비스기업에서 요구하는 올바른 품성과 서비스마인드, 원활한 의사소통 능력, 직업의식 등 여러 가지 자질도 함께 갖추어야 함을 명심해야 할 것이다.

취업준비자는 채용하고자 하는 회사가 요구하는 실력과 능력을 갖추고, '자기 자신이 얼마나 열의 있고, 왜 이 회사에 채용되어야 하는가'를 면접관에게 어필하여 장래에 이 회사의 리더로 활약할 사람임을 성의를 갖고 신중하게 전달하는 기술이 필요하다.

이 책은 객실승무원이라는 직업에 대한 올바른 인식을 바탕으로 지원자 개개인이 열의를 갖고 성실하게 취업준비를 할 수 있는 방법을 전달하기 위해 썼다. 즉 자신이 갖고 있는 승무원의 자질과 능력을 단계적으로 개발하도록 함으로써 보다 효율적으로 목표에 달성할 수 있게 하기 위함이다.

본서의 특징과 활용방법은 다음과 같다.

항공사 채용경향의 변화, 채용 시 주안점 등을 반영하여 보다 실질적인 면접 및 취업관련 준비에 대한 내용을 다루었다.

면접준비 및 항공사 지원서 작성에서 합격에 이르기까지 준비에 필요한 내용으로 구성되어 있으며, 강의식으로 설명하였다.

각 준비단계별로 본문 학습(연습) 후 연습문제, 워크시트 등의 워크북을 이용하여 셀프체크하도록 하는 자가학습방식이다.

직업의식이나 서비스마인드 함양을 위해 사례연구나 경험 등을 바탕으로 서비스매너를 체득하도록 하는 이른바 이론과 실습 학습이 병행되도록 하였다.

특히 자기표현능력, 프레젠테이션 스킬 등의 중요성을 인식하여 평소 말하기, 대화하기를 통해 스피치 능력을 향상시키는 단계별 자가스피치훈련 내용을 중점적으로 다루었다. 실제로 승무원면접을 준비하는 학생들 대부분이 처음에는 외모에 자신이 없어 고민하다가 정작 면접을 앞두고 스피치를 가장 큰 고민거리로 생각하는 것을 많이 보아왔기 때문이다.

단 미리 밝혀둘 사항은 본서는 면접관의 질문에 대해 정해놓은 답변요령을 제시하려는 것이 아니라 각자 준비된 마음가짐과 자세를 어떠한 상황에서든지 효과적으로 표현하고 전달할 수 있는 기술을 터득하도록 한 것이다.

모쪼록 본서가 항공사 승무원 준비생은 물론 일반 취업면접 준비생에게도 유용한 참고가 되길 바란다.

저자 씀

CONTENTS

PART 4   지원서 작성에서 합격까지 _ 183

PART 1

객실승무원
직업의 이해

당신은 객실승무원이 되기를 원하는가?
그 직업에 대해 얼마나 알고 있는가?
우선 직업에 대해 전반적으로 이해해 보고, 항공사별 채용요건도 살펴보라.
당신이 지원하고자 하는 항공사는 어느 항공사인가?
당신은 지금 얼마나 준비되어 있는가?

1 직업의 세계

제1절 직업과 직업의식

직장이란 과연 무엇일까? 그리고 직장인에게 있어 진정 행복한 삶은 어떤 것일까? 직장은 단지 '노동력을 제공하고 그 대가를 지불받는 곳'이 아닌 '개인의 행복을 증진시켜 삶의 질을 높인다'는 그 이상의 의미를 갖고 있다.

그렇게도 원했던 직장에 취업하여 자신의 일을 즐겁고 보람 있게 느끼고 훌륭한 성취를 위해 노력하는 사람이 있는가 하면, 불평과 고뇌에 싸여 시간을 보내는 사람도 있다.

왜 이같이 직업에 대한 태도가 다른 것일까?

직업을 선택하는 과정은 그저 막연히 그 직업의 겉모습이 좋아서가 아니라 자신이 그 직업에 종사하는 것이 가장 최선의 선택인지를 스스로 묻고 인지하고 깨닫도록 만들어주는 것인 만큼, 이러한 과정에서 얻게 되는 시행착오를 가장 최소화하는 것이 무엇보다도 중요하다.

이것이 바로 직업에 대한 태도와 가치관인 '직업의식'이 어떻게 형성되어 있는지를 보여주는 것이며 개인이 그 일을 평생 동안 수행할 수 있는 탄탄한 근거를 제공하기 때문이다. 그래야만 누구나 자신의 능력과 소질을 토대로 사회 적재적소에서 개인의 역량을 충분히 발휘할 수 있을 것이다.

즉 직업의식은 일에 대한 올바른 선택을 이끄는 과정이며, 직장인이 가져야 할 바람직한 직업의식은 직업에 대한 올바른 인식에서부터 출발한다.

직업에 있어서의 참다운 가치를 궁극적으로는 '자아의 실현'이라고 규정할 때 직업을 택하는 기준이 달라지게 될 것이다.

당신은 왜 객실승무원이란 직업을 갖고자 하는가?

그 직업에 대해 얼마나 알고 있는가?

'항공기 객실승무원'은 항공기에 탑승한 승객이 목적지까지 안전하고 쾌적하게 이동할 수 있도록 기내에서 각종 서비스를 제공한다(한국고용정보원 직업사전).

객실승무원은 장점과 단점의 간극이 매우 큰 직업 중의 하나이다. 장점 때문에 객실승무원이 되기를 원하고, 또 되고 난 후에는 즐겁게 보람을 느끼며 근무할 수 있는 직업이기도 하지만, 단점을 극복하지 못해서 일 년도 채 근무하지 못하고 사직하는 경우도 있다.

그러나 서비스맨의 기본적인 자질을 바탕으로, 또한 교육과 훈련을 통해 다져진 직업의식으로 그 단점을 극복하고 평생 멋진 커리어우먼으로 근무하는 사람들도 많이 있다. 객실승무원이란 직업은 겉모습은 화려하지만 그 내면의 어려움들은 직업의식으로 철저히 무장되어야만 극복할 수 있다는 점을 명심해야 한다.

여객기에 객실 전문요원을 도입하여, 가장 먼저 객실승무원을 탑승시킨 항공사는 1928년 독일의 루프트한자 항공사이다. 그러나 이때는 여승무원이 아닌 남자 승무원, 즉 스튜어드*(steward)가 탑승했다. 원래 유럽에서는 고급 서비스 업무를 남성이 담당해 온 전통이 있었기 때문에 여객기 객실서비스 업무에 처음부터 남성을 태운 것은 어찌 보면 당연한 일이었는지 모른다.

여성인 객실승무원이 비로소 여객기에 탑승한 것은 미국에서 처음으로 시작되었다. 현재 유나이티드 항공의 전신인 보잉항공수송회사(Boeing Air Transport Co.)가 1930년 간호사를 채용하여 탑승하도록 한 것이 최초이다.

항공운송 역사상 객실승무원 1호가 된 이 여성은 미국 아이오와주 출신의 젊은 간호사 엘렌 처치(Ellen Church)이다. 그녀는 당초 보잉사에 조종사로서 취업하길 희망했지만 그 제안이 거절당하자 끈질긴 요구 끝에 타협안으로 객실에 탑승하게 된 것이라고 한다. 보잉사는 객실 탑승도 1개월 조건부의 형태로 그녀를 고용하였다. 그리하여 미국 국내선에 간호자격증을 소지한 8명의 간호사에게 승객의 멀미나 사소한 문제를 처리하고 돌보도록 한 것이 객실승무원의 첫 등장이 된 것이다.

그러나 승객들은 이 상냥하고 친절한 엘렌의 서비스에 호평을 보내게 되고, 보잉사는 당연히 이 제도를 본격적으로 도입하게 되었다. 그리고 불과 2년이 채 지나지 않아 당시 미국 내의 20여 개 항공사가 모두 경쟁적으로 여성 객실승무원제도를 채택하게 되었다.

이 소식은 바로 유럽으로 건너가 1931년 에어프랑스의 전신인 파아망 항공사가 국제선에 객실승무원을 탑승시키는 것을 시작으로, 1934년 스위스 항공이, 이듬해엔 네덜란드의 KLM이, 그리고 1938년엔 당시 유럽 최대 항공사

---

* 대한항공이 국내 항공업계 최초로 여성 승무원을 뜻하는 '스튜어디스(stewardess)'와 남성 승무원을 뜻하는 '스튜어드(steward)' 명칭을 없애고 남녀 객실승무원을 '플라이트 어텐던트(flight attendant)'로 통합함을 밝혔다(조선일보, 2022.10.26).

였던 루프트한자가 이 제도를 운용함으로써 유럽 전역에도 여승무원들의 활약이 시작되었다.

엘렌 처치가 활약하던 그 당시, 여승무원들은 지금처럼 '객실승무원'이라는 호칭 대신 '에어 호스티스(Air Hostess)' 또는 '에어 걸(Air Girl)'이라고 불리었다.

특이한 사실은 당시 객실승무원의 자격은 25세 이하의 독신여성으로 키는 162센티미터 이하여야 했는데, 요즘과 비교해 키의 기준이 다른 것은 당시 항공기 객실이 좁고 천장이 낮은 데서 연유하는 것으로 보인다.

또 당시에는 지금과 달리 객실승무원들이 탑승수속 업무까지 담당하는 것이 대부분이었다. 승객이 수하물을 가지고 비행기까지 오거나 간단한 탑승시설에 오면 객실승무원이 탑승명부를 일일이 대조해 가며 몸무게와 수하물의 무게를 측량하고 탑승시킨 것이다. 무게를 재는 일은 당시 안전운항의 최우선 조건이었다고 한다.

제3절　근무특성

제3절　근무특성

　항공기 객실은 제한된 좁은 공간, 탁한 공기, 낮은 기압과 습도 등 지상의 환경과는 많은 차이가 있다. 승무원은 이러한 여건 속에서 다양한 승객에게 장시간 노출되어, 주야 구분이 없는 근무형태를 띠고 있다. 또한 해외 체류가 잦기 때문에 시차 적응에 따른 생체리듬의 불균형으로 인해 체력저하, 피부노화, 위장병, 허리디스크 등의 건강문제가 뒤따르게 된다.

　또한 주말, 휴일이 따로 없이 월별 개인스케줄에 의해 근무하게 되며, 팀 단위의 근무체제이다.

　일반적으로 승무원은 여성들이 선호하는 대표적인 직업으로 인식되지만, 여건상 비행기 내에서의 근무는 지상에 비해 노동강도가 높기 때문에 장기적으로 근무하기에는 많은 어려움이 따르는 것이 사실이다. 그러나 전문직업인으로서 프로 서비스맨의 마인드로 건강한 체력까지 뒷받침된다면 어떠한 직업보다도 매력 있는 직종이다.

하늘의 천사라고 불리는 객실승무원은 국제적 감각의 세련된 매너와 타인을 배려할 줄 아는 서비스마인드를 갖춘 서비스맨으로서 각국을 대표하는 민간 외교관의 역할까지 하며 세계를 무대로 꿈을 펼쳐나갈 수 있는 전문 직업인이다.

다른 직업에 비하여 급여 수준이 높고 근무특성상 자기계발의 기회도 많아 시대를 막론하고 여성들에게 인기가 많은 직종이다.

객실승무원은 단순한 기내서비스 업무뿐만 아니라 각국의 사회·문화 및 환경 등의 변화에 대한 정보지식을 갖추어야 하므로 외국어 구사능력, 세련되고 품위 있는 행동, 풍부한 상식 등 여성으로서의 모든 자질을 스스로 익히게 된다. 또한 외국여행의 기회를 쉽게 얻을 수 있으므로 같은 또래의 사람들보다 더 많은 다양한 경험과 문화를 접하면서 식견이 넓어지고, 국제매너, 외국어능력을 익혀 어느 장소에 가든지 매너 있는 여성으로 인정받게 된다.

그러므로 외국어 실력을 갖추고, 적극적이고 사교적인 성격과 서비스마인드가 투철한 여성들이 도전해 볼 만한 최고의 직업이라고 할 수 있다.

또한 결혼 후에도 계속 근무하면서 출산 관련, 육아 휴직 등을 보장받고 있다.

퇴직 후에도 이미지컨설턴트, 서비스매너강사, 호텔, 여행업 등 다양한 분야에서 객실승무원 경력을 인정받는다.

객실승무원의 주요 임무는 승객의 안전하고 쾌적한 여행을 확보하는 것이다. 그러므로 객실승무원은 항공기 탑승근무에 적합한 신체 및 건강 조건을 유지해야 하며 항공기의 일상 안전운항을 위해 또는 비상시 필요조치를 취할 수 있는 지식과 능력을 갖춰야 한다.

1 비행안전

객실승무원은 항공기의 안전운항을 위해 기장을 보좌하여 운항 중의 승객안전과 비상탈출에 관한 임무를 수행하여야 한다. 또한 안전하고 쾌적한 비행환경을 조성하고 유지하는 데 대한 책임을 진다.

비행 중 승객과 승무원의 안전을 위해 평상시에 수행해야 하는 객실 내 일반적인 안전업무가 있다. 즉 비행 중 발생할 수 있는 사고를 미연에 방지하기 위해 객실승무원이 취해야 하는 일련의 안전조치 예방업무와 비행 중 만일의 사고가 발생할 수 있음을 인식하고 이 같은 상황 발생 시 객실승무원이 적절히 대비하기 위해 취해야 하는 업무를 말한다.

이 같은 일상 안전업무 외에 비상착륙, 감압 또는 기내화재 등 객실 내 비상사태 발생 시 객실승무원이 취해야 할 조치업무인 '비상안전업무'가 있다.

2 기내서비스

객실승무원은 회사의 제반 규정과 서비스 절차를 준수하고 승객에게 물질적인 서비스뿐만 아니라 최상의 인적 서비스가 제공되도록 최선을 다해야 한다.

승객이 기내에 탑승해서부터 하기할 때까지, 즉 목적지에 도착할 때까지 쾌적한 여행이 될 수 있도록 하는 일체의 서비스업무를 수행하며, 기내에 탑승하는 다양한 승객의 기호에 대응하여 인적 서비스 담당자로서 국제적인 감각과 세련된 매너로 승객의 여행에 필요한 정보를 제공하여야 한다.

또한 기내에서의 안락한 여행이 될 수 있도록 주변의 청결은 물론, 주위의 다수 승객을 위해 지나친 행동을 하는 승객도 통제, 제재할 수 있는 통솔능력도 필요하다. 일반적으로 승무원의 주업무로 알려져 있는 기내에서의 식음료서비스는 승무원 서비스업무의 일부분이라고 할 수 있다.

　승무원 직급체계에 있어서 항공사에 따라 단계별로 호칭, 연한 등의 차이는 있을 수 있으나, 일반적으로 객실승무원의 직급체계는 단계별로 다음과 같이 구성되어 있으며 근무의 특성을 살려 각 직급별 호칭을 별도로 정한다.

수석사무장(Chief Purser)

선임사무장(Senior Purser)

사무장(Purser)

부사무장(Assistant Purser)

승무원(Flight Attendant)

수습승무원(On-the-job Trainee)

객실승무원의 근무는 회사 업무에 종사하는 것을 말하며 근무할당표에 의거한다.

근무할당표에는 승무, 편승, 공항대기, 지상근무 및 휴일, 휴가, 자택/공항대기, 교육훈련 등이 포함된다.

① 비행근무

객실승무원이 비행임무를 위하여 회사가 정한 장소에 출근한 시각부터 해당 임무가 종료된 시각까지 경과한 시간을 말한다.

■ 승무(On-duty Flight)

객실승무원이 항공기에 탑승하여 소정의 업무를 수행하는 것을 말한다.

■ 편승(Extra Flight)

객실승무원이 다음 승무를 위해 또는 승무를 마치고 할당된 업무 없이 공항과 공항 간을 자사 또는 타사 항공편으로 이동함을 말하며 Ferry Flight를 포함한다.

■ Ferry Flight

유상탑재물을 탑재하지 않고 실시하는 비행

② 대기(Stand-by)

모든 정기, 부정기편에서 결원이 발생할 때, 이의 충원을 위해 지정된 장소에서 대기하는 것을 말하며, 공항 내의 지정된 장소에서 대기하는 공항 대기(Airport Stand-by)와 거주지에서 대기하는 자택 대기로 구분된다.

① 객실승무원의 유니폼

승무원의 유니폼은 항공사의 이미지는 물론 각 국가가 추구하는 이미지와 시대적 흐름을 고려하여 제작된다. 유니폼은 승객의 입장에서는 기내의 다른 승객과 쉽게 구별되므로 적극적인 서비스를 받을 수 있고, 승무원 간의 일체감과 소속감을 갖게 해주어 업무의 효율을 높일 수 있다.

유니폼은 간호사에서 유래했기 때문에 흰색 가운에 흰색 모자를 쓰는 것이 당시로서는 보편적 복장이었다. 그러다가 세계대전을 거치면서 군복을 변형해 여성 특유의 맵시를 살린 제복을 입는 것이 한동안 유행하기도 했다. 현재는 항공사의 특성을 살린 심미성과 비행근무 시의 실용성에 주안점을 두고 디자인된 유니폼을 착용하는 추세이다.

대한항공 유니폼 변천사

1965 1969 1971 1973 1974 1976

1978 1980 1986 1991.1~2005.8 2005.9~

② 용모 복장 규정

Hair-do, Make-up, 장신구 등에 관한 용모 복장 규정은 항공사별로 차이가 있으며 항공사 용모 복장 규정을 준수하도록 한다. 유니폼을 입는 객실승무원의 경우 각 항공사 유니폼에 맞는 Hair-do, Make-up 등으로 항상 청결, 단정해야 하고, 비행업무에 준하는 단정함, 업무효율성 등을 감안하여 전체적인 조화를 이루도록 되어 있다.

교육과정은 항공사별로 세부적인 차이는 있으나 일반적으로 다음과 같이 구성된다.

① 입사교육

항공사의 직원이 되기 위해 가장 먼저 받는 입사교육은 항공사별 자체 연수원에서 합숙교육을 통해 실시된다. 항공사 직원으로서 회사의 현황과 항공운송업무 전반에 걸친 기본 지식을 습득함으로써 회사 전반에 대한 업무 이해와 소속감, 긍지를 심는 기초적인 교육을 받는다.

국내항공사는 각 항공사 연수원에서 진행되며, 외국항공사의 경우는 각 항공사마다 Base가 정해진 곳에서 교육을 받게 된다.

② 객실승무원 전문교육

객실승무원 전문교육은 항공사별로 객실승무원으로서 갖추어야 할 소양 및 서비스업무에 대한 다양하고 강도 높은 프로그램으로 구성된 본격적인 승무원 양성과정이다.

안전훈련, 예절교육, 기내식음료 서비스, 외국어, 기내방송 등 다양한 교육프로그램을 통하여 객실승무원으로서 갖추어야 할 기본적인 실무능력 배양에 중점을 둔 전문교육 내용이다.

▪ 안전훈련

비행안전에 관련된 비상탈출 훈련, 비상시 구조 절차 및 응급처치요령 등 각종 안전교육을 통해 운항 중 비상상황 발생 시 대처할 수 있는 능력을 기른다.

▪ 기본예절 및 인성교육

표정, 자세, 인사, 대화, 화장법, 헤어스타일, 글로벌매너 교육 등 서비스맨에게 필수요건인 기본매너 훈련 및 직업의식 함양을 위한 교육을 받는다.

▪ 서비스교육

서비스마인드를 바탕으로 기내식음료 서비스 및 기내서비스 업무에 관한 이론과 실무교육을 받는다.

▪ 비행실무 및 항공운송업무교육

비행근무규정 및 항공운송업무 흐름에 따른 예약, 발권, 운송 등 객실 유관업무에 대해 교육을 받는다.

▪ 외국어교육

세계 각국 사람들을 만나게 되는 객실승무원에게 외국어 구사능력은 필수적이므로 이를 위한 체계적인 교육을 통해 언어 구사능력을 향상시킨다. 항공사에 따라 영어 외에 일본어, 중국어 교육을 받는다.

▪ 기내방송교육

한국어, 영어, 일어 등 항공사별로 지정한 언어의 기내방송을 교육받는다. 기내방송은 그 중요성만큼이나 오랜 시간 많은 연습이 필요하다. 간혹 심한 사투리를 쓰는 사람도 있고 목소리 자체가 허스키하거나 거친 사람들도 있으나, 방송기계 사용법과 집중적인 발음교정교육을 통해 정확하고 매끄러운 항공 기내방송 능력을 갖추게 된다.

기존 승무원들은 여러 단계로 구성되어 있는 방송시험에 응시함으로써 자격 단계를 점차 올려가게 된다.

■ 비행실습

실제 기내서비스실습 경험을 통해 기내서비스업무를 현장에서 배우고, 항공기 내부구조나 장비에 익숙하도록 하기 위한 비행실습교육(OJT : On the Job Training)이다.

◉ 신입전문훈련 과정의 예(국내항공사 기준)

안전훈련	비행안전 관련 실무교육
기본예절 및 인성교육	직업의식/바람직한 인간관계
	자기계발
서비스교육	서비스마인드
	기내서비스교육
비행실무	객실승무원 근무규정
	회사조직 및 객실부서의 이해
	비행 업무절차 이해
항공운송업무	항공기 운항의 이해
	항공운송업무의 이해(예약, 발권, 운송업무)
외국어	기내서비스 영어, 일어, 중국어
기내방송	한국어, 영어, 일어
OJT실습	OJT 실습비행

2 항공사별 채용요건

모든 서비스기업들은 자사의 경쟁력 강화를 위해 서비스직 종사자의 중요성을 인식하고, 채용 시 심층적인 평가를 더욱 강화하고 있다. 즉 면접을 통해서 기업이 원하는 인재상에 가까운, 기업이 요구하는 자질을 갖춘 인재를 선발하고자 노력하고 있다.

객실승무원의 경우, 서비스 종사자로서 갖추어야 할 자질인 올바른 인성, 서비스마인드, 예의바른 태도 및 단정한 용모·복장 등이 필수적으로 요구된다. 그러므로 항공사 승무원 채용 시 이러한 요소들을 평가할 수 있는 면접의 비중이 절대적이며 일부 항공사에서는 인적성검사를 추가, 실시하고 있다.

① 건강한 신체

승무원의 가장 중요한 기본 요건은 건강한 신체이다. 흔히 날씬하고 세련된 용모가 승무원에게 있어 제일 중요한 요건이 된다고 인식하고 있지만 훌륭한 서비스업무수행은 건강한 신체가 바탕이 되어야만 가능한 일이다.

승무원은 '뉴욕까지 걸어간다'고 할 정도로 비행시간 동안 거의 서서 근무하게 된다. 게다가 다양한 승객의 요구를 만족시켜야 하는 업무의 성공적인 수행은 건강한 신체가 뒷받침되지 않고는 불가능하므로 평소에 꾸준한 건강관리를 하는 것이 필수요건이다.

② 밝고 호감 가는 이미지

국내항공사의 인사담당자들은 승무원 지원자의 용모가 당락에 미치는 영향이 지대하다고 인정하며, 승무원 이미지에 맞는 '깨끗하고 단아하며 편안하고 누구에게나 호감을 주는 인상'을 원한다고 설명한다.

그러므로 항공사 승무원과 같은 밝은 미소와 상대방을 편안하게 하는 눈빛, 단정한 용모와 복장, 올바른 자세 등 세련된 매너를 평소에 익혀야 한다.

③ 사교성과 친화력, 적극적인 성격

승무원은 비행 스케줄에 따라 팀과 같이 근무하는 형태인 만큼 선후배, 동료와 호흡을 맞춰 함께 일해야 하는 팀워크가 매우 중요한 '인간관계 지향적'인 직업이다. 그러므로 객실서비스 업무에는 명랑한 성격을 지니고 친화력이 뛰어난 사람, 어떠한 상황에서도 적극적인 성격의 사람이 적합하다.

④ 서비스마인드

승무원은 고객과 최접점에서 만나는 서비스맨으로서 프로정신과 희생 및 봉사정신이 요구된다. 그러므로 평소 생활 속에서 혹은 서비스현장에서의 고객서비스 경험을 통하여 이러한 서비스마인드까지 갖추는 것이 바람직하다. 항공사 측에서도 주인정신과 프로페셔널리즘은 바로 이 서비스정신으로 나타난다고 평가하고 있다.

⑤ 지식과 교양(외국어실력)

    다양한 승객을 응대함에 있어 좋은 서비스를 위해서는 '커뮤니케이션 능력'이 기본요건이다. 이를 위해 사회 전반에 관한 관심과 지식습득은 물론, 외국어 능력이 뛰어나야 할 것이다.

    특히 외국어실력은 다국적 승객을 응대하는 승무원의 업무수행에 있어 필수요건이며, 입사는 물론 재직 시 진급에도 큰 영향을 미친다. 영어 외 일본어, 중국어 등 다른 외국어도 익혀두는 것이 필요하다.

 항공사에서 공통으로 요구하는 인재상

- 서비스마인드와 단정한 용모, 세련된 매너
  따뜻한 가슴으로 고객을 배려하는 서비스 정신과 올바른 예절을 지닌 사람

- 작은 일이라도 매사 책임감을 가지고 완수하며 원만한 대인관계를 유지해 나가는 성실한 조직인
  조직의 구석구석에서 윤활유 역할을 하는 성실한 일꾼

- 진취적인 성향의 소유자
  고정관념에서 벗어나 항상 무엇인가를 개선하고자 하는 의지를 갖고 변화를 통해 새로운 가치를 창조해 내고자 하는 진취적인 사람

- 국제적인 감각의 소유자
  국제화 시대에 자기 중심적 사고에서 벗어나 세계의 다양한 문화를 이해할 수 있는 사람으로서, 뛰어난 어학실력뿐만 아니라 열린 마음, 넓고 깊은 문화적 지식과 이해를 지닌 글로벌시민

PART

2

자기분석
Step 7

이제 '객실승무원'이라는 직업에 대해 어느 정도 이해가 되었는가?
그렇다면 이제 당신이 과연 객실승무원이라는 직업에 얼마나 적합한 자질을 갖고
있는지 자기분석 Step 7을 통해 알아보도록 하자.

이제 '객실승무원'이라는 직업에 대해 어느 정도 이해가 되었는가?
그렇다면 이제 당신이 과연 객실승무원이라는 직업에 얼마나 적합한 자질을 갖고
있는지 자기분석 Step 7을 통해 알아보도록 하자.

Chapter

3 자기분석

나의 이미지를 분석해 보라

객실승무원 지망생들로부터 "제 이미지로 합격할 수 있을까요?" 하는 질문을 자주 받게 된다. 물론 직업마다 요구되는 특정 이미지가 있겠지만, 그러한 이미지가 외모적인 것과 반드시 동일시되지는 않는다는 점이다.

자신에게 특정 직업에 맞는 이미지가 필요하다면 무엇이, 왜 필요한지에서 부터 출발하여 주관적이면서 객관적인 판단을 통해 자신의 문제점을 파악하고 개선·발전할 수 있는 방법을 좀 더 실제적인 측면에서 알아보는 것이 중요하다.

면접에서 성공하기 위해서는 어떻게 해야 될까?

객실승무원시험을 준비하는 사람이라면 충분한 면접 경험을 쌓으면서 훈련하는 것이 필요하다. 그러나 그 이전에 자기자신을 철저하게 분석해 보아야 한다. 개인 이미지를 향상시키고자 하는 사람의 출발점은 무엇보다도 '나 자신을 정확하게 아는 일'이다. 나의 능력과 경험, 성격, 적성을 정확히 파악하고, 어떻게 내가 목표로 하는 직업에 활용할 수 있을지를 알아야 한다.

그리고 자신에 대한 철저한 분석을 통해 자신이 갖고 있는 문제점을 발견해야 한다. 그래야만 자신이 바라는 이미지와 비교하여 '어느 부문을 어떻게 향상시킬 것인가' 하는 방법도 나오고 자신의 이미지를 개선할 수 있기 때문이다.

'나의 이미지는 과연 어떠한가' 하는 의문은 나를 성공적으로 이미지메이킹하는 데 필수적인 출발점이다. 누군가가 나를 '소극적인 사람'이라고 한다면 어떤 식으로든지 그런 면을 보여주었거나 아니면 그렇게 보이는 것을 묵인한 채 넘어갔기 때문일 것이다.

이미지메이킹이란 내가 나의 모습을 판단하는 것도 중요하지만 '상대에게 내가 어떻게 비쳐질까' 하는 것이 더 중요한 사항이 된다. 내 자신이 아무리 '난 승무원에 적합한 사람이야'라고 생각한다고 해도 결국 타인, 면접관의 눈에 그렇게 비쳐져야 하는 것이다. 그러므로 자신의 이미지를 성공적으로 연출하기 위해서는 무엇보다도 정확한 자기 인식과 자기 이미지의 객관화가 필요하다.

즉 자기 자신을 알기 위해서는 두 가지가 필요하다.

하나는 스스로 자신을 돌이켜보며 나의 경험 과정을 정리해 보는 것이고, 다른 하나는 남이 평한 것을 듣는 것이다.

일반적으로 이미지메이킹의 다섯 가지 포인트로 표정, 인사, 말씨, 자세와 동작, 용모와 복장 등을 들 수 있으며 이는 서비스예절의 기본요소라고 할 수 있다.

다음에 나오는 이미지 분석과정에 따라 일상생활에서 자신의 이미지를 천천히 그리고 성실히 분석해 보라(나의 강점과 약점을 중심으로 기입해 보라).

- 이미지 분석 1-1 **현재 내가 생각하는 나의 이미지**
- 이미지 분석 1-2 **다른 사람이 보는 나의 이미지**

- 이미지 분석 2-1 **나의 외적 이미지**
- 이미지 분석 2-2 **나의 내적 이미지**
- 이미지 분석 2-3 **나의 이미지 지수**

- 이미지 분석 3 　 **객관화시켜 본 나의 모습**

표정	• 평상시 표정은 어떠한가? (무표정하지 않은가? 웃는 편인가? 표정이 밝은가?) • 오랫동안 웃고 있을 수 있는가? • 처음 만나는 사람에게 어떤 표정을 하는가? • 상대와 눈맞춤, 시선처리를 자연스럽게 하는가?	
인사	• 인사는 먼저 하는가? • 인사는 어떻게 하는가? • 처음 만나는 사람에게 주로 쓰는 인사말은 무엇인가?	
자세	• 나의 선 자세는 어떠한가? • 나의 앉은 자세는 어떠한가? • 나의 걸음걸이는 어떠한가? • 나의 손동작은 어떠한가?	
용모	• 외출할 때 나의 옷차림은? • 나의 화장법은?	
대화	• 상대방의 이야기를 잘 듣는 편인가? • 내가 습관적으로 잘 쓰는 단어나 구절들이 있는가? • 말할 때 나의 목소리, 톤, 어조, 음량, 발음은 어떠한가? • 대화를 나눌 때 주로 상대방의 어디를 보는가? • 경어를 바르게 사용하는가?	

　나의 이미지는 타인에게 어떻게 비쳐질까? 가까운 사람의 이야기를 들어보고 그 내용을 자신의 생각과 비교해 보라.

표정	• 평상시 표정은 어떠한가? 　(무표정하지 않은가? 웃는 편인가? 표정이 밝은가?) • 오랫동안 웃고 있을 수 있는가? • 처음 만나는 사람에게 어떤 표정을 하는가? • 상대와 눈맞춤, 시선처리를 자연스럽게 하는가?	
인사	• 인사는 먼저 하는가? • 인사는 어떻게 하는가? • 처음 만나는 사람에게 주로 쓰는 인사말은 무엇인가?	
자세	• 나의 선 자세는 어떠한가? • 나의 앉은 자세는 어떠한가? • 나의 걸음걸이는 어떠한가? • 나의 손동작은 어떠한가?	
용모	• 외출할 때 나의 옷차림은? • 나의 화장법은?	
대화	• 상대방의 이야기를 잘 듣는 편인가? • 내가 습관적으로 잘 쓰는 단어나 구절들이 있는가? • 말할 때 나의 목소리, 톤, 어조, 음량, 발음은 어떠한가? • 대화를 나눌 때 주로 상대방의 어디를 보는가? • 경어를 바르게 사용하는가?	

◉ '현재 나의 신체적 이미지는 어떠한가'라는 질문에 '나는 어떤 사람인가'를 설명하는 짧은 문장 10가지를 적어보라. 가능한 한 생각나는 대로 빠른 속도로 하라.

(표정, 제스처, 스타일, 의상, 자세, 동작 등을 포함시킨다.)

1. _____

2. _____

3. _____

4. _____

5. _____

6. _____

7. _____

8. _____

9. _____

10. _____

◉ 자신의 강점(사소한 부분 모두)에 대해 적어본다.

◎ 신체적으로(표정, 제스처, 스타일, 의상, 자세, 동작 등) 특히 신경 쓰고 있는 부분을
적어본다.

◎ 자신의 이미지에 문제가 있다면 그것은 무엇인가? 부족한 부분을 적어본다.

◎ 보완하고 싶은 이미지는 무엇인가?

◎ 부족한 부분이 있다면 그 부분을 개선해 나가기 위해 노력하고 있는(노력해야 할) 부분을
적어본다.

◎ 그 과정에서 어려운 점은 무엇이라고 생각하는가?

◎ 위에 적은 모든 내용을 종합하여 객관적으로 이미지를 형상화시켜 나의 이미지를
그려보도록 한다.

◎ '나는 누구인가'라는 질문에 '당신이 어떤 사람인가'를 설명하는 짧은 문장 10가지를 적어보라. 가능한 한 생각나는 대로 빠른 속도로 하라.

(성격이나 감정, 성향, 신념, 가치관, 희망, 관심사, 재능, 소질 등을 포함시킨다.)

1. _____

2. _____

3. _____

4. _____

5. _____

6. _____

7. _____

8. _____

9. _____

10. _____

◎ 자신의 약점(단점)을 적어본다.

◎ 나는 어떤 사람이기를 원하는가?

◦ **나의 사회적 이미지**

☐ 나의 대인관계는 원만하다.
☐ 나의 인간관계는 의미있고 보람된 것이다.
☐ 나는 리더십이 있다.
☐ 나는 쉽게 친구를 사귄다.
☐ 나와 인연을 맺은 사람은 나를 신뢰해도 좋다.
☐ 다른 사람들은 나와의 만남을 즐긴다.
☐ 다른 사람들로부터 인정받는 일이 내겐 중요하다.
☐ 나는 모든 사람을 평등하게 대하려고 노력한다.
☐ 나는 어떤 사람을 만나든지 그의 장점을 보고 그것을 배우려고 노력한다.

◦ **나의 감정적 이미지**

☐ 나는 차분하고 쉽게 흥분하지 않는다.
☐ 나는 다른 사람들에게 나의 감정을 잘 표현할 수 있다.
☐ 나는 앞날에 대한 걱정을 많이 한다.
☐ 나는 아침에 기분 좋게 하루를 시작하려고 노력한다.
☐ 나는 나 자신을 좋아한다.
☐ 나는 지금까지 성취한 것들을 자랑스럽게 생각한다.
☐ 나는 스트레스받는 상황 속에서도 유머감각을 발휘할 수 있다.
☐ 나는 내 자신과 일에 대해 자부심이 있다.
☐ 나는 건강하다.
☐ 나는 늘 에너지로 가득 차 있다.

◦ **나의 지적 이미지**

☐ 나는 합리적으로 사고할 수 있다.
☐ 나는 아이디어가 많다.
☐ 나는 아이디어가 생기면 곧 실행할 방법을 찾는다.
☐ 나는 문제를 해결해 나가는 추진력이 있다.
☐ 나는 내가 생각하는 것을 말로 잘 표현할 수 있다.
☐ 나는 내 장래에 필요한 전문지식과 능력을 계발하기 위해 노력한다.
☐ 다른 사람들은 내 능력을 인정하고 믿는다.
☐ 나는 주어진 일을 할 때 기본 방법보다 더 좋은 방법이 없을까 연구한다.
☐ 나는 항상 '어떻게'보다 '왜'라는 질문을 한다.

◎ **나의 전체적인 이미지**

☐ 상대의 마음을 열게 하는 온화한 이미지
☐ 지적이면서도 기품 있는 세련된 이미지
☐ 모든 것을 포용해 주는 편안한 이미지
☐ 카리스마를 지닌 강한 이미지
☐ 재치 있고 민첩한 센스 있는 이미지
☐ 기타(   )

◎ **나와 어울리는 계절**

☐ 봄-밝고 경쾌하며 발랄한 이미지로 주위의 분위기를 살려주는 편이다.
☐ 여름-열정적이며 환희에 찬 이미지로 상대에게 호감을 준다.
☐ 가을-단아하고 지적이며 만인에게 편안함을 주는 성숙한 이미지이다.
☐ 겨울-깔끔하고 단정한 인상으로 주위 사람들로부터 주목받는 커리어우먼 스타
     일이다.

◎ **나의 감각적 이미지**

☐ 나는 어떤 색깔의 사람인가?
   (밝은 색인가, 어두운 색인가)

☐ 나의 온도는?
   (따뜻한 느낌의 사람인가, 차가운 느낌의 사람인가)

☐ 나의 무게는?
   (가벼운 느낌의 사람인가, 무게감이 느껴지는 사람인가)

☐ 나의 향기는?
   (나에게 어떤 향이 날까?)

☐ 나의 소리는? 나로부터 어떤 소리가 날까?
   (둔탁함, 가벼움, 명랑함… 등 소리의 느낌을 적어보라.)

"나의 이미지를 내가 컨설팅한다."

이미지 컨설팅은 철저히 객관적인 자가진단으로 시작한다.

평소의 모습을 촬영하여 꼼꼼히 분석하면서 본인도 모르고 있던 습관을 찾아내는 것이 중요하다.

나의 장단점을 파악한 후에는 내가 염두에 두고 희망하는 이미지를 만드는 것이 좋다. 상황에 따라 옷과 말투, 자세 등을 바꿔나가는 것이 올바른 이미지 메이킹이라고 할 수 있다. 그저 '멋쟁이'가 아니라 어떤 자리에 가서도 인간적인 매력을 풍기는 사람을 만드는 것이 이미지 컨설팅이다.

VTR 촬영을 통한 나의 이미지 진단으로 Self Image check와 Feedback을 해보자.

항 목	나의 플러스 & 마이너스 이미지 진단
표정과 시선	
얼굴형, 피부색, 메이크업 및 헤어	
컬러 진단, 체형 및 얼굴형에 맞는 패션스타일 각종 소품류의 적절한 사용	
인사, 자세, 동작	
스피치 전달능력	

○ 호감 가는 이미지를 위한 개선점을 적어보라.

나의 비언어적/언어적 모습들을 다시 생각해 보고 자신이 투사하고 싶은
이미지를 묘사해 보라. 그리고 나의 이미지를 평소 어떤 훈련과 연습으로 더욱
향상시킬 수 있을지 그 방안을 적어보라.

항목	내가 바라는 나의 이미지	구체적인 나의 이미지 향상방안
표정		
인사		
자세		
용모		
대화		

Chapter

4 직업과의 분석

나만의 이미지 특성을 찾아라

자기분석이 끝났다면 이제 직업과 관련한 자신의 이미지 특성을 찾아내는 것이다. 그 다음에 그에 어울리는 스타일을 연출하면, 가장 자연스러운 자신만의 모습을 표현할 수 있다. 이미지메이킹이란 자신만의 독특하고 창의적인 모습을 찾아가는 하나의 과정이기 때문이다.

면접이 당락을 좌우하는 상황에서 직업에 맞는 이미지메이킹은 취업의 열쇠라고 할 수 있다. 면접에 필요한 이미지메이킹은 '원활한 직장생활과 사회생활을 할 수 있는 사람'이라는 인상을 주는 것이 중요하다.

이미지메이킹은 기존의 자신의 모습에서 장점과 잠재력을 끌어내는 것에 중점을 두는 것이다. 없던 것을 만들어내는 메이킹(Making) 작업은 극히 적은 부분을 차지한다.

성공적인 이미지 창출을 위해서 무엇보다 중요한 것은 자신의 재능과 능력에 대한 정확한 인식과 그것에 대한 자부심이다. 자신에 대해 부정적인 이미지를 갖고 있는 사람에게 자신 있는 태도와 행동을 기대할 수는 없다. 내 스스로가 내 이미지에 만족할 때 다른 사람에게도 그렇게 보일 것이며, 그에 맞게 행동할 것이기 때문이다. 자신에게 스스로 관심이 있고 자신을 사랑하는 사람만이 이미지메이킹을 잘 할 수 있다. '내가 너무 부족해서', '난 안 될 것 같아', '난 항상 왜 이러지?' 이렇게 자신을 평가하고 있으면 상대방도 모두 당신을 그렇게 평가하고 있다는 사실을 명심해야 한다. 나의 모든 것을 부정적으로만 보지 말고 새롭게 긍정적으로 볼 수 있어야 한다.

스스로를 사랑하며 자신감 있게 모든 일에 최선을 다하면서 다음과 같이 긍정적으로 이미지를 전달하는 이미지메이킹을 위해 노력해야 한다.

- 먼저, 마음을 활짝 열어보라.
- 자신의 매력을 과소평가하지 마라. 매력은 타고나는 것이 아니라 만들어 가는 것이다.
- 진정한 자기를 발견하라.
- 객실승무원의 이미지 모델을 설정하고 행동하라.
- 끊임없이 목표에 맞게 자신을 이미지화하라.
- 자신의 시간을 이미지 경영에 투자하라.

이미지메이킹이란 궁극적으로 자신이 원하는 바람직한 상(역할모델)을 정해 놓고 그 이미지를 현실화하기 위해 당신의 잠재능력을 최대한 발휘하여 자신이 원하는 가장 훌륭한 모습으로 만들어 가는 의도적인 변화과정이다. 그러므로 이미지메이킹은 자기성장과 자기혁신을 목표로 하는 이들의 평생과업이라고 할 수 있다.

누구나 전달하고픈 이미지를 선택하고 그것을 적절히 연출하는 법을 알아야 한다. 스스로가 선택한 자신에게 가장 적합한 배역을 훌륭하게 연기하는 배우가 되어야 한다. 결국 어떤 이미지를 나타낼까 하는 것은 자신이 결정할 일이다. 유명 연예인이나 주변 사람을 역할모델 삼아 따라한다 해도 정작 본인에게 어울리지 않는 스타일이라면 좋은 이미지라고 할 수 없기 때문이다.

- 당신이 정한 Role-model은 누구인가?

- 그 사람의 이미지는 어떠한가?

- 그 사람의 이미지와 당신의 이미지를 비교, 분석해 보라.

이미지메이킹은 외적 이미지가 아니라 내적 이미지가 역할모델을 주도하게 된다. 성공적인 삶을 위해 목표를 분명히 하고 그 목표를 달성하는 데 필요한 이미지를 만들다 보면 누구든지 원하는 목표를 달성할 수 있을 것이라고 생각한다.

내가 좋아하고 벤치마킹하고 있는 대상이 객실승무원이라는 직업이라면 어떤 일이든 모방에서 시작해서 자기 것을 만들어 가는 것이므로 그 벤치마킹 대상에 맞추고자 노력하고 있는 부분을 하나씩 적어보고 실천할 방향을 잡도록 한다. 그저 생각만 하지 말고 자주 메모를 하는 것도 좋은 방법이다.

중요한 것은 앞에서 세운 목표를 꼭 달성하고야 말겠다는 열정, 흔들리지 않는 신념으로 무장하여 목표로 가는 과정에서 부닥칠 장애물을 두려움 없이 이겨내겠다는 의지이다.

자신의 이미지에 대한 개인적인 비전을 갖고 그 이미지가 되어가기로 결심하면서, 그 이미지를 향해 다음의 질문에 스스로 답해 보라. 머릿속으로 생각만하기보다 실제로 생각을 정리해서 문장으로 적어보도록 한다.

◉ 당신의 인생에 있어서 당신의 직업은 어떤 의미가 있는가?

◉ 사회에 진출하여 일하는 것에 대한 생각은 어떠한가?

◉ 왜 객실승무원이 되기로 결심했는가?

◎ 객실승무원이라는 직업과 당신의 성격이 맞는다고 생각하는가?
  그렇다면 그 이유는 무엇인가?

◎ 객실승무원은 무슨 일을 하는 사람인가?

◎ 당신이 알고 있는 객실승무원의 장점은 무엇인가?

◎ 당신이 알고 있는 객실승무원의 단점은 무엇인가?

◎ 당신이 희망하는 항공사와 그 이유는 무엇인가?

◎ 당신이 알고 있는 객실승무원의 이미지는 무엇인가?

◎ 현재 그 이미지와 당신을 비교, 분석해 보라. 공통점과 차이점은 무엇인가?

◎ 당신이 보완해야 할 이미지는 무엇인가?(어떤 이미지로의 전환을 원하는가?)

◎ 당신에게 맞는 전략적 이미지를 찾아보라.

◎ 객실승무원이 되기 위해서 중요하다고 생각하는 소질은 무엇인가?(10가지)

-
-
-
-
-
-
-
-
-
-

◎ 그중 당신이 특히 노력해야 할 것은 무엇인가?

◎ 객실승무원이 되어 기대하는 것은 무엇인가?

◎ 현재 당신과 경쟁하고 있는 사람들과 비교해 당신은 어떻다고 할 수 있나?

◎ 당신이 잘할 수 있는 당신의 능력을 적어보라.

◎ 남들이 인정해 주고 평가해 주는 당신의 능력을 적어보라.

자신의 이미지에 대한 개인적인 비전을 갖고 그 이미지가 되어가기로 결심하면서, 그 이미지를 향해 다음의 질문에 스스로 답해 보라. 머릿속으로 생각만 하기보다 실제로 생각을 정리해서 문장으로 적어보도록 한다.

□ 나는 객실승무원이라는 직업에 대해 명확히 소개할 수 있다.

□ 나는 서비스가 무엇인지 설명할 수 있다.

□ 나는 고객의 중요성에 대해 설명할 수 있다.

□ 나는 고객과 서비스맨의 관계에 있어서 가장 중요한 것이 무엇인지 설명할 수 있다.

□ 나는 서비스맨이 고객에게 진정한 관심을 표현할 수 있는 방법을 알고 있다.

□ 나는 평소 나의 건강을 위해 일정한 운동을 하고 있다.

□ 나는 매일 규칙적인 생활을 하고 있다.

□ 나는 특별히 체중조절을 하지 않아도 일정 체중이 유지되고 있다.

□ 나는 몸과 마음이 모두 건강하다고 말할 수 있다.

□ 나는 나의 이미지메이킹이 취업 및 자기계발에 중요하다고 생각한다.

□ 나는 평소 인간관계를 중히 여기고 있다.

□ 나는 여러 사람들과 개인적인 친분을 갖는 것이 좋다.

□ 나는 처음 만난 사람과도 쉽게 친해지고 호감을 느끼게 한다.

□ 나는 여러 사람이 같이 있을 때 침묵이 흐르면 내가 먼저 말을 건다.

□ 나는 여러 사람들과 대화를 나누는 것이 즐겁다.

□ 나는 어떠한 집단에 속해도 잘 어울릴 수 있다.

□ 나는 일상생활에서 내 자신보다 타인을 배려하려고 노력한다.

□ 나는 내 자신이 타인으로부터 어떻게 보여지는지 신경을 쓰는 편이다.

□ 나는 표정이야말로 전 세계의 모든 사람에게 통용되는 국제적인 언어라고 생각하며 타인에게 옳게 표현될 수 있는 표정관리에 유의하고 있다.

□ 나는 나의 감정이 얼굴에 나타나는 것을 절제할 수 있다.

□ 나는 상대방과 이야기할 때 이야기의 내용뿐 아니라 표정이나 태도에도 신경을 쓰는 편이다.

□ 나는 객실승무원에게 품위 있고 세련된 자세와 동작이 요구된다는 점을 잘 알고 있다.

□ 나는 외국인과 어느 곳에서 만나도 바람직한 국제매너와 기본적인 회화로 응대할 수 있다.

□ 나는 서양의 식문화를 이해하고 서양식의 기본 코스 등을 알고 있다.

□ 나는 국제화시대에 부응하여 국제적인 승무원이 지녀야 할 기본 소양에 대해 알고 있다.

□ 나는 뉴스와 시사에 관심이 있다.

□ 나는 내 인생의 행복이 항상 가까이 있다고 생각하고 가까이서 찾으려고 한다.

□ 나는 내 인생의 뚜렷한 목표를 갖고 있으며 그렇게 되도록 노력하고 있다.

□ 나는 내가 살아오는 동안 나의 능력 밖의 일이라 생각할 때도 쉽게 포기하지 않고 나의 잠재력을 믿고 도전해 보고 있다.

당신이 '그렇다'라고 답한 문항은 모두 몇 개인가?

지금은 모든 문항에 '그렇다'라고 답하지 못했다 하더라도 당신이 객실승무원이 되어 그 직업을 성공적으로 수행해 나가고자 한다면 모든 문항에 '그렇다'라고 답할 수 있도록 노력해야 할 것이다.

객실승무원을 지망하는 당신이라면 자신을 항공사의 인재상과 연관지어 객관적으로 평가해 보도록 하라.

◉ **나는 항공사의 채용요건에 맞는 사람인가?**

☐ 나는 신체 건강한가?

☐ 나는 밝고 호감 가는 이미지인가?

☐ 나는 사교성과 친화력이 있는가?

☐ 나는 적극적인 성격인가?

☐ 나의 서비스마인드는 갖춰져 있는가?

☐ 나의 지식과 교양은 풍부한가?

☐ 나의 외국어능력은?

◉ **나는 항공사의 인재상에 어울리는 사람인가?**

☐ 나는 따뜻한 가슴으로 고객을 배려하는 서비스 정신과 단정한 용모와 깔끔한 매너의 올바른 예절을 지닌 사람인가?

☐ 나는 작은 일이라도 매사 책임감을 가지고 완수하며 원만한 대인관계를 유지해 나가는 성실한 조직인인가?

☐ 나는 항상 무엇인가를 개선하고자 하는 의지를 갖고 변화를 통해 새로운 가치를 창조해 내고자 하는 진취적인 성향의 소유자인가?

☐ 나는 세계의 다양한 문화를 이해하고 어학실력뿐만 아니라 열린 마음, 넓고 깊은 문화적 지식과 이해를 지닌 국제적인 감각의 소유자인가?

SWOT 분석이란 어떤 기업의 내부환경을 분석하여 강점(strength)과 약점(weakness)을 발견하고, 외부환경을 분석하여 기회(opportunity)와 위협(threat) 요인을 찾아내어 이를 토대로 강점은 살리고 약점은 죽이고, 기회는 활용하고 위협은 억제하는 마케팅전략을 수립하는 것을 말한다.

개인의 SWOT 분석은 직업에 대해 자기 자신이 갖고 있는 강점과 약점이고, 기회와 위협은 자기 자신을 둘러싸고 있는 문화, 경제 등 사회 전반에 관련된 문제들로 구성된다. 즉 자기자신을 4개의 방식으로 바라봄으로써 자신의 현재 위치를 정확히 알고 어떻게 나아가야 하는지에 대한 보다 체계적인 자기분석의 일종이다.

강 점	• (어학연수경험으로 인한 외국어실력) • • •
약 점	• (부족한 자신감) • • •
위 기	• (서비스 유경험자 다수 지원) • • •
기 회	• (여러 국내외 항공사의 객실승무원 채용 기회) • • •

　　지금까지의 모든 분석결과들을 종합하고 목표를 달성하는 데 현재 자신이 부족하거나 보완해야 할 부분을 우선순위를 두어 해당란에 기입해 보라.

　　목표달성 시기를 설정하고 구체적인 실천계획, 시기별 진행 정도를 피드백한다.

목표	목표달성 시기	목표달성을 위한 구체적 실천계획	시기별 목표달성 진행 정도 (목표에 미치지 못하였을 경우 그 원인과 조정된 계획을 기입)
①			
②			
③			
④			
⑤			

객실승무원
취업준비 훈련

PART 2의 STEP 7을 통해 목표를 달성하는 데 있어 당신이 갖고 있는 강점과
약점을 모두 파악하였는가?
지금부터 본격적인 객실승무원 취업준비 훈련에 돌입하도록 한다.
객실승무원이 갖춰야 할 서비스마인드, 세련된 매너 그리고 명쾌한 화술법까지
생활 속에서 꾸준히 실천하는 객실승무원 취업준비, START~!

5 서비스마인드 훈련

Train your mind!

　면접 준비의 시작은 서비스맨으로서 서비스의 개념을 이해하고 고객가치를 인식하는 고객중심의 마인드셋을 갖추는 것이 중요하다. 이를 바탕으로 하여 비로소 고객과의 상호작용스킬 훈련 등을 통해 행동변화를 유도하고 궁극적으로 서비스 수행능력을 향상시킬 수 있기 때문이다.

　일반적으로 서비스마인드는 서비스맨이 고객을 대할 때만 필요하다고 생각하지만 조금만 깊게 생각해 보면 친구, 가족, 회사동료 등 모든 사람을 대할 때 반드시 필요한 것이라고 할 수 있다. 리더가 갖추어야 할 여러 요건 중에도 '서비스마인드'는 반드시 포함된다. 리더십이라는 것이 다른 사람에 대한 배려가 묻어 있는 '서비스마인드'가 없다면 사람들을 이끌 수 없기 때문이다.

　서비스마인드는 서비스관련 이론서적의 탐독을 통해 지식적으로 얻을 수도 있겠으나 학습을 통해서만 갖춰질 수는 없는 것이니만큼 평소 생활 속에서 또는 다양한 서비스 현장에서의 실제 경험을 바탕으로 본인의 노력을 통해서 만들어 가야 하는 것이다.

　실제 서비스현장에서 여러 가지 경험을 통해 얻은 서비스마인드를 바탕으로 면접장소에서 자신의 포부와 생각을 표현하는 것이야말로 매우 중요한 부분이라고 할 수 있다.

다음 Worksheet에 나오는 질문들의 답을 생각해 보고 직접 적어보라. 또 그 답의 내용을 누군가에게 말해 보라.

Worksheet 작성 후, 서비스이론 Lesson(1~11)을 참조하여 자신이 작성한 내용을 보완해 보라. 그 외의 많은 서비스관련 서적이나 신문기사 등의 자료들도 관심있게 접하기를 바란다.

◎ 자신이 경험한 서비스 불만족 사례를 하나 들어보라.

- 서비스 실패의 원인은 무엇이었나?

- 서비스맨이 어떻게 처리했는가?

- 서비스맨은 어떻게 했어야 했는가?

- 당신이라면 서비스를 개선하기 위해 어떤 방안을 제시할 수 있나?

◎ 당신이 승무원이 되었을 때, 일반적으로 어떤 고객이 상대하기 힘든 고객이라고
생각하는가?

- 그 어려운 고객을 어떻게 만족시킬 것인가?

- 당신이 고객을 설득하는 방법은 무엇인가?

◎ '서비스'를 한 단어로 표현한다면 무엇인가?

　(사전적 의미가 아닌 본인이 생각하는 진정한 서비스란 무엇이라고 생각하는가?)

◎ 서비스의 요체(핵심)는 무엇이라고 생각하는가?

◎ 서비스의 특성은 무엇이며, 각 서비스의 특성이 갖는 문제점의 해결방안은 무엇인가?

◎ 서비스의 품질 측정에는 어떠한 요소들이 있는가?

◉ '고객'의 의미와 '고객가치'에 대해 설명해 보라.

◉ 과거 자신이 만나본 기억에 남는 서비스맨에 대해 설명해 보라.

　- 어떤 점이 인상적이었나?

　- 정확하게 서비스맨은 어떻게 말하고 행동했는가?

　- 위의 경험을 통해 고객이 기대하는 서비스맨상은 어떤 것인지 제시해 보라.

◎ 서비스맨은 어떤 역할을 하는 사람인가?

◎ 서비스기업에서 일반적으로 찾고 있다고 생각되는 직원의 유형을 다음 항목별로 설명해 보라.

  - 직원의 성향

  - 직원의 능력

◎ 서비스맨으로서 승무원의 자질에는 어떠한 요소가 있는가?

◎ 자신이 서비스맨으로서 적합하다고 생각하는가? 그렇다면 그 이유는 무엇인가?

◎ 경영자의 서비스철학이 회사의 서비스문화에 어떠한 영향을 미친다고 생각하는가?

◎ 항공사의 서비스철학이 담긴 광고문구(내용) 하나를 예로 들고 설명해 보라.

◎ 자신이 항공사 경영자라고 가정했을 때 어떤 승무원을 채용할 것인지에 대해
  생각해 보라.

  - 채용기준은 무엇으로 정하겠는가?

  - 직원교육의 주요 내용은 무엇으로 하겠는가?

  - 직원에게 특별히 서비스마인드를 고취시키기 위한 방안은 무엇인가?

◎ '고객의 감성을 자극'하여 '고객감동'에 이르게 하는 서비스에는 어떤 것들이 있을까?
  자신의 경험을 바탕으로 고객으로서 느꼈던 점들을 적어보라.

◎ 고객만족이란 무엇인가?

◎ 고객만족을 위해 필요한 요소에는 어떠한 것들이 있는가?

◎ '진실의 순간(Moment of Truth)'이란 무엇을 의미하는가?

◎ 고객이 불만족을 느끼는 요인에는 무엇이 있는가?

◎ 불평 고객이 서비스맨과 기업에 미치는 영향이 무엇인지 설명해 보라.

'서비스(service)'라고 하면, 값을 깎아준다, 덤을 준다, 혹은 돈을 받지 않고 무상으로 고객에게 노력을 제공한다 등의 의미를 연상시킨다.

승무원의 업무인 서비스는 단순히 일상적으로 쓰이는 무상의 서비스가 아니라, 유상으로 제공되는 보다 넓은 의미의 경제활동으로서 운수, 통신, 금융, 보험, 매스미디어, 도·소매업, 여행, 호텔, 의료, 법률, 관광, 음식, 공무(행정) 등 많은 업종이 산출하는 서비스 개념의 하나이다. 서비스의 개념적 특징은 상품, 재화와 달리 소유권이 이동하지 않고 고객에게 편익과 만족을 주는 무형의 활동이다. 서비스란 상냥하게 웃으며 고객의 요구에 최선을 다하는 것만을 의미하지 않고 좀 더 세심하고 차별화된 노력으로써 고객의 눈과 귀, 입과 마음까지 만족시키는 정성을 다할 때 진정한 서비스라고 할 수 있다.

'서비스는 필링(feeling)이다.' 서비스는 만질 수도 무게를 잴 수도 없다. 과연 서비스는 이성적이라기보다 감성적이다. 서비스란 고객을 만나기 전부터 시작되며 고객의 보이지 않는 마음까지 읽어내야 하는 고도의 감성 테크닉이다. 최상의 서비스는 항상 고객 입장에서 느끼고, 생각하고, 행동하는 데서 나온다. 좋은 서비스는 한 가지 요소만을 충족시켜서 만들어지는 것이 아니라 고객의 오감을 만족시킬 수 있는 종합예술이어야 한다.

언제, 어디서, 누구를 만나든 최고의 서비스를 제공받으면 고객은 감동하게 된다. 병원에서는 편리한 시설이나 깨끗한 환경도 물론 중요하지만 환자의 이야기에 귀기울여 주고, 마음에서 우러나오는 상담을 해주는 서비스가 환자의 마음을 더 움직이며 이를 통해 치료 효과도 더욱 높아질 수 있을 것이다.

고객의 삶의 수준은 매일 달라지고 있으며 기대수준 또한 하루가 다르게 높아지고 있다. 이제 고객의 감성적인 욕구를 충족시킬 수 있는 기술이 요구된다. 감성에 호소하여 감동할 수 있는 혁신적인 아이디어로 고객에게 다가설

수 있어야 한다. 감성에 호소한 서비스는 고객의 기대수준을 뛰어넘는 가치를 제공하는 서비스를 말한다. 놀라운 서비스를 체험한 고객은 구전효과를 발생시켜 홍보효과를 가져올 뿐 아니라 고객충성도를 보일 것이다.

성공적인 서비스는 효과적인 의사소통 기술, 긍정적인 태도, 인내심, 기꺼이 고객을 돕고자 하는 마음 등을 통해 이뤄질 수 있다.

소비자들은 과거에 받았던 서비스보다 더 수준 높고 일관적인 품질의 서비스를 제공받으려는 기대를 갖고 있으며 이 기대는 점차 커지고 있다.

　품질에 대한 정의는 다양하게 있으나 그중 가장 보편적으로 사용되는 정의가 바로 고객의 만족 정도이다. 즉 상품이나 서비스에 대한 고객의 만족 정도가 바로 그 상품이나 서비스의 품질이라는 것이다. 고객만족은 한 가지 요인인 단차원적인 차원에서 품질을 지각하지 않고 다차원적으로 품질을 평가한다. Zeithaml, Parasuraman, Berry 등은 자신들이 분류한 서비스품질의 10가지 차원을 다음과 같이 5가지로 통합하여 "SERVQUAL"(Service + Quality)이라고 하였다. SERVQUAL은 서비스품질의 핵심적 요소로서 서비스품질 측정 및 평가에 많이 이용된다.

○ SERVQUAL의 5가지 요소

서비스품질의 10가지 요소	SERVQUAL의 5가지 요소	SERVQUAL 차원의 정의
유형성	유형성(Tangibles)	물리적 시설이나 장비의 외양 및 직원 복장
신뢰성	신뢰성(Reliability)	약속한 서비스의 수행능력
반응성	반응성(Responsiveness)	고객을 돕고 즉각적으로 신속한 서비스를 제공하려는 자세, 고객욕구의 반응 정도
능력	확신성(Assurance)	직원의 지식과 예절 및 신뢰감, 확신을 불러일으킬 수 있는 능력
예절		
신용성		
안전성		
접근성	공감성(Empathy)	회사가 고객에게 제공하는 개인적 요구에 대한 개별적 관심과 배려
커뮤니케이션		
고객이해		

■ **서비스는 종사원과 고객 사이에서 형성된다**

서비스는 서비스맨이 지극히 일방적으로 고객에게 제공하는 것으로만 해석되는 경우가 많다. 그러나 서비스는 그 서비스를 제공하는 사람인 서비스 종사원과 받는 사람인 고객, 쌍방이 존재해야만 형성되는 것이다. 그것을 받는 사람, 즉 고객이 제외된 서비스라면 이미 그것은 서비스로서의 목표도 없고 그 본질도 잃어버린 것으로 생각할 수 있다. 즉 고객이 무시된 서비스는 마치 허공에 대고 혼자 힘차게 악수를 건네는 것과 같다고 할 수 있다.

■ **서비스 종사원의 존재이유는 고객이 있기 때문이다**

고객을 위해서 무엇을 해야 할 것인가? 모든 것이 고객중심으로 되어 있는가? 이 문제들을 항상 연구하는 기업만이 성장할 수 있다. 고객은 기업활동의 대상이자 목표라고 할 수 있다. 즉 모든 것이 고객으로부터 시작되고 고객으로 끝나는 철저한 고객 중심적 사고와 실천이 충만될 때 그 기업은 성장, 유지, 발전할 수 있다.

고객이 존재해야만 직원은 일을 계속할 수 있는 것이고, 그러한 고객의 존재가 직원 생계를 유지시켜 줄 수 있는 기틀이 되는 것이다. 그러나 고객에게 자신의 서비스를 선택하도록 강요할 수 없고, 오직 고객만이 스스로 선택할 권한이 있다. 고객은 기업의 서비스가 몇 점인지 채점을 해보고 자신이 세워놓은 기준에 점수가 미달된다고 생각하면 여지없이 다른 곳으로 이탈하고 만다.

결국 고객이 없이는 서비스가 이루어질 수 없고, 그러한 서비스 없이 직원이 존재할 수 없다는 결론에 이르게 되는 것이다.

일터의 존폐는 고객에게 달려 있다. 따라서 기업의 서비스가 고객을 향하고 있는지 그렇지 않은지는 기업의 생존과 직결된다고 할 수 있다.

오늘날 서비스기업뿐만 아니라 어떤 직업을 선택하든 모든 사람은 기본적으로 '서비스 종사원'이다. 누구나 다른 사람에게서 서비스를 받고, 또한 자신은 누군가에게 서비스를 제공하며 살아간다. 즉 최고의 서비스 종사원이야말로 최고의 생활인이다.

■ 고객과 특별한 관계를 형성한다

서비스 종사원은 고객을 접대함에 있어서 고객과 많은 시간을 갖고 고객이 감지하는 일정한 서비스를 형성하게 되며 그 태도와 행동 여하에 따라 고객의 만족도가 결정된다. 서비스의 질적 수준이나 고객만족도가 서비스 종사원의 손에 달려 있다. 서비스 형성에 있어서 일선 접점직원과 고객 사이에는 심리적으로 밀착관계에 있다고 한다. 또한 서비스의 질적 수준 면에서 종사원이 생각하는 것과 고객이 생각하는 것에는 차이가 있다는 것이다. 이러한 차이를 고객과 서비스 종사원 사이에 강력한 유대관계로 좁혀나가고 해소할 수 있다. 고객과 서비스 종사원은 어느 누구보다도 가까운 사이에 있으며 고객의 의견, 생각 그리고 감정 등은 종사원을 통하여 전달된다. 고객이 종사원에게 제공하는 각종 정보의 양은 더 나은 서비스를 위한 유용한 자료가 되기도 한다.

■ 인적 서비스의 주체가 된다

서비스를 인적 서비스와 물적 서비스로 나누어보았을 때, 인적 서비스는 서비스 종사원의 언행, 배려, 인사, 응답, 미소, 신속성 등을 나타내고, 물적 서비스란 상품, 근무 규정이나 방법, 제공되는 음식, 정보, 기술 등 눈에 보이는 일련의 가격, 양, 질, 시간 등으로 구성되어 있다. 이 중 서비스 개선을 위한 회사의 비용 지출은 물적인 면의 변화에 많이 투자되는 것이 사실이며 실제로 가시적인 효과를 가져오기도 한다. 그리고 좋은 물적 서비스 없이 좋은 인적 서비스를 기대하기는 힘들다. 그러나 성공적인 서비스는 물적인 서비스와 인적인 서비스가 조화를 이루어야만 하나의 종합적인 가치를 구현하게 되는 것이다. 서비스에 관한 불평을 들었을 때 그 대부분의 이유는 고객이 심적으로 만족하지 못했을 때가 많다. 고객들은 불만을 표출하기 위해 물적 서비스의 결점을 찾을 것이다. 그러나 대체로 인적 서비스가 충분히 좋다면 그들은 불평하지 않는다. 즉 진정한 서비스는 인적 서비스가 제 가치를 발휘할 때 그 진가가 나타나는 것이다. 그러므로 서비스에 대한 고객만족의 여부는 바로 가치 있는 인적 서비스를 수행하는 서비스 종사원에게 달려 있는 것이다.

■ 서비스직원은 바로 서비스 자체이다

서비스 제공에 있어서 많은 경우 접점직원이 곧 서비스 그 자체가 될 수 있다. 예를 들면 대부분의 인적 서비스에서 접점직원이 단독으로 전체 서비스를 제공한다. 서비스 제공자인 일선 종사원이 바로 상품이다. 서비스기업에서 인재를 채용하고자 심혈을 기울이는 이유도 바로 이 때문이다. 종사원 한 사람 한 사람의 언어, 행동, 예의범절은 향후 고객의 제품 구매 시 회사의 총체적 이미지가 되어 중요한 결정요인으로 반영된다.

서비스직원은 회사를 대표하고 고객들은 서비스직원을 통해 반응한다. 설령 접점직원이 서비스를 수행하지 않을지라도 고객의 눈에는 직원 한 사람이 바로 서비스기업으로 보인다. 예를 들어 항공사의 모든 직원이 승객들에게는 항공사를 대표하는 것으로 보이며, 이들이 행동하고 말하는 모든 것이 조직에 대한 고객의 지각에 영향을 미칠 수 있다.

휴식시간의 항공기 승무원, 혹은 비번인 음식점 종사원들조차도 그들이 몸 담고 있는 조직을 대표한다. 만약 이들이 자기회사의 상품을 잘 모르거나 무례한 언행을 한다면, 그 직원이 비록 비번일지라도 그 조직에 대한 고객의 지각은 손상을 입게 된다. 그들은 기업의 이미지를 형성하는 데 매우 중요한 역할을 하며 고객 대면 서비스의 최일선에서 회사를 대표하기 때문이다. 개개인의 이미지가 회사 전체를 대표하는 이미지를 형성하고 나타낸다는 사실을 인식해야 한다.

■ 서비스직원은 마케터이다

서비스직원, 즉 접점직원은 그 조직을 대표하고 고객의 만족에 직접적으로 영향을 미칠 수 있기 때문에 이들은 스스로가 마케터(marketer)의 역할을 수행하고 있다. 이들은 서비스를 물리적으로 구체화시켜 걸어다니는 광고게시판 구실을 하며, 또한 어떤 직원은 판매를 하기도 한다. 고객은 회사의 입장에서 볼 때 오랜 세월을 통해 이익을 내는 가장 중요한 요인이 된다. 그리고 서비스 제공자로서의 서비스 종사원은 직접 고객을 대하기 때문에 회사의 성공에 결정적인 영향을 미치는 중요한 구성원이라고 할 수 있다. 조직 속에서 다른 일을 하는 그룹들, 즉 내부 고객들도 결국은 고객을 대면하는 서비스 종사원의 노력을 지원하기 위해 일하는 것이다. 서비스 종사원의 지식, 기술, 특색 있는 성격, 고객응대 태도가 서비스 종사원 자신의 미래와 고객과 함께하는 회사의 성공에 궁극적으로 이바지하는 것이 된다. 결국 모든 것은 서비스 종사원에게 달려 있다고 해도 과언이 아닐 것이다. 외부고객에 대한 서비스 주체자로서 친절하고 상냥한 서비스 종사원의 이미지 구축을 위해 노력해야 한다.

서비스 종사원은 서비스역량(service competencies)과 서비스성향(service inclination) 두 가지의 보완적인 능력이 필요하다고 한다.

　서비스역량은 서비스직무에 따라 다르나 직무를 수행하는 데 필요한 기술 및 지식을 말한다. 여기에 서비스품질의 다차원적인 특성, 즉 믿을 수 있고, 빨리 반응해야 하며, 공감할 수 있어야 한다는 점을 고려하면 서비스역량 이상의 것이 서비스직에 요구된다. 그래서 서비스성향이란 조건이 추가되는 것이다.

　서비스성향이란 서비스업무 수행에 대한 관심을 말하는 것으로 고객과 동료에 서비스하는 것과 서비스에 대한 태도에 영향을 미치기 때문에 직원을 선발할 때부터 중시된다. 일반적으로 서비스직에 지원한 사람들은 어느 정도의 서비스성향을 갖고 있으며 또한 일단 서비스조직에 들어오면 서비스성향을 갖게 된다. 그러나 다른 사람보다 많은 서비스성향을 가진 사람, 즉 타고난 기질이 서비스 종사원에게는 중요하다. 이는 교육과 훈련을 통해서 만들어질 수도 있겠으나 타고난 성품이 있어야 하므로 서비스기질이 몸에 밴 서비스 종사원을 선발하는 것이 서비스업체의 관건이 되기도 한다. 서비스업체에서 별도로 인성검사 등을 실시하는 이유도 바로 여기에 있다.

　배려성(helpfulness), 사려성(thoughtfulness) 및 사교성(sociability)과 같은 서비스 지향적 성격과 서비스 효과성이 상관관계가 있다는 연구가 있는데, 이 연구에서는 서비스 성향성을 '적응을 잘하고, 좋아하고, 사회질서를 잘 따르며, 대인접촉기술이 있는 것을 포괄하는 하나의 행동양식'으로 정의하고 있다.

　그러나 타고난 성품만으로 불특정 다수의 다양한 고객들의 욕구를 만족시키기에는 부족하므로 고객의 입장에서 고객을 끌어들이는 서비스감각 또한 요구된다. 서비스 종사원의 필수요건 중 하나가 센스있는 행동이다. 고객의 눈빛만 보아도 고객의 기분을 알아차려 민첩하게 행동할 수 있는 감각이 필요하다. 그렇지 못할 경우 오히려 의도치 않은 고객불평을 야기할 수 있기 때문이다.

고객은 서비스 종사원을 통해 원하는 상품과 서비스를 받고 서비스 종사원은 일의 가치를 느낄 것이다. 고객이 안심을 하는가 못 하는가는 고객의 신뢰감을 어떻게 만들어내느냐에 달려 있다. 또 고객이 서비스 종사원을 신뢰하는가 못 하는가는 서비스 종사원의 지식과 경륜을 어떻게 보여주느냐에 달려 있다.

　　고객의 신뢰는 다음 4가지 사항을 갖출 때 비로소 얻을 수 있다.

▪ 제품에 관한 지식

　　고객들은 서비스 회사가 만들거나 판매하는 그 어떤 제품이라 할지라도 서비스 종사원이 그 제품의 사양과 특징, 그리고 부가 서비스에 대해 잘 알고 있기를 기대한다. 오디오 시스템을 어떻게 연결해야 할지 몰라서 고객 앞에서 사용 설명서를 뒤적거리는 판매원은 능력 있는 사람으로 보일 수가 없다.

▪ 회사에 관한 지식

　　고객들은 서비스 종사원이 맡고 있는 담당업무 이외에 다른 업무에 대해서도 잘 알고 있기를 기대한다. 만일 고객의 특정한 욕구를 채워주는 일이 서비스 종사원의 권한 밖의 일이라면 고객들은 최소한 서비스 종사원이 조직의 구성을 잘 알고 있어서 그들의 요구를 해결해 줄 사람에게 안내해 주기를 기대한다.

▪ 경청의 기술

　　고객들은 자신의 특정한 욕구를 서비스 종사원에게 설명할 때 귀기울여 듣고 이해하여 그것에 대응해 주기를 기대한다. 또한 서비스 종사원이 고객들을 더 잘 돕기 위해 필요한 질문을 그들에게 던져주기를 기대한다. 그리고 이야기를 주의깊게 듣고 일을 제대로 수행해서 다시 더 말하지 않아도 되기를 기대한다.

■ 문제해결 기술

고객들은 자신들의 욕구를 표현할 때 서비스 종사원이 제대로 이해한 다음 회사가 제공하는 서비스를 활용해서 신속하게 처리해 주기를 기대한다. 그리고 일이 잘못되거나 문제가 발생할 경우 서비스 종사원이 나서서 문제를 신속히 해결해 주기를 기대한다.

■ 커뮤니케이션 능력

인간생활에서 말은 커뮤니케이션의 중요한 수단으로서 인간의 즐거움과 밀접하게 관계된다. 고객과의 커뮤니케이션에는 언어적 행동(문맥, 어휘, 발음, 화법)과 비언어적 행동(태도, 표정, 동작)이 조화를 이루어야 한다.

■ 인간관계 대처능력

다양하고 복잡한 심리상태를 갖는 고객을 대상으로 원만한 관계를 유지함에 있어서 자신의 행동과 관계없이 곤경에 처할 수도 있다. 이러한 상황에서 서비스 종사원은 자신의 감정을 조절하여 예기치 못한 상황에 적응할 능력이 필요하다.

■ 판단력

다양한 상황을 접하는 서비스 종사원에게는 분석력 · 이해력 · 표현력 등이 필요하며, 이러한 능력의 기초가 되는 것이 판단력이다. 특히 빠른 상황판단력으로 다양한 고객의 욕구를 파악하여 대처하는 능력이 필요하다.

■ 창의력

서비스 종사원은 다양한 고객과 접촉하기 때문에 여러 가지 문제해결능력을 갖추어야 하며, 창의력을 바탕으로 보다 나은 고객서비스 실현방향을 모색하고 여러 가지 상황에 대처할 능력을 배양해야 한다.

■ 기억력

서비스 종사원의 기억력은 근무 중에 갖추어야 할 필수요건 중의 하나라 할 수 있다. 고객의 성명, 주문사항, 부탁받은 일 등을 기억하는 것은 매우 중요하며, 메모지 등을 활용하는 것도 유용한 방법이다.

■ 전문성과 직업의식

서비스 종사원은 전문인임을 스스로 자각하고, 서비스정신의 실현, 국가경제에 공헌한다는 자부심 등 철저한 프로의식을 가져야 한다.

좋은 서비스를 제공하는 데 있어서 여러 가지 자질이 바탕이 되어야 하며, 당신이 갖고 있는 자질은 서비스업무를 수행하는 데 중요한 자산이 된다. 다음에 나오는 여러 가지 서비스 자질들의 종류를 검토하고 자신이 갖고 있는 자질을 능숙도에 따라 솔직히 적어보라.

> 상냥하다. 신속하다. 효율적이다. 낙천적이다. 근면하다. 주의깊다. 창조적이다. 정직하다. 문제해결능력이 있다. 즐겁다. 명랑하다. 밝다. 침착하다. 건강하다. 이해력이 있다. 배려한다. 기쁘게 한다. 지적(知的)이다. 공감한다. 공평하다. 명확하다. 확실하다. 부드럽다. 긍정적이다. 사교적이다. 기억력이 좋다. 전문적이다. 적극적이다. 감각이 있다. 예의바르다. 세심하다.

능숙한 자질 당신이 발휘할 수 있는 최고의 자질	
보통의 자질 갖고는 있으나 더욱 향상시키고 싶다고 생각하는 자질	
부족한 자질 향상시켜야 하는 자질	

○ 개선을 위한 행동계획

부족한 자질	개선을 위한 행동계획
1.	
2.	
3.	

고객만족은 고객이 바라고 원하는 것을 채우는 것, 즉 '고객의 욕구와 기대에 최대한 부응한 결과, 고객이 그 제품과 서비스를 다시 구입하고 아울러 고객의 신뢰감이 연속되는 상태'이다.

　미국 소비자문제 전문가 굿맨(J. A. Goodman)은 고객만족이란 '고객의 니즈(needs)와 기대에 부응하여 그 결과로서 상품 서비스의 재구입이 이루어지고 아울러 고객의 신뢰감이 연속되는 상태'라고 정의하였다. 말 그대로 '고객이 만족한 상태'를 말하는 것이다. 즉 '서비스 종사원이 어떻게 했느냐'가 아니라 '고객이 어떻게 느꼈느냐'가 고객만족의 핵심이다.

① 고객만족

■ 모든 길은 고객만족으로 통한다

　기업이 제공하는 상품 및 서비스가 고객의 만족을 얻지 못하면 판매되지 못하게 되므로 최대의 관심사는 곧 고객만족이 되는 것이다. 고객만족은 표면상의 원칙 및 방편으로 끝나는 것이 아니라 현실적으로 실천에 옮기지 않으면 고객의 신뢰 및 지지를 얻지 못하게 된다. 즉 고객에게 만족을 파는 것이 기업의 최고 목적이 되고 현 시대에 살아남을 수 있는 절대적인 조건이 되고 있다. 지금은 고객만족 실천의 시대이다.

■ 고객만족의 기준은 고객의 기대이다

　'만족'의 기준은 '기대'이다. 즉 만족도는 고객의 기대와 결과치에 따라 다양하게 나타나게 된다. 만족의 기준은 고객의 기대보다 인식이 크거나 높은 상태를 말한다. 고객은 자신의 기대와 실제 서비스의 이용을 통해 인지한 정도를 비교해서 기대보다 크거나 같을 때 만족한다.

서비스는 제공하는 것이 아니라, 고객이 받아서 서비스라고 느낄 때, 진정한 서비스가 된다. 서비스 종사원은 서비스를 받는 고객에게 평가받는 것이기 때문에, 다른 기업과 경쟁하는 것보다 고객과의 경쟁에서 이겨야 인정받는 것이다. 결국 나의 경쟁상대는 고객이다.

② 고객만족의 구성요소

고객을 만족시키는 데 필요한 구성요소는 첫째 상품, 둘째 서비스, 셋째 기업 이미지이며, 이 세 가지 요소를 종합한 것이 고객만족도가 된다.

시대적으로 보면 이전에는 상품의 하드적인 가치로서 상품의 품질이 좋고 가격이 저렴하면 고객은 그것으로 만족하였다. 그러나 물질적으로 풍요로운 시대가 되면서 상품의 소프트적 가치로서의 디자인, 사용용도, 사용의 용이성 등을 중시하게 되었다. 또한 감성의 시대로 진전됨에 따라 상품만이 아니고 구매 시점의 점포 분위기, 판매원의 접객태도가 영향을 미치게 되었고 점차 서비스가 차지하는 비중이 높아지게 되었다. 따라서 기업으로서는 판매방법에 도 세심한 주의를 기울이지 않으면 고객이 만족하지 않게 되었다. 이제 상품의 측면에서는 그다지 차이가 없게 되었기 때문에 판매시점의 서비스의 차이가 기업의 우열을 결정하게 되었다. 고객만족의 비중이 상품에서 서비스로 이행 하고 있는 것이다.

고객만족의 구성요소는 직접적으로는 상품과 서비스 등 두 가지이지만 간접 적으로 앞으로 중요시되는 것은 기업이미지이다. 기업이미지의 내용으로는 지역사회 공헌 및 환경보호활동 등 우리 기업이 그동안 등한시해 왔던 기업의 사회적 책임을 통한 활동 등을 적극적으로 펼침으로써 사회 및 환경문제에 진정으로 관계하는 기업으로서의 이미지가 향상되어 고객에게 좋은 인상을 주게 되는 것이다. 이는 고객과 사회, 그리고 환경을 주요 이해관계로 인식하게 됨으로써 대두되게 되었다. 즉 아무리 상품 및 서비스가 우수하다 하더라도 사회 및 환경문제에 진심으로 관계하지 않는 기업은 평가가 하락하고 고객의 만족도는 낮아지게 되는 것이다.

고객만족은 고객이 느끼는 가치에 달려 있기 때문에 주관적이고 가변적인 요소를 내포하고 있다. 다양한 고객만족 요인을 개발하여 고객중심의 서비스 시스템을 갖추어나가는 것이 중요하다.

● 고객만족의 구성요소

상품 (직접요소)	상품의 하드적 가치	• 품질, 기능, 성능, 효율, 가격 • 훈련프로그램과 광범위한 고객 데이터베이스를 포함하는 업무지원 시설 및 시스템 등 서비스 하부구조
	상품의 소프트적 가치	• 디자인, 컬러, 향기, 소리, 편리성, 사용설명서
서비스 (직접요소)	점포 내 분위기	• 호감도, 쾌적성
	판매원의 접객서비스	• 복장, 언행, 배려, 인사, 응답, 미소, 상품지식, 신속성
	애프터, 정보서비스	• 상품의 애프터 서비스, 라이프스타일 제안, 정보제공 서비스
기업이미지 (간접요소)	사회공헌활동	• 문화스포츠활동 지원, 지역주민 시설 개방, 복지활동
	환경보호활동	• 리사이클링, 환경보호활동

① 불평고객이 중요한 이유

▪ 문제점을 일찍 파악하여 해결하도록 해준다

고객의 불평은 상품의 결함이나 서비스의 문제를 조기에 발견하여 그 문제가 확산되기 전에 신속하게 해결할 수 있게 해준다. 고객의 불평은 기업이 미처 생각하지 못한 부분에 대해 정보를 주는 것이기 때문에 불평고객은 기업에게 아주 중요한 정보를 제공하는 것이다.

▪ 고객유지율을 증가시킨다

공정거래위원회의 연구 결과, 사람들은 물건이나 서비스에 대해 불평을 했을 때 그 불평이 만족스럽게 처리되면 4분의 3이 같은 상표의 제품을 사지만 불평이 제대로 처리되지 않았을 때에는 2분의 1 정도만이 같은 상표를 다시 사겠다고 밝혔다고 한다. 즉 불평이 만족스럽게 해결되지 않는 경우라 할지라도 불평하는 사람이 불평하지 않는 사람보다 반복구매의 경향이 훨씬 높다는 것이다.

▪ 부정적인 구전효과를 최소화한다

불만족한 고객은 흔히 친구, 이웃, 친지 등에게 자신의 불만족스러운 경험에 대해 이야기한다.

아마 어떤 물건을 사려고 할 때, 또는 어떤 식당에 가려고 할 때 아는 사람으로부터 "그 가게는 나쁘다/불친절하다/맛이 없다" 등의 말이나 부정적인 소문으로 인하여 다른 것을 사거나 다른 곳에 간 경험이 누구에게나 있을 것이다.

그렇다면 부정적인 구전효과는 왜 무서운 것일까? 사람들은 좋은 경험보다 나쁜 경험에 대해 더 많은 이야기를 하는 경향이 있다고 한다. GM사의 한 중역의 말에 따르면 만족한 고객은 평균 8명에게 그것을 말하는 반면 불만족한 고객은 평균 25명에게 그것을 말한다고 한다. 따라서 불만족한 고객 1명의 구전효과를 만회하기 위해서는 3명의 만족고객이 필요한 셈이 되는 것이다.

② 불평고객 관리

▪ 고객을 컨설턴트로 모셔라

구매 후 고객을 관리하는 것은 서비스기업에 있어 중요한 문제이다. 그중에서도 실패한 서비스를 회복시키고 고객의 불평을 관리하는 것이 가장 중요하다. 고객문제를 다루는 서비스 종사원의 태도는 고객만족에 대한 관심을 표현하는 단서가 된다. 대부분의 고객은 어느 정도 합리적인 근거를 가지고 불만을 얘기하게 되는데 이때 이를 무시하거나 외면하지 않고 적극적으로 성실히 대처한다면 고객들은 오히려 더욱 만족하고 단골고객이 될 수 있는 중요한 전환점이 될 수도 있다. 고객은 항의할 권리가 있음을 항상 기억해야 한다. 불평하는 고객이 있다는 것은 또 다른 기회가 될 수 있다는 의미이다.

▪ 불평하는 고객을 존중하라

불평이란 단순하게 말해서 어떤 상태가 기대를 충족시키지 못할 때 불만을 토로하는 행위이다. 그러나 서비스를 제공하는 직원이나 기업의 입장에서는 보다 적극적인 의미에서 불평을 다음과 같이 인식해야 한다. 즉 고객의 불평을 처리한다는 것은 고객만족 또는 고객감동 서비스의 연장선상이라고 보는 것이다. 요즘은 고객과의 일회적 거래를 중시하지 않고 구매 후 지속적인 관계를 유지·발전시키는 것을 강조하게 된다. 그러므로 불평고객을 지속적인 고객으로 끌어들이는 것이 매우 중요하며, 불평고객이 기업에 직접적으로 불평을 제기하도록 유도해야 한다는 주장들이 설득력이 있다.

▪ 고객불평은 또 하나의 기회이다

고객이 제품에 어떤 불만을 느꼈는지, 개선할 점은 무엇인지 말해 준다면, 그런 이야기를 해준다는 것 자체가 관심과 애정이 있다는 말이 되는 것이다. 또한 이러한 고객의 불만사항을 바로 해결해 줄 수 있어야 그 관심이 지속될 수 있다. 고객의 소리는 최고의 정보다. 고객을 계속 붙들어 놓기 위해서는 무엇보다 숨겨져 있는 고객의 애로사항을 놓치지 않아야 한다. 그러기 위해서는 고객이 잠깐씩 내비치는 고객의 말투나 표정을 읽을 수 있어야 하며 고객의 말이나 행동이 진심인지 아닌지 상대방의 입장에서 생각해 볼 수 있어야 한다. 이를 통해 고객이 현재 어떠한 점에서 불만, 불편사항을 가지고 있는지 판단할 수 있어야 한다. 고객의 불만은 회사의 입장이나 서비스하는 입장과 다를 수 있으므로 고객에게 끊임없이 질문하며 고객의 입장에서 고객의 불만을 파악해야 한다.

뛰어난 제품과 서비스를 제공하고 고객만족경영을 아무리 잘하는 기업이라도 고객의 불만은 발생할 수 있으며 이러한 불만을 잘 관리하는 것이 중요하다. 더욱이 높아지고 있는 고객들의 기대 수준, 정보매체의 발달은 고객들의 불만을 확대·재생산하고 있다. 기업과 서비스 종사원은 고객불만을 해소하고 로열티를 제고하기 위한 서비스회복 전략을 터득함으로써 고객의 불만을 고객만족으로 전환시켜 평생고객을 만들 수 있다.

고객불만의 효과적인 관리를 위한 서비스회복 전략(Service Recovery Strategy)은 다음과 같다.

1. 무조건 경청한다

- 고객의 항의에 겸허하고 공손한 자세로 인내심을 갖고 끝까지 경청한다.
- 고객 자신이 스스로 불평을 모두 말하도록 한다. 잘 듣는 것만으로도 불만의 상당부분은 해소된다.
- 고객의 의견을 무시하는 서비스 종사원의 변명은 효과가 없다.
- 고객의 불만을 서비스 종사원 개인에 대한 불만으로 생각하지 않는다. 사람에게 초점을 맞추지 말고, 문제 자체에 초점을 맞춘다. 서비스 종사원 자신이 아닌 회사나 제도에 항의하는 것이라는 생각을 가져야 고객의 심한 분노의 표현으로부터 자유로울 수 있다.
- 선입견을 버리고 고객의 입장에서 생각하고 문제를 파악한다.
- 고객의 자극적인 말이나 도전적인 태도에 말려들지 않도록 한다. 화난 고객 때문에 힘이 빠져도 자신의 회사, 동료, 상품, 서비스에 대한 혹평에 동의하거나 말려들지 말고 가급적 긍정적인 태도를 유지한다.
- 나의 감정을 다스려 불쾌하거나 짜증스런 모습은 삼가며 냉정하고 침착하게 처신한다. 서비스 종사원이라면 사람과의 만남에서 오는 부담감을 극복하고 자신의 감정까지 통제할 수 있어야 한다. 프로와 아마추어의 차이는 그것을

통제할 수 있느냐 없느냐의 차이일 것이다.

- 고객과 언쟁하지 않도록 한다. 고객과의 싸움은 백전백패이다. 고객과의 논쟁은 문제를 해결하는 것이 아니라 문제를 더 일으킬 뿐이다.
- 고객의 불만을 정확하게 이해했는지 다시 한번 확인하고 고객의 감정상태와 화가 난 이유를 인지한다.

2. 고객의 항의에 공감하고, 감사의 인사를 한다

- 고객의 항의에 공감한다는 것을 적극적으로 표현하며, 고객의 심정(분노, 실망)을 충분히 이해할 수 있음을 밝힌다.
- 감정이입을 통해 상대를 이해하고 배려하는 마음을 보여주는 것은 모든 서비스의 원천이다. 이때 긍정적인 비언어적 신호를 활용한다.
- 불만사항에 따라 필요한 경우, 고객에게 일부러 시간을 내서 그 문제점을 지적하여 해결의 기회를 준 데 대해 감사의 표시를 한다.

3. 진심어린 사과를 한다

- 고객의 의견을 경청한 후 그 문제점을 인정하고 잘못된 부분에 대해 당사자가 재빨리 정중히 사과한다.
- 괜한 변명은 오히려 마이너스이며 잘못을 솔직히 인정하고 이해와 용서를 바라는 것이 문제해결의 지름길이다. 설사 고객에게 잘못이 있다고 하더라도 직원의 역할은 고객들에게 책임을 묻는 것이 아니라는 점을 알아야 한다. 게다가 고객이 정확하게 이해하고 있는지를 다시 한번 물어보고 확인시켜 주는 작업을 하지 않았을 경우 그에 대한 서비스 종사원의 책임도 있을 것이며 궁극적으로는 고객이 문제를 잘 해결하도록 돕는 것이 서비스 종사원의 직무이다.
- 진심어린 사과는 오히려 고객의 마음을 가라앉히고 호감을 갖게 하는 반전이 될 수 있으나 사과 없는 변명은 고객을 더욱 불쾌하게 할 수 있다.
- 분위기를 자연스럽게 이끌어 상황을 진정시킨다. 서 있는 경우 앉을 자리를 권하거나 사람이 많은 경우 장소를 옮긴다. 화가 난 고객을 응대할 때는 고객의 감정을 조절하도록 유도한다.

4. 설명하고 해결을 약속한다

- 불만상황에 대해 관심과 공감을 보이며 고객이 납득할 해결방안을 제시, 문제를 시정하기 위해 어떤 조치를 취할 것인지 설명하고 해결을 약속한다.
- 설령 서비스 종사원 자신과 관련없는 불평사항이라 하더라도 고객에게는 누가 담당자인지가 중요한 것이 아니라 자신의 문제를 해결해 줄 것인지 아닌지가 중요하다.

5. 정보를 파악한다

- 문제해결을 위해 꼭 필요한 질문만 하여 해결 정보를 얻는다.
- 최선의 해결책이 불가능할 경우 고객에게 어떻게 하면 만족할지를 솔직히 묻는다.

6. 신속히 처리한다

- 잘못된 부분에 대해 일의 우선순위를 세워 신속하고 완벽하게 처리하도록 한다.
- 문제해결을 위한 신속한 대응으로 한시라도 빨리 사태를 회복시키기 위하여 최대한으로 노력하고 있음을 보인다.
- 해결이 불가능한 경우 대안을 제시하되 처음부터 무조건적인 대안은 효과가 없으며 고객이 기대하는 것 이상을 제공하도록 노력해야 한다.

7. 처리를 확인한 후 다시 한번 사과한다

- 불만사항을 처리한 후 고객에게 결과를 알리고 만족어부를 물어본다.
- 모든 일을 해결한 후 고객에게 다시 한번 사과의 인사를 하는 After Care야말로 고객의 불만을 종결시키는 마지막 대책이다.
- 고객과의 처리는 해결이 문제가 아니고 결과적으로 고객의 감정이 어떠한가가 중요하다.

8. 재발방지책을 수립한다

- 최종 마무리 후 다시 결과를 확인한다.
- 고객불만 사례를 회사 및 전 직원에게 알려 재발방지책을 수립하고 새로운 고객 응대안 등을 마련하여 같은 문제가 재발되지 않도록 한다.

불과 몇 초간의 짧은 접촉에서 고객은 만족과 감동을 느낄 수 있다. 이는 서비스품질에 대한 인식에 결정적인 역할을 하므로 '진실의 순간' 또는 '중요한 순간', '결정적인 순간', 'MOT(Moments of Truth)'라고 한다. 이 말은 스웨덴의 마케팅이론가 리처드 노먼(Richard Norman) 교수가 제창한 개념으로 고객과의 접촉에 있어 가장 중요한 결정적인 순간을 뜻하는 용어이다.

　원래는 투우에서 투우사가 소와 일대일로 대결하는 최후의 순간을 말하는 용어로 스페인 말로는 절체절명의 순간을 뜻한다.

　기업에서 '진실의 순간'은 언제인가? 바로 직원들이 고객을 만날 때이다. 이 개념을 제대로 활용해서 성공한 경영자가 있다.

　지난 80년대 스칸디나비아항공(SAS) 사장이던 얀 칼슨(Jan Carlzon)이 그의 저서인 『고객을 순간에 만족시켜라 : 결정적 순간』에서 접촉 순간의 중요성을 강조한 후 고객과의 접촉을 표현하는 대표적인 용어가 되었다. 그는 70년대 말 오일쇼크로 2년 연속 적자를 기록한 이 회사에 81년 39세의 젊은 나이로 사장이 됐다. 그는 한 해에 천만 명의 승객이 각각 5명의 종업원과 접촉했음을 강조하고 1회의 응접시간이 평균 15초임을 알아냈다. 즉 직원들이 고객을 만나는 15초 동안이 '진실의 순간'이라고 강조했다. 이 15초 동안에 고객을 평생 단골로 잡느냐 원수로 만드느냐가 결정된다는 것이 그의 주장이었다.

　그는 "기내식 식판이 지저분하면 승객들은 비행기 전체가 불결하다고 느낀다."며 식판 닦는 종업원들에게도 '진실의 순간'을 직접 강조할 정도로 전사적 운동을 벌였다. 결과는 대성공이었다. 8백만 달러 적자였던 경영수지가 1년 만에 7,100만 달러 흑자로 바뀌었다. 에너지를 쓸데없는 데 소비하지 않고 결정적인 부분에 집중한 결과였다.

　서비스에 있어서 고객과 서비스 종사원의 접점은 고객이 서비스에 대해 어떠한 인상을 얻을 수 있는 접점이 되어야 한다. 이 결정적 순간에 어떠한 서비스인가가 판가름나며 그것들이 쌓여서 전체 서비스의 품질을 결정하게 되는 것이다.

　수많은 접점 중에서 가장 불량한 수준이 그 서비스의 전체를 대표하게 되므로 서비스 전 과정에 있어 고객과 접하는 접점을 소홀히 하면 안 될 것이다. 서비스사이클 중 단 한 명의 불만족스러운 서비스가 그 회사 전체의 서비스를 망치게 할 수 있다. 설령 100명의 종업원 중 99명의 서비스 종사원이 만족한 서비스를 제공한다 하더라도 단 한 명의 서비스 종사원으로부터 불만족한 서비스를 받는다면 그 고객에게 있어서 그 한 명이 그 회사 전체를 대표하는 것이 된다. 즉 그 한 사람을 통해 고객은 회사 전체를 평가할 수밖에 없는 것이다. 어느 한 순간의 경험이 나쁜 경우 고객을 잃어버릴 수 있다.

　대면 고객접점에 위치한 서비스 종사원은 고객만족의 성패가 실제로는 자기 자신에 의해 결정된다는 신념을 갖고 접점의 중요성을 바르게 인식하고 그 역할과 책임을 다해야 한다.

Chapter

6 서비스매너 훈련

면접에서는 승무원다운 세련된 매너와 품위를 지닌 지원자가 좋은 점수를 받을 것임에 틀림없다.

자신의 내면이 아무리 서비스마인드로 무장되었다 해도 그것이 외부로 드러나야만 타인에게 인식될 수 있는 것이다. 승무원이라는 직업을 선망하는 이유 중의 하나도 바로 승무원에게서 느껴지는 밝은 표정, 단정한 몸가짐과 자세, 정중한 인사, 상냥하고 바른 말씨에 호감을 느껴서가 아닌가?

그렇다면 어떻게 하면 그러한 매너를 갖출 수 있을까?

무엇보다도 평소 생활과 행동에 있어서의 반복훈련이 필요하다. 이는 며칠 밤새워 공부한다고 되는 지식도 아니고, 오랜 시간 훈련을 통해 몸으로 체득되어야만 비로소 가질 수 있는 것이기 때문이다. 당일 혹은 시험 전에 벼락치기 공부로는 결코 갖춰질 수 없는 부분이다.

그러므로 차분하게 시간을 두고 평소의 생활 속에서 객실승무원 적성을 몸에 익히는 것이 매우 중요하다. 오랜 기간 몸에 익힌 소양이야말로 면접현장에서 빛을 발하게 될 것이다.

성공적인 면접을 위한 준비는 일부러 꾸며서 만들어지거나 하루아침에 달라지는 것이 절대 아니다. 평소에 표정이나 화술, 자세, 용모, 복장, 지식과 교양 등 자신을 어떻게 갈고 닦느냐에 따라 점차적으로 달라질 수 있다.

일상생활 중에 승무원의 자질을 기르기 위한 훈련자료와 기회는 많이 있다.

이 Part에서는 지금 바로 객실승무원의 면접 준비를 시작하고자 하는 사람을 위하여 일상생활에서의 '객실승무원 매너습득법'을 익히도록 안내하고자 한다.

제1절 호감 가는 표정

① 밝고 호감 가는 표정을 지니고 있는가

흔히 객실승무원이 되려면 뛰어난 미모를 가져야 한다고 생각하지만, 기내에서 근무하는 승무원들을 보면 밝고 호감 가는 인상을 많이 볼 수 있다.

승무원이 갖추어야 할 가장 기본적인 조건 가운데 하나가 바로 밝고 환한, 그리고 무엇보다 누구라도 말을 쉽게 붙일 수 있는 편안하고 부드러운 미소를 지니는 것이다.

객실승무원 지원자들 중에 면접장소에서 갑자기 웃으려고 하면 입가에 경련이 생기고 또 그렇게 편안하지 못한 미소 때문에 탈락하는 경우를 많이 볼 수 있다. 대답할 때만, 혹은 신경 쓰고 있을 때만 노력해서 웃는 얼굴로 답했을 뿐, 나머지 시간에는 자신도 모르게 굳은 표정으로 일관한다면 결코 좋게 평가될 리 없다.

'상대방이 누구든 나와 대하는 순간이 최고라고 여기도록 만들자'는 생각으로 수시로 거울을 보고 자연스럽게 웃는 연습을 하라. 그래야만 언제 어디서든 밝은 표정이 나올 것이다.

② 당신에 대한 호감도는 첫인상으로 결정된다

'첫인상이 말을 한다.'

사람을 처음 만났을 때 상대에 대한 어떤 느낌을 갖게 되는데 그것이 '첫인상'이며, 사람의 이미지 형성에서 가장 중요한 요소이다.

미국의 심리학자 고든 올포트(Gorden Allport)는 30초 동안에 처음 만난 상대의 성별, 나이, 체격, 직업, 성격, 깔끔함, 신뢰감, 성실성 등을 어느 정도 평가할 수 있다고 했다.

작가 말콤 글래드웰(Malcolm Gladwell)은 『블링크(Blink)』라는 저서에서 새로운 사람을 만나거나, 복잡한 일에 맞닥뜨리거나, 긴박한 상황에서 결정을 해야 할 때마다 아주 짧지만 강력한 2초 정도의 순간적으로 솟아오르는 생각과 느낌을 갖게 되며 이 판단이 정확하다고 주장하였다.

한 번의 만남을 통해 상대의 모든 것을 판단할 수는 없지만 '다음에 다시 만나고 싶다', '이 사람과 사귀어보고 싶다'는 판단을 할 수는 있다. 누구나 밝고 건강한 이미지를 가진 사람과 가까이하고 싶어한다. 면접에서도 마찬가지이다.

당신의 이미지는 어떠한가? 강한 인상으로 뇌리에 각인되는 첫만남, 그 순간을 위해 노력해야 한다.

■ 첫인상이 형성될 때의 세 가지 영향요인

첫 번째로 긍정적인 특성보다 부정적인 특성(예를 들어 '표정이 어둡다', '둔해 보인다' 등)이 그 사람을 평가하는 데 더 많은 영향을 준다. 그러므로 장점이 아무리 많아도 어떤 단점 한 가지에 의해 전체적으로 낮게 평가될 수 있다. 그래서 누군가를 처음 만날 때는 사소한 부분까지 신경 쓰는 것이 중요하다.

두 번째로 먼저 제공된 정보가 나중에 제시된 정보보다 더 큰 영향력을 발휘한다. 그러므로 좋은 첫인상을 주려면 처음 만났을 때 가능한 한 자신의 장점을 부각시키도록 해야 한다.

세 번째로 사람들은 전반적으로 가능하면 노력을 덜 들이면서 결론에 이르려고 하는 경향이 있다. 그다지 노력해서 타인에 대해 깊게 알고자 노력하지 않는다. '사실 난 알고 보면 좋은 사람인데…'라고 스스로 생각한다면 그 생각을 바꿔서 첫인상으로 최초에 승부할 수 있는 방법을 찾아야 할 것이다. 상대는 당신에게 그렇게 여러 번의 기회를 주지 않을 테니까 말이다.

③ 호감 가는 첫인상, 어떻게 만드나

첫인상이 형성될 때 가장 많은 영향을 주는 부분이 시각적인 요소이다. 시각적인 요소에는 얼굴 표정, 옷차림, 액세서리, 자세와 동작 등이 있는데 그중 사람을 처음 만났을 때 시선이 가장 먼저 가는 곳이 바로 얼굴이고, 그 얼굴 표정에 의해 그 사람의 인상이 결정된다.

많은 사람들을 만나다 보면 그중에는 늘 밝고 활기찬 표정으로 다른 사람까지 즐겁게 하는 사람이 있는가 하면, 자신도 모르게 늘 어두운 표정으로 보는 상대방의 기분까지 우울하게 하는 사람이 있다. 밝은 표정은 자신의 성격뿐만 아니라 생활 전반에도 좋은 영향을 주게 되며 표정이 밝은 사람은 대체적으로 성격도 밝고 적극적인 경우가 많다.

밝은 미소를 짓는 것은 생각만으로 되지 않는다. 우리의 얼굴 근육은 평소 쓰는 부분만 발달되어 있기 때문에 평소 웃지 않던 사람이 갑자기 웃으려고 하면 자기자신도 어색하고 근육경련이 일어나기도 한다. 그러므로 표정훈련은 생활 속에서 항상 꾸준히 연습하는 것이 중요하다.

면접 10분 내내 미소짓고 있자면 볼에 경련이 일어나기도 하고 어색한 미소를 짓고 있는 자신을 발견하는 경우가 많다. 속으로 '웃어야 하는데, 웃어야 하는데…' 하는 생각이 더욱 긴장을 불러일으키고 스트레스로 작용하게 되어 표정이 어색해지게 된다. 지금부터 입꼬리에 힘을 주고 치아가 드러나도록 열심히 웃어보라. 언제 어디서든 변하지 않는 환한 미소에 자신감을 갖게 될 것이다.

▪ 거울을 자주 보라

평소에 거울을 보며 연습하는 것이 매우 좋다. 아무리 예쁘게 화장을 한다 해도 화를 많이 내면 인상이 망가지게 된다. 누군가와 언쟁을 하고 난 후 거울을 보라. 자신의 표정이 미간도 찌푸려 매우 어둡고 일그러져 있을 것이다. 일부러 얼굴을 예쁘게 가꾸려고 노력하는 것보다 얼굴 찌푸릴 만한 생각은 하지 않고 자주 웃으려고 노력하는 것이 실제로 좋은 인상을 갖는 비결이다.

평소에 거울을 자주 보는 습관을 들여 자신의 웃는 얼굴을 여러 가지 만들어 보고 그중 가장 자연스럽다고 생각하는 입모양을 찾아 기억해 둔다. 그리고 반복해서 연습한다.

자신의 입꼬리가 위를 향하는지 일자(一字)인지 아래를 향하고 있는지 잘 살펴보자. 만약 입꼬리가 처져 있다면 살짝 위로 잡아당겨 보자. 이런 동작을 여러 번 반복하며 많이 웃는 노력을 해야 한다.

▪ 밝고 좋은 생각만 하라

얼굴 근육의 훈련만으로는 표정이 자연스럽게 밝아지지 않는다. 자신의 표정을 정말 밝게 바꾸고 싶다면 자신의 생각과 생활을 긍정적으로 바꾸는 것이 근본적인 방법이다. 좋은 표정은 편안한 마음과 신체에서 비롯되므로 몸의 경직을 먼저 풀도록 한다.

기분 좋은 생각을 많이 하고 유머를 즐기고 마음의 여유를 갖도록 자신을 바꿔보자. 그러면 주위사람으로부터 인기도 높아질 것이고 웃을 일이 더욱더 많이 생길 것이다.

▪ 생활 속에서 훈련하라

밝고 아름답게 웃고 있는 사진 하나를 선택하여 거울, 책상 앞 등 눈에 띄는 곳에 부착하도록 한다. 나의 얼굴만을 보고 막연히 연습하는 것보다는 좋은 표정의 사진을 보며, 비슷한 표정을 지으며, 연습하는 것이 더욱 효과적이다.

기억해 두고 싶은 미소에 흥미와 관심을 갖고 그 미소를 뚜렷이 이해한다. 표현하고자 하는 미소를 소리내서 웃어보거나 거울 속에 그려본다. 미소와 얼굴의 특징있는 면을 주의깊게 관찰한다. 될 수 있는 한 제스처와 동시에 미소를 사용한다. 최고의 미소라고 판단될 때까지 보완된 미소를 찾아서 일상 속에 접목시켜 나만의 자연적인 미소로 완성시킨다.

▪ 사람들과 많이 어울려라

늘 누군가를 상대해야 하는 일을 하는 직종의 사람과, 타인과 전혀 접촉하지 않고 자기 혼자 일하는 직종의 사람은 분명히 사람을 대할 때의 표정이 다를 것이다. 이런 이유로 서비스 관련 직업을 갖거나 아르바이트를 하는 경험은 표정훈련에 많은 도움이 될 수 있다. 물론, 그 일을 자신이 즐겁게 했을 때 호감 가는 이미지 개발에 도움이 될 것이다.

지금 이 순간부터 노력하여 습관화되도록 표정을 밝게 하는 연습을 해보도록 하자. 한 달 후쯤이면 노력해서 미소를 만들고 짓는 표정이 아닌 '나의 얼굴'로 나타낼 수 있을 것이다.

④ 다양한 표정훈련

누구나 다른 사람의 모습은 자주 보고 잘 기억하고 있는 반면, 자신의 모습은 자주 볼 기회도 없고 또 그렇기 때문에 상대적으로 잘 모른다. 그러므로 자신의 모습을 거울로 비춰본 후 자신의 표정을 객관적으로 평가하고 끊임없이 개선해 나가는 노력이 필요하다.

지금부터 평소 얼굴 근육훈련을 통해 표정 바꾸는 요령을 알아보자.

실제 면접에서 눈과 입의 미소는 비교적 유지되는 편이지만, 면접관의 질문에 대답하는 과정에서 밝은 미소는 사라지고 얼굴이 굳어지는 경우가 많다. 누구나 의식적으로 웃고 있을 수는 있지만 말을 시작하는 순간 금방 얼굴이 굳어지게 마련이다. 말을 하는 중에도 나타나는 미소, 즉 웃으면서 말할 수 있는 것은 '미소의 완성'이다.

거울을 보며 자신의 표정을 점검해 보고, 가능하다면 좀 더 적극적인 방법으로 촬영해서 자신의 모습을 모니터해 보면 그 효과는 더욱 클 것이다.

우리 얼굴에는 무려 80여 개의 근육이 있어 7천 가지 이상의 표정을 만들 수 있다고 한다. 얼굴에는 역동적인 근육을 가진 곳이 있는데 그 부분은 눈썹 부위와 입 주변이며 두 부분을 이용해서 얼마든지 표정 연출을 할 수 있다. 이 근육들을 잘 움직이게 함으로써 표정에 생기가 돌게 되며, 이 근육들을 잘 운동시키면서 말하면 또렷한 발음으로 말할 수 있으므로 정확한 자기표현을 하는 데 도움이 될 것이다. 거울을 보고 매일 조금씩 연습하여 자연스러우면서도 상냥한 자신만의 표정을 만들어보자.

○ 눈썹

눈썹은 얼굴의 표정을 연출하는 데 있어서 중요한 부분이며 눈썹훈련은 이마부분의 근육을 풀어주는 효과가 있다.

- 양손의 검지손가락을 수평으로 해서 눈썹에 가볍게 붙인 상태에서 눈썹만 상하로 여러 번 움직인다.
- 눈썹을 양미간 사이로 내려 눈썹의 각도를 세모꼴로 만들어본다. 아마 거울 속에는 화난 표정이 보일 것이다.
- 눈썹을 바싹 위로 올려 눈썹의 각도를 둥근 모양을 만들어본다. 거울에 나타난 표정은 밝은 모습일 것이다.

이렇듯 눈썹의 각도를 이용한 표정만으로도 상대에게 친근감을 보낼 수 있다.

○ 눈

눈은 마음의 상태를 그대로 반영한다. 눈에 직접적으로 물리적인 훈련을 적용할 수는 없으므로 심리적 자극을 주는 방식으로 훈련한다. 스마일은 입의 표정과 함께 생기 있고 발랄한 눈의 표정도 절대적인 요소이다. 밝은 미소와 함께 활기찬 눈빛을 나타내야 한다.

먼저 거울을 보면서 자신의 눈이 웃을 때와 웃지 않을 때가 어떻게 다른지 체크해 보고 의식적으로 눈의 변화를 시도해 본다. 이 훈련을 매일 반복한다.

눈은 피로를 가장 빨리 느끼는 부분이다. 눈을 감고 눈 주변에 손가락 세 개를 모아 꾹꾹 누르고, 감은 상태에서 눈동자를 좌우로 돌려서 뒤쪽 신경계를 풀어준다. 총명하고 밝은 눈빛은 상대에게 많은 신뢰감을 줄 수 있다. 눈의 표정을 연출하기 위해 역시 눈 주위의 안면운동을 해보자.

- 먼저 조용히 두 눈을 감는다.
- 반짝 눈을 크게 뜨고, 눈동자를 오른쪽→왼쪽→위→아래로 회전시킨다. 오른쪽으로 한 바퀴, 왼쪽으로 한 바퀴 돌려 눈을 편안히 감았다 뜬다.
- 다음엔 눈두덩이에 힘을 주어 꽉 감는다.
- 그리고 나서 반짝 눈을 크게 뜨고, 다시 한번 눈동자를 오른쪽→왼쪽→위→아래로 회전시킨다.

이러한 눈의 근육운동은 하루 종일 피곤한 눈의 피로를 풀어주는 데도 아주 좋은 운동이 될 수 있다. 이제 거울을 보고 눈으로 표현할 수 있는 표정을 연출해 보자. 거울을 눈 가까이에 두고 눈만 집중해서 본다.

- 깜짝 놀랐을 때의 표정을 지어보라. 눈과 눈두덩이가 올라가 있지 않은가?
- 곤란할 때의 표정은 어떠한가? 아마 양 미간에 잔뜩 힘을 주어야 할 것이다.
- 지적인 표정을 지어보자. 역시 눈동자를 긴장시켜야 할 것이다.
- 슬픈 표정, 기쁜 표정, 놀란 표정 등 다른 감정을 표현해 보라.

이렇듯 눈동자로도 많은 표정을 연출할 수 있다.

◐ 코

코로도 표정 연출이 가능할까? 먼저 코의 근육을 풀어보자. 코 근육은 일부러 손으로 코를 잡아서 주물러준다. 많이 쓰지 않기 때문에 물리적인 힘이 필요하다. 코는 눈썹 사이에서 콧망울까지 꾹꾹 눌러보라.

또한 불쾌한 냄새를 맡았을 때 대체로 코를 단번에 쑥 올려 코에 주름이 생기게 될 것이다. 이렇게 반복해서 코의 근육을 풀어준다.

그리고 나서 거울을 코에만 비춰 코로 표정을 연출해 보자.

- 찡그릴 때 코의 표정은 어떠한가? 한쪽으로 주름진 코의 모습이 보이는가?
- 그러면 이번엔 코로 웃는 표정을 만들어보자. 양 콧망울이 당겨져 코의 삼각형 모양이 바로 보일 것이다.

좀 제한되기는 하나 이처럼 코로도 표정 연출이 가능하다.

○ 입, 뺨, 턱

입 주위는 표정을 결정짓는 가장 중요한 부위이다.

다양하고 풍부한 표정 연출을 해보기 위해 먼저 입 주위의 근육운동을 해보자.

- 입을 '아' 벌리고 턱을 오른쪽에서 왼쪽으로 움직여보라. 계속 반복해서 해본다.

다음은 뺨 주위의 안면근육을 풀어보자.

- 입을 다물고 한껏 뺨을 부풀려 공기를 머금은 채 오른쪽→왼쪽→위→아래로 움직여보라. 서너 차례 반복한다.

그 다음은 입술운동을 해보자.

- 입가를 최대한 당긴 다음 입술을 뾰쪽하게 내밀고 다시 옆으로 당기는 것을 반복한다. 그리고 나서 입을 최대한으로 크게 벌려 높은 톤으로 또박또박 아→이→우→에→오의 입 모양을 발성하여 입 주위를 풀어준다.
- 입꼬리 근육을 단련시키고 근육이완을 시키는 발성법으로 다음과 같은 운동을 해보라. 하, 히, 후, 헤, 호 / 하하, 히히, 후후, 헤헤, 호호

그러면 지금부터 거울을 입에 가까이 대고 입으로 할 수 있는 표정을 연출해 보자.

- 토라진 표정을 지어보라. 입술을 다물고 약간 앞으로 내미는 모양이 될 것이다.
- 가장 화가 났을 때는 어떠한가? 입술이 세모꼴로 일그러지지 않는가?
- 가장 슬펐을 때를 떠올려보라. 당신의 얼굴이 어떻게 변하는가?
- 걱정이 있을 때, 짜증이 날 때, 재미있는 일이 있을 때를 생각하며 조심스럽게 얼굴 각 부분이 어떻게 움직이는지를 잘 보고 어떻게 느껴지는지를 섬세하게 살펴보라.

이렇게 연습하면서 그동안 무표정하게 굳어진 얼굴근육들을 이완시키고 마음도 부드럽게 해보자. 표정이 있다는 것은 곧 살아 있다는 증거이다.

- 그러면 이제 마치 종이 한 장을 입술에 살짝 무는 상태로 입술꼬리만 위로 올려보자. 입술이 웃고 있지 않은가?
- 다음은 활짝 웃는 모습을 지어보자. 치아가 반짝이며 입술이 가볍게 열릴 것이다.

입을 항상 절반쯤 벌리고 있거나 입끝을 아래로 내려뜨려서 축 처지게 하고 있으면 그다지 영리한 느낌은 들지 않는다. 대체로 평상시 의식하지 않으면 입술꼬리가 축 내려가기 쉬우므로 의식하고 항상 입술꼬리를 올리도록 한다. 그것만으로도 웃는 얼굴이 만들어지게 되고 입가가 야무지게 보일 수 있다.

⑤ 최고의 표정, 스마일훈련

웃는 얼굴에 대해 상대방으로부터 칭찬을 받은 적이 있는가?

당신이 크게 웃을 때 웃음소리는 어떠한가?

거울 앞에서 당신이 일생 중 가장 행복했을 때를 생각하며 웃음을 지어보라.

여러 가지 표정 중에서도 가장 아름다운 표정은 당연히 웃는 얼굴이다. 모든 만남의 시작에 있어서 가장 중요한 첫인상을 좌우하는 핵심적인 요소는 바로 스마일이다.

스마일은 서비스 종사원의 필수요건이지만 몸에 익히기가 그리 쉽지는 않다. 미소는 평소 생활에서 습관화해야 하며 각자의 아름다운 개성이 표현되는 스마일이 몸에 체득되도록 노력해야 한다.

이는 단순한 이론적인 것이나 보고 듣는 것으로 이루어지는 것이 아니므로 꾸준히 반복 연습하여 자연스럽게 자신의 얼굴에 나타나야 하는 것이다. 아름다운 미소는 하루아침에 만들어지지 않는다. 틈틈이 거울 앞에서 입꼬리를 올리고 웃는 연습을 해보자. 거울을 보고, '위스키~'라고 소리내면서 거울 속의 나를 향해 미소 지어보라.

 스마일의 기능

- 마인드컨트롤 효과 : 웃으며 일하다 보면 자신의 기분이 좋아지고 긍정적인 품성이 자리 잡게 된다.
- 건강증진 효과 : 웃는 근육의 움직임은 실제적으로 건강에 유익하다.
- 감정이입 효과 : 상대방에게 밝은 인상을 전함으로써 웃는 나의 모습을 보는 타인의 기분까지 좋아진다.
- 호감 효과 : 자신 있게 웃는 모습은 모든 사람에게 좋은 인상을 주는 만국공통어이다.
- 신바람 효과 : 웃는 모습으로 일하면 일을 기분 좋게 할 수 있으며, 직장동료들 사이에서 미소는 바쁜 업무 중의 좋은 윤활유가 된다.
- 실적향상 효과 : 즐겁게 일하다 보면 업무 역시 효율적이고 긍정적으로 진행된다.

활짝 웃는 미소는 '위스키~' 하고 발음한 상태에서 두 손가락으로 입꼬리를 고정시킨 뒤, 마음속으로 다섯을 센 후 손만 떼어준다. 입모습은 끝까지 '~이'의 입모습을 하게 되고 더군다나 '위~' 할 때는 뺨의 근육이 약간 위로 치켜 올라가 훌륭한 웃는 얼굴을 만들 수 있다. 이때 양쪽 입꼬리를 올리는 기분으로 '위스키~' 하고 소리내 보라.

웃을 때 입꼬리는 야무지게 올라가야 하며, 웃을 때 앞니를 드러나게 하는 윗입술과 아랫입술 윗부분이 만드는 것을 '스마일 라인'이라고 한다. 매력적으로 웃으려면 이 스마일 라인이 U자형의 선을 그려야 한다. '입꼬리 올려주기' 트레이닝만 열심히 하면 얼마든지 U자형의 스마일 라인을 연출할 수 있다. 입꼬리를 올려주는 근육운동과 웃는 연습을 하루에도 몇 번씩 생각날 때마다 거울을 보면서 꾸준히 해보자. 입꼬리 근육을 단련시킬 수 있을 뿐만 아니라, 보다 쉽게, 자연스러운 미소를 연출할 수 있다. 처음에는 의식적으로라도 웃어보라. 가족, 이웃, 동료 등 아는 사람과 마주칠 때 무조건 미소를 지어보라. 그러면 당신의 얼굴은 점점 좋은 느낌을 주는 얼굴로 변화될 것이다. 한 달만 지나면 웃는 얼굴이 몰라볼 정도로 매력적으로 변할 것이다.

이 U자형 스마일 라인은 자신감을 불러일으켜 자신의 능력을 한껏 발휘하도록 해줄 수 있다. 그런 의미에서 이 웃음은 그 어떠한 것보다 큰 파워를 가지고 있다.

● **다음을 따라 연습해 보라.**

- 위 ^ 스 ^ 키^ : 한 글자씩 끊어서 읽는다.
- 위 : 강하게 '위-이' 발음을 하면서 그냥 '위'가 아닌 굴려서 '위-이'라고 소리내며, 입술을 모았다가 끝에서 '-이-' 모양으로 멈춘다.
- 스 : 입술 양끝을 강하게 당겨주며, 짧게 발음한다.
- 키 : 입술 양끝을 가장 강하게 당겨주며, '키' 상태로 5초 동안 머무른다.

입모양을 연습하는 동안에 항상 입모양과 같이 눈의 모양도 함께 만드는 느낌으로 한다는 것을 잊지 않도록 한다.

- 다음은 '위스키'를 한번에 빠른 속도로 발음하여 반복하도록 한다(이때 항상 '키' 발음을 길게 하면서 입술을 좌우로 당긴다).

미소에 익숙지 않은 사람은 입 주변의 경직을 느끼고 계속적으로 반복되는 연습을 하다 보면 미소 짓는 입모양을 나타내는 것이 점점 어색해질 것이다. 그렇다면 처음의 얼굴부분별 안면근육 푸는 연습을 반복하고 다시 표정 연습에 들어가도록 한다.

이때 입을 다문 상태에서 입꼬리만 살짝 올리지 말고, 치아가 가능한 한 많이 보이도록 한다. 면접 때는 보통 5~8명의 응시생이 서 있게 되는데 이때 입꼬리만 살짝 올리는 사람들이 대부분이다. 만약 그중에 한 사람이 치아가 가능한 한 많이 보이게 활~짝 웃고 있다고 생각해 보라. 분명 시선을 한몸에 받게 될 것이 아닌가?

- 다음은 '안녕하십니까?'의 '안'으로 입모양 연습을 해보자. 보통 '안' 하고 끊지 말고 '아~안' 하고 리듬을 타면서 '안'자의 억양을 올려주고 입꼬리를 좌우로 힘껏 당긴 상태에서 10초 동안 정지한다.

아마도 '위스키' 하면서 입모양을 연습하는 것보다 쉽다고 느낄 것이다.
그렇다면 '위스키' 발음을 5회 정도만 반복하고 '안'으로 입모양 연습을 하도록 한다.

- 다음은 '감사합니다.'의 '감'으로 입모양을 연습해 보자. 마찬가지로 '감' 하고 끊지 말고 '가~아~암' 하고 느린 속도로 발음하되 마지막 '암'은 입술을 가지런히 다문 채 입술 양끝만 살짝 당겨준다.

이때 입술 안의 치아는 붙이지 말고 살짝 띄어준다. 바로 이 표정이 미소를 머금은 표정이 되는 것이다. 처음에는 조금 어색함을 느끼지만 반복적으로 연습하면 면접 시 다른 응시생이 말하는 동안이나 평소의 부드러운 표정을 나타내는 것에 대한 가장 효과적인 연습이 될 것이다.
미소를 머금은 듯한 이 표정 연출에서 가장 중요한 포인트는 바로 눈의 모양이다.

- 다음은 면접 시 자연스러운 표정 연출을 위한 몇 가지 방법을 알아보자.

일반적으로 면접 시 기본적인 자기소개와 함께 몇 가지의 질문에 대한 답변을 하게 된다. 이 답변을 하는 동안의 자연스러운 표정연습이다.

예를 들면 "안녕하십니까? ○○○입니다."라고 말할 때 '입니다'의 '다'를 말하고 입술을 꼭 다물어 버리게 된다. 그러나 "안녕하십니까?"의 '까'를 말하고 그 상태로 입모양을 정지시킨 후 좌우로 약간 당겨준다.

그리고 "○○○입니다."의 '다'를 말하고 마찬가지로 입모양을 정지시킨 후 좌우로 약간 당겨준다.

위와 같이 자기소개나 답변을 하면서 문장의 마지막 단어에서는 입을 다물지 말고 단어가 끝난 그대로 입모양을 유지하면서 좌우로만 약간 당겨주면 자연스러운 표정의 입모양을 유지할 수 있다.

이처럼 말을 할 때에도 조금만 신경 쓰면 굳이 표정을 짓기 위해 힘들게 애쓰지 않아도 자연스러운 얼굴 표정을 나타낼 수 있다.

① 아름다운 자세와 동작이 몸에 배어 있는가

▪ 바른 자세의 파워

면접응시자들이 면접장에 들어와 자리에 섰을 때 그 순간 이미 첫인상이라는 엄청난 파워가 영향을 미치게 된다. 물론 이 첫인상은 얼굴 표정, 단정한 옷차림 등 복합적인 요소들에 의해서도 결정되겠지만 서 있는 자세 한 가지만으로 큰 영향을 미치는 것이 사실이다.

가만히 서 있는 자세를 얼마 동안 유지할 수 있는가?

'절도 있는 동작'은 그 사람을 안정감 있어 보이게 하는데, 이는 딱딱한 동작을 의미하는 것이 아니라 앉은 자세, 선 자세, 방향을 가리키는 손 등 모든 동작이 단순히 하나의 동작으로서 흐트러짐 없이 유지되는 것을 말한다.

면접 시 응시자들이 간혹 선 상태에서 무의식 중에 혹은 너무 긴장한 나머지 눈동자를 이리저리 굴린다든지 손가락을 만지작거린다든지 하는 동작들로, 보는 이에게 산만한 느낌을 주게 된다. 이때 바르게 선 자세를 오랫동안 유지하고 있는 응시자가 있다면 그 자체만으로 면접관의 시선을 끌게 마련이다. 아름다운 동작은 바로 몸가짐에서 생긴다. 올바른 몸가짐은 하루아침에 이루어지지 않으므로 평소 바른 자세를 위한 노력을 통해 습관화되도록 해야 한다.

바르게 서고 아름답게 걷기 위한 노력 중 하나는 평소 정장을 입고 굽이 있는 구두를 신어보는 것이다. 자신도 모르게 긴장되어 걸음걸이와 자세가 달라지고 청바지를 입고 있을 때와는 달리 몸가짐이 반듯해지는 것을 느낄 수 있다. 이러한 이유로 대부분 승무원 취업을 준비하는 항공관련 학과에서는 학생들이 정장 차림 혹은 학과 자체 유니폼을 정해서 입고 생활하도록 한다.

편히 선 자세는, 항상 자신도 편해야 하며 남이 보기에도 부담스럽지 않아야 한다.

- 발뒤꿈치를 붙이고 발끝은 V자형으로 하고 몸 전체의 무게 중심을 엄지발가락 부근에 두어 몸이 위로 올라간 듯한 느낌으로 선다.

- 머리, 어깨, 등이 일직선이 되도록 허리는 곧게 펴고 가슴을 자연스럽게 내민 후, 등이나 어깨의 힘은 뺀다.

- 아랫배에 힘을 주어 당기고, 엉덩이를 약간 들어올린다.

- 여성은 오른손이 위로 가게 하여 가지런히 모은 뒤 자연스럽게 내려 배꼽 아래 5cm 정도에 놓고, 겨드랑이에 팔을 가볍게 붙여준다. 발은 시계바늘의 11시 5분 모양으로 만들어준다.

- 시선은 정면을 향하고 턱은 약간 당겨 바닥과 수평이 되도록 하며 입가에 미소 또한 잊지 않는다. 그리고 머리와 어깨는 좌우로 치우치지 않도록 유의한다.

- 오래 서 있어야 하는 대기 중이라면, 여성의 경우 한 발을 끌어당겨 뒤꿈치가 다른 발의 중앙에 닿게 하여 균형을 잡고 서 있도록 하면 훨씬 편안하게 느껴진다.

- 한쪽 발을 반보 뒤로 하고 몸을 비스듬히 하여 어깨 너머로 의자를 보면서 한쪽 스커트 자락을 살며시 눌러 엉덩이가 등받이에 닿도록 의자 깊숙이 앉는다.

- 등과 등받이 사이에 주먹 한 개가 들어갈 정도의 거리를 두고 등을 곧게 편다.

- 상체는 서 있을 때와 마찬가지로 등이 굽어지지 않도록 주의하고 머리는 똑바로 한 채 턱을 당기고 시선은 정면을 향해 상대의 미간을 본다.

- 뒤쪽에 있던 발을 앞으로 당겨 나란히 붙이고 두 발을 가지런히 모은다.

- 양손을 모아 무릎 위에 스커트를 누르듯이 가볍게 올려 놓는다.

- 무릎을 붙인 상태에서 서 있을 때처럼 발을 시계바늘 모양으로 11시 5분 모양으로 만들어준다. 양 다리는 모아서 수직으로 하며 오래 앉아 있을 경우 다리를 좌우 어느 한쪽 방향으로 틀어도 무방하다. 특히 소파처럼 낮은 의자의 경우에는 무리 하게 다리를 수직으로 세우지 말고 양 다리를 모은 채 무릎 아래를 좌우 한 방향으로 틀면 다리가 아름답게 보인다.

- 의자에 퍼져 앉아 팔짱을 끼고 무릎을 떨거나, 구부정하게 앉거나, 다리를 꼬아 앉거나 벌어지지 않도록 유의해야 한다.

의자의 반보 앞에 서서 한 발을 뒤로 한다.

어깨 너머로 의자를 보고 의자 깊숙이 앉는다.

뒤쪽에 있던 한 발을 앞으로 향하게 한다.

어깨를 펴고 시선은 정면을 향한다.

② 젊고 활기차게 걷는가

세련된 화장에 옷을 잘 차려 입었는데 등이 구부정한 채 무릎까지 굽히고 뒤뚱뒤뚱, 종종, 터덜터덜 걷는 사람이 있다면 느낌이 어떠할까? 멋지게 꾸민 모습이 이상한 걸음걸이에 모두 가려지고 말 것이다. 반면 곧은 자세로 씩씩하고 활기차게 걷는 사람은 보는 이로 하여금 신뢰감을 느끼게 해준다.

젊고 건강하고 활기찬 사람들의 걸음걸이는 남들과 달리 조금 빠른 템포로 가슴을 쭉 펴고 또렷한 눈빛으로 정면을 향해 걸으며, 진취적이고 자신감이 있어 보인다고 한다. 반면 항상 처진 어깨로 걸음이 느린 사람은 왠지 모든 일에 자신감이 없고 일을 처리하는 속도도 느릴 것 같은 느낌이 든다.

또한 매너가 좋은 사람들은 발소리까지도 남의 귀를 거슬리지 않게 하기 위해 자신의 걸음걸이에 주의를 기울인다. 발소리가 소음공해가 되지 않도록 체중은 발 앞부분에 싣고, 허리로 걷는 듯한 느낌으로 걸어보라. 발 앞끝이 먼저 바닥에 닿도록 하여 전면에 일직선이 그어져 있는 듯 가상하여 똑바로 걷는다.

이렇게 걸음걸이 하나만으로도 그 사람의 자세는 물론 마음가짐까지 알 수 있다.

걷는 자세 연습

- 걸을 때에는 상체를 곧게 유지하고 발끝은 평행이 되게 하여 다리 안쪽과 바깥쪽에 주의하면서 발바닥이 보이지 않도록 직선 위를 걷는 듯한 기분으로 걷는다.

- 머리는 걸음을 옮길 때 유연하게 움직일 수 있도록 하되, 유연한 선을 그리면서 약간 높이 쳐든 상태를 유지한다.

- 어깨와 등을 곧게 펴고 턱을 당겨 시선은 정면을 향하고 자연스럽게 앞을 보고 걷는다. 배는 안으로 들이밀고, 엉덩이는 흔들지 않도록 유의한다.
  허리로 걷는다고 생각하고 앞으로 내민 발에 중심을 옮겨가면 바르게 걸을 수 있다.

- 무릎을 굽힌다든지 반대로 너무 뻣뻣해지지 않도록 양 무릎을 스치듯 걷도록 주의한다.

- 손은 손바닥이 안으로 향하도록 하고 팔은 부드럽고 자연스럽게 두 팔을 동시에 움직인다.

- 보폭은 자신의 어깨 넓이만큼 걷는 것이 보통이나 굽이 높은 구두를 신었을 경우에는 보폭을 줄인다.

인사는 만남의 시작이며 상대방에 대한 존경심과 친근감의 표현이다. 밝고 자연스러운 인사는 사람과의 만남에 있어서 첫인상을 결정짓는 중요한 요소이 므로 적극적으로 자신의 정성된 마음을 표현할 수 있도록 해야 한다.

무엇보다도 인사란 '당신을 보았습니다'라는 표현이니만큼 누가 먼저라고 할 것 없이 사람을 보면 먼저 인사하는 습관을 들여야 한다.

실생활에서 행해지는 인사는 상대방의 연령, 장소, 시간, 상황에 적절한 자연스러운 인사가 되어야 하며, 한 번의 인사를 하더라도 바르게 하려는 노력이 필요하다. 인사를 열심히 하는 것도 중요하지만 인사는 제대로 잘해 야 하는 것이다. 표정 없는 기계적인 인사는 오히려 상대에게 불쾌감만 주게 되며, 정중한 인사를 한답시고 허리를 지나치게 많이 숙이면 덜 세련되어 보인다.

① 눈으로 인사한다(Eye Contact)

인사는 밝고 자신감 있게 그리고 당당하게 해야 자연스럽다. 그러나 상대방 의 눈을 보지 않으면 인사를 하더라도 마음에 와닿지 않는다. 처음 만남에서부 터 인사로 상대방의 마음을 사로잡아 좋은 인상을 남기고자 한다면 따뜻한 마음을 담아 부드럽게 상대방의 눈을 바라보도록 하라. 당신의 따뜻한 마음이 상대의 마음에 닿을 것이다. 인사는 반드시 아이콘택트(eye contact)로 시작하여 아이콘택트로 끝나야 한다.

② 몸으로 인사한다

예로부터 어른을 모시거나 경건한 의식에 참여할 때는 두 손을 모아 허리 아래로 내려놓은 듯이 공손한 자세를 취하는 공수(拱手)가 있다. 공수자세는 손을 모을 때 남자는 왼손을 위로, 여자는 오른손을 위로 한다.

몸을 숙일 때는 손을 자연스럽게 밑으로 내리고 발은 뒤꿈치를 붙인 상태에서 시계의 두 바늘이 11시 5분을 나타낸 정도로 벌린다.

공수의 방법

- 남자의 평상시 공수는 왼손이 위로, 여자의 평상시 공수는 오른손이 위로 가게 두 손을 포개어 잡아야 한다.
- 공수할 때 손의 모습은 위로 가는 손바닥으로 아래손의 등을 덮어서 포개어 잡는다.
- 이때 두 엄지손가락은 엇갈려 깍지를 끼고, 이하 네 손가락은 포갠다. 아래에 있는 네 손가락을 가지런히 펴고 위에 있는 네 손가락은 아래에 있는 손의 새끼손가락 쪽을 지그시 쥐어도 된다.
- 평상복을 입었을 때는 포개어 잡은 손을 자연스럽게 내리면 엄지가 배꼽 정도의 위치에 닿는다.

---

③ 입으로 인사한다

인사하는 사람들의 말에는 상대방의 기분까지 밝게 해주는 인사말이 있다. 밝게 인사한다는 것은 큰 소리로 외치는 것이 아니라 상대방의 마음에 자연스럽게, 밝게 다가갈 수 있는 그런 인사를 말한다.

인사와 더불어 상황에 맞는 자연스러운 인사말을 구사할 수 있어야 한다. 간결하면서도 정성스런 마음을 전할 수 있는 함축적인 인사말을 하도록 한다.

④ 마음으로 인사한다

우리나라에서는 몸의 중심인 허리를 굽히는 방법을 이용해 인사를 하며 마음의 깊이를 상대에게 전달한다.

인사는 각도의 차이보다 인사하는 상황에 따라 마음의 깊이를 전달하는 것이 더 중요하다. 30도는 일상생활에서 많이 행해지는 보통례, 15도 정도의 목례는 좁은 장소에서, 45도 인사는 감사, 사과의 마음을 전할 때의 각도이다.

● 1단계

- 손은 오른손이 위로 오도록 양손을 모아 가볍게 잡고, 오른손 엄지를 왼손 엄지와 인지 사이에 끼워 아랫배에 가볍게 댄다(몸을 숙일 때는 손을 자연스럽게 밑으로 내린다).

- 발은 뒤꿈치를 붙인 상태에서 시계의 두 바늘이 11시 5분을 나타낸 정도로 벌리고 상대를 향해 바르게 선다.

- 곧게 선 상태에서 발은 뒤꿈치를 붙이고 상대방과 시선을 맞추고 난 다음, 등과 목을 펴고 배를 끌어당기며 목을 숙이지 말고 허리를 숙여 인사한다.

- 인사할 때의 시선처리는 먼저 상대를 밝은 표정으로 바라보고 상대방의 눈을 본 후 몸을 숙임과 동시에 시선도 자연스럽게 아래로 내린다. 이때는 자신의 발을 보지 말고 전방 1.5미터 정도 앞을 보는 것이 자연스럽다.

● 2단계

- 머리, 등, 허리선이 일직선이 되도록 하고 허리를 굽힌 상태에서의 시선은 자연스럽게 밑을 보고 잠시 멈추어 인사 동작의 절제미를 표현한다. 이때 굽힌 정도는 일반적인 30도 정도이다. 인사하는 동안 미소가 얼굴에 머물도록 한다.

- 하나!에 숙이고, 숙인 상태에서 둘!을 센 후, 셋!넷!에 다시 허리를 편다. 이러한 리듬으로 인사하는 것이 가장 정중하고 세련되어 보인다. 절도 있게 한번의 동작으로 내려가 잠시 멈추는 시간은 인사에서 매우 중요하다. 존경의 느낌이 바로 이 멈춤에서 나오기 때문이다.

● 3단계

- 너무 서둘러 고개를 들지 말고 굽힐 때보다 다소 천천히 상체를 들어 허리를 편다. 고개를 까딱하는 인사가 아니라 허리로 인사해야 품위 있게 인사할 수 있다.

◎ 4단계

- 상체를 들어올린 다음, 똑바로 선 후 시선도 따라 올라오면서 다시 상대의 눈을 바라본다. 즉 인사의 시선처리는 상대의 눈 → 나의 전방 1.5미터 바닥 → 다시 상대의 눈이다.
- 인사동작을 연습하면서도 잊지 말아야 할 것은 바로 밝은 표정을 유지하는 것이다. 특히 마지막 동작인 상체를 올리고 난 다음에는 더욱 환하게 미소짓는 표정이 좋다.

1단계   2단계   3단계   4단계

메이크업은 자신의 개성을 살려 밝고 자연스럽게 해야 하며, 지나칠 정도로 유행에 민감한 메이크업이나 마치 분장을 한 듯한 너무 진한 화장이나 어두운 느낌의 색조화장 등 인위적으로 표현한 부분이 눈에 띄는 스타일은 피하는 것이 좋다. 어딘가 첫눈에 부분적으로 크게 눈에 띄는 화장은 잘못된 것이다. 예를 들면 진한 눈썹, 시퍼렇게 칠해진 아이섀도, 새빨간 입술, 벌겋게 칠해진 볼터치….

특히 면접을 위한 메이크업으로는 항상 밝고 건강함을 나타내는 화장법을 이용하여 자신의 세련됨을 자연스럽게 표출함으로써 상대방에게 신뢰감과 자신감 있는 인상을 주어야 한다.

즉 깔끔하고 단정해 보이도록 하며, 밝고 건강하며 부드러운 인상을 줄 수 있는 자연스러운 Make-up이 되도록 한다. 또한 의상에 어울리는 색상의 Make-up이 필요하다.

메이크업에서 가장 중요한 것은 전체적으로 편안한 조화로움이다. 여기서 편안함이란 정성을 들여 꾸준히 가꾸어 가는 일상생활 속에서 자연스럽게 창조되는 아름다움을 말한다. Make-up은 전체적인 컬러가 조화롭게 어울려야 하며, 결국 자신을 돋보이게 해주어야 하는 것이다.

바람직한 메이크업
- 우아하고 화사한 분위기 연출
- 깔끔하고 단정한 메이크업 유지
- 의상과의 조화로움과 통일성
- 보는 이에게 따뜻함과 신뢰감 표현

◉ 클렌징(Cleansing)

　자연스럽고 지속성 있는 메이크업을 하려면 유분과 수분의 밸런스가 잡힌 맑고 투명한 피부가 기초가 되어야 한다. 메이크업에 앞서 정성스러운 세안과 마사지로 충분한 영양을 공급해 주어야 보다 자연스럽고 산뜻한 메이크업을 할 수 있다.

◉ Base 메이크업

　베이스 메이크업은 화장의 준비단계로 밝고 투명한 피부, 건강한 피부를 유지하기 위해 항상 청결을 유지해야 한다. 기초화장에 신경 써야 하며 자주 거울을 돌아보며 얼굴의 번들거림을 방지해야 한다. 너무 피로한 상태에서의 피부는 화장을 해도 나쁜 상태가 가려지지 않으므로 건강한 생활을 지키도록 신경을 쓴다.

　흔히 여름철에 유행하는 suntan한 피부는 피해야 하며 잡티나 여드름, 기미가 커버 되도록 기초 손질로 충분히 커버하는 것이 중요하다.

◉ 메이크업 베이스(Make-up Base)

　파운데이션을 바르기 전에 발라주는 밑화장용 화장품으로서 피부색을 보정하고 균일하게 만들어서 깨끗한 피부를 만들어주며 피부를 보호해 준다. 파운데이션의 퍼짐을 좋게 하고 균일하게 잘 밀착되도록 하며 화장의 지속성을 높여주나 지나치게 많이 바르면 오히려 파운데이션이 밀리게 되므로 소량을 바르는 것이 좋다. 피부색에 따라 색상을 선택하여 사용할 수 있다.

붉은 피부 잡티 있는 피부	노란 피부	창백한 피부	칙칙한 피부 어두운 피부
green/beige색	purple색	pink색	white색

◉ 파운데이션(Foundation)

　파운데이션은 피부의 결점을 커버하고 피부색을 아름답게 표현하며, 눈이나 입술,

볼 화장의 색상을 깨끗하고 선명하게 살려주며, 외부의 자극으로부터 피부를 보호하는 기능을 한다.

완벽한 메이크업은 맑고 깨끗한 피부표현에서 시작된다. 피부표현을 위한 Base 메이크업의 완성은 파운데이션을 바른 후 파우더의 마무리로 끝난다. 특히 자연스러운 메이크업이 강조되므로 자신의 피부색에 맞는 파운데이션을 선택하여 청결하고 투명한 피부를 연출할 수 있도록 해야 한다. 가볍고 자연스러운 피부표현에는 크림타입보다는 리퀴드타입의 파운데이션이 좋으며 적당량을 위해 두드리듯이 얇게 잘 펴서 바르고 페이스 파우더로 보송보송하게 마무리한다.

또한 파운데이션은 얼굴의 윤곽을 수정하여 입체적인 화장이 될 수 있도록 한다. 색상은 얼굴과 목의 중간색으로 선택하여 화장 후 얼굴과 목의 색차이가 나지 않도록 한다.

좀 더 입체적인 화장을 원한다면 T존 부위는 하이라이트 컬러를, 턱과 이마, 볼의 끝선은 어두운 컬러를 선택한다. 적절한 명암을 주어 생기 있는 표정을 연출해 주는 것이 좋으며, 혈색과 매치되어 입체감을 주어 아름다운 여성의 모습이 되도록 한다.

● 파우더(Powder)

파우더는 피부화장의 마지막 단계에서 파운데이션의 수분이나 유분을 눌러 피부에 잘 스며들도록 하여 메이크업을 조화시키고 오래 지속시켜 주는 역할을 한다. 또한 자외선으로부터 피부를 보호하여 맑고 투명한 피부를 유지하도록 한다.

색조는 가능한 밝게 표현해야 하므로 일반적으로 자신의 피부보다 약간 밝은 톤의 투명 타입 파우더가 가장 자연스럽게 마무리된다.

메이크업의 효과를 더 높이려면 전체적으로 내추럴한 투명 타입을 눌러준 후 브라운 계통의 어두운 파우더로 음영을 주면 효과가 있다.

바르는 방법은 분첩에 묻혀 잘 비벼서 사용하고 얼굴에 유분기가 남아 있지 않도록 두드리듯 발라준 후 솔로 털어준다. 코나 이마 등 잘 지워지는 곳은 적당한 힘으로 잘 눌러준다.

파우더보다 투웨이케이크(two way cake) 화장이 간편하여 선호하는 경향이 있으나, 피부노화를 촉진하고 화장이 두꺼워져 자연스러운 느낌을 감소시키는 단점이 있다.

눈썹, 아이라인, 입술 등 모든 선을 또렷하고 야무지게 그려서 단정해 보이도록 하는 것이 요령이다.

○ 눈썹(Eye Brow)

눈썹은 얼굴 전체의 이미지와 표정을 좌우하는 중요한 부분으로서 아무리 아름다운 얼굴이라도 눈썹모양에 따라 표정까지 달라질 수 있으므로 자신의 얼굴형에 어울리는 자연스러운 눈썹을 그리는 것이 중요하다.

눈썹은 얼굴의 이미지를 결정하므로 색상은 기본적으로 자신의 머리카락 색상과 비슷한 것을 선택한다.

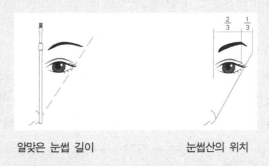

알맞은 눈썹 길이　　　　　　　눈썹산의 위치

눈썹 그리기는 눈썹을 다듬는 데서부터 시작된다. 제일 먼저 눈썹 브러시를 이용하여 눈썹결대로 빗어준다.

다음 아이브로 펜슬을 사용하여 눈썹 모양을 잡고 눈썹산에서 눈썹 끝으로 그려주되 기본 위치를 미리 잡아두면 편하다.

눈썹을 그릴 때 눈썹머리는 눈의 머리 바로 위, 콧망울과 일직선이 되게 하고 눈썹꼬리는 45도 정도를 유지하고 눈썹산은 전체 길이의 2/3 지점에 두는 것이 이상적이다. 얼굴을 길게 보이게 하기 위해서는 1/2 지점에 눈썹산을 만든다. 그 다음 브러시로 빗은 후 가늘게 깎은 아이브로 펜슬로 눈썹산을 향해 눈썹이 난 방향으로 한 올씩 심듯이 정성 들여 그려준다. 이때 눈썹의 꼬리가 너무 길거나 짧지 않게 눈썹머리와 일직선이 되도록 그려준다.

눈썹머리, 눈썹꼬리, 눈썹산 등 눈썹 전체의 모양을 잡는다.

눈썹결에 따라 펜슬로 형태를 잡는다.

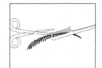
눈썹빗으로 빗어 길게 나오는 눈썹을 가위로 정리한다.

눈썹을 가지런하게 빗은 다음 형태를 벗어난 주변 눈썹을 가위로 잘라낸다.

눈썹에 펜슬 자국이 남지 않도록 스크루 브러시로 눈썹을 쓸어 올리듯 빗어준다.

모발과 비슷한 아이 섀도를 아이브로 브러시에 묻혀 눈썹 속을 메워준다.

눈썹산의 모양을 각지게 그렸을 경우 지적으로 보이긴 하나 다소 차가운 인상으로 보여지기도 하므로 밝은 얼굴 표정을 위해 약간 둥근 모양의 자연스러운 곡선미를 살려 부드러운 느낌을 주도록 한다.

눈썹머리는 너무 진하거나 굵지 않게 살살 그려 마무리한다. 머리색에 맞춰 회색이나 갈색 섀도를 눈썹용 브러시에 묻혀 빈틈을 메우듯 그린다.

머리 쪽보다 꼬리 쪽을 얇게 그리며 진하거나 뭉친 부분은 면봉으로 수정하고 마지막으로 다시 한번 브러시로 빗어준다.

눈썹을 그릴 때 코의 모양도 함께 생각해야 한다. 얼굴 중앙에 있는 코에는 그 사람의 성격이나 의지가 표현될 수 있으므로 좋은 이미지를 나타내도록 유의해야 한다. 얼굴에 비례해 큰 코를 작게 보이려 할 때에는 눈썹을 벌어지게 그려주고, 작은 코를 크게 보이려 할 때는 눈썹을 좁게 그려준다.

◎ 눈화장(Eye Shadow)

눈은 인상을 좌우할 수 있는 중요한 포인트이므로 얼굴에 생기를 주고 맑고 또렷한 눈매가 연출될 수 있도록 하는 메이크업 기술이 필요하다. 눈 주위에 음영을 넣어 눈을 보다 크고 아름답게 만드는 것이 눈화장의 역할이라고 볼 수 있다. 색상은 본인의 피부색에 맞추어 잘 어울리는 것으로 선택하고 지나친 개성 위주의 진한 색상보다는 보는 이로 하여금 편안한 느낌을 갖게 하는 온화한 색상, 특히 서비스 종사원은 화사한 느낌의 색상을 사용한다.

아이섀도는 원칙적으로 복장과 피부색에 적합한 색으로 품위에 맞게 어울리는 색을 선택한다. 지나치게 어둡거나 펄이 많은 색상은 사용하지 않는 것이 좋으며 밝고 건강한 승무원의 이미지를 살릴 수 있는 색상을 선택하도록 한다.

면접 때는 밝은 이미지를 줄 수 있는 핑크, 보라, 하늘색 계열을 선택하는 것이 적당하며, 눈화장에 자신이 없을 때는 적당한 갈색계열로 연하게 하고 유행하는 현란한 색은 가급적 지양하도록 한다. 이때 눈썹 뼈와 눈동자 위에 라이트 컬러로 입체적인 눈매를 연출할 수 있다.

◎ 아이라인(Eyeline)

아이라인은 눈의 모양을 조정해 주며 눈의 선명함을 표현해 준다. 눈의 이미지를 자유롭게 변화시키고 눈의 인상을 보다 강하게 해준다. 아이라인은 섀도 위에 그려지는 부분으로 실패하지 않도록 신중하게 그려야 하며 너무 진하고 두껍게 그려 탁해 보이거나 부담스럽지 않도록 눈의 선을 따라 자연스럽고 가늘게 그려 눈망울이 더욱 또렷하고 맑게 보이도록 한다.

외겹인 경우 대부분 진한 아이라인을 그려, 무리하게 쌍겹을 만들려 하는 경향이 있는데 오히려 역효과가 나기 쉽다.

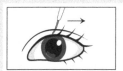

눈시울 중앙에서
꼬리를 향해 그리기
시작한다.

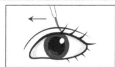

눈시울 중앙에서
눈머리를 향해 그린다.

Tip에 Shadow를 묻혀
아래시울의 1/3선까지
Line을 그린다.

◎ 마스카라(Mascara)

짙고 풍부한 속눈썹은 아름다움의 상징이다. 속눈썹은 마스카라를 바름으로써 더욱 길고 짙게 하여 깊이 있는 눈매를 연출할 수 있다.

눈썹을 아래로 잘 펴준 다음, 아래에서 위로 끌어올리듯 마스카라를 칠한다. 간혹 너무 뭉쳐 있어 답답해 보일 수도 있으므로 뭉침을 막고 자연스러운 마무리를 위해 속눈썹이 반 정도 말랐을 때 브러시로 빗어주어 마무리한다. 마스카라가 눈 주위에 묻어나지 않도록 주의하여 바른다.

마스카라 역시 색상별로 다양한 분위기 연출이 가능하나 검은색이 가장 무난하다.

○ 입술

입술화장은 메이크업의 전체적인 인상을 결정짓는 중요한 요소이기도 하다.

얼굴의 전체적인 화장, 복장과의 조화뿐만 아니라 건강미 있는 피부색을 표현할 수 있는 색상을 선택 사용하여 산뜻하고 건강한 분위기를 만들도록 한다. 최근에는 항공사 승무원의 경우도 밝고 화사한 Natural Make-up을 선호하고 있다.

립스틱의 색상 또한 의상과 자신의 피부색에 어울리는 것으로 너무 현란하거나 어두워지지 않도록 하며, 눈화장, 볼터치의 색깔과 어울리는 계통으로 한다. 특히 붉은색 계통의 립스틱과 립스틱 라인을 적절히 사용하여 깔끔하게 마무리하여 편안하고 생기 있는 립스틱이 되도록 한다.

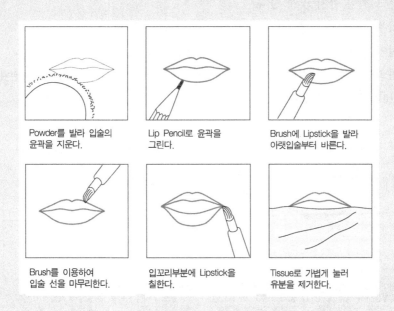

Powder를 발라 입술의 윤곽을 지운다.	Lip Pencil로 윤곽을 그린다.	Brush에 Lipstick을 발라 아랫입술부터 바른다.
Brush를 이용하여 입술 선을 마무리한다.	입꼬리부분에 Lipstick을 칠한다.	Tissue로 가볍게 눌러 유분을 제거한다.

우선 베이스화장으로 원래의 입술 색을 꼼꼼하게 커버하고 립펜슬이나 립브러시를 이용해서 입술 선을 먼저 그리고 안에 채운다. 이때 입술 선은 원래 입술에서 1mm 이상 커지지 않도록 하고 바른 후 입술 선이 번지지 않게 깔끔하게 마무리한다.

입꼬리를 깔끔하게 보이게 하기 위해서는 립펜슬이나 립브러시를 이용해서 입꼬리에서 입술 선 쪽을 향하게 그려주는 것이 좋다. 그리고 입술꼬리에서 2~3mm 정도 올려서 입꼬리를 그려주면 입을 다물거나 웃을 때나 입꼬리가 올라가 보여 산뜻해 보인다.

두꺼운 입술은 베이스로 입술을 다 덮고 립스틱보다 더 짙은 색으로 본래의 안쪽으로 이상적인 모양의 입술 선을 그려주며, 얇은 입술은 베이스로 입술을 바른 후 립스틱보다 짙은 펜슬로 본래 입술의 바깥쪽으로 원하는 모양의 입술 선을 그린다.

○ 볼터치

볼터치는 메이크업의 마무리 단계로 얼굴의 혈색을 좋게 하고 풍부한 감정을 불어넣어 생기발랄한 연출을 한다. 또한 음영을 주어 얼굴형의 결점을 보완해 준다. 하지만 분위기 연출을 위해 얼굴을 작게 보이려고 너무 진하게 표현하여 촌스러운 느낌이 들지 않게 한다.

색상은 눈화장과 같은 계열을 선택하는 것이 자연스러우며 경계선이 두드러질 정도로 얼굴형을 수정하는 지나친 개성 연출의 화장보다는 피부에 혈색을 주는 차원에서 볼 부위에 살짝 덧바르는 것이 좋다.

블러셔의 기본위치

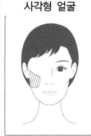

사각형 얼굴

광대뼈에서 관자놀이 밑부분까지 색을 넣어 부드러운 느낌의 선을 만든다.

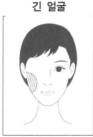

긴 얼굴

볼 아래에 색을 넣어 넓게 바르고 이마와 턱 부분에 가볍게 음영을 준다.

둥근 얼굴

광대뼈 아래에 약간 길게 넣고 빰보다 약간 위쪽에 살짝 음영을 준다.

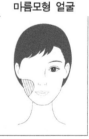

마름모형 얼굴

광대뼈보다 안쪽으로 중앙에 폭넓게 바른다. 둥글게 그려 넣어야 부드러운 느낌이 든다.

대체로 뺨이나 턱은 얼굴의 형태를 이루는 선을 결정하는 데 중요한 부분이다.

얼굴이 큰 사람은 얼굴을 좀 더 작아 보이기 위해, 그리고 볼살이 없는 사람도 밝고 붉은 색상의 섀도로 하이라이트를 주어 건강하고 부드러운 느낌의 이미지를 만들도록 한다.

바르는 방법은 눈동자를 중심으로 수직선을 긋고 콧망울을 중심으로 수평선을 그은 범위 내에서 은은하게 표현한다. 볼터치를 볼 전체에 엷게 펴 바를 때에는 볼의 중심에서 바깥쪽으로 원을 그려가면서 펴 바르고, 길게 바를 때에는 광대뼈를 중심으로 귀에서 입꼬리를 향해 긴 타원형을 그리듯이 바른다.

● 매니큐어(Manicure)

지나치게 긴 손톱은 왠지 화려한 느낌이 나거나 자칫 청결하지 못하게까지 비춰질 수 있으므로 적당한 길이를 유지하는 것이 좋다. 손톱 색상 하나만으로도 그 사람의 이미지가 달리 보이기도 하므로 Red, Orange, Pink 계열의 매니큐어를 칠해 깔끔하고 세련된 손의 분위기를 연출하며 입술화장, 의상과 어울리는 색상을 선택하는 것이 좋다.

매니큐어가 벗겨진 손톱은 불결해 보이고 게을러 보인다. 손톱의 길이는 2~3mm를 넘지 않도록 하고, 투명한 매니큐어를 바를 때에는 손톱의 길이가 1mm를 넘지 않도록 한다.

● 향수

향수는 자신의 개성에 맞는 향을 골라 적당한 양을 사용한다. 주위 사람들에게 눈총을 받을 정도로 진한 향이나 독한 향을 뿌리는 것은 삼가고, 은은하고 상쾌함을 줄 수 있도록 한다.

서비스 종사원에게 어울리는 헤어스타일은 어떤 스타일이든 밝고 건강한 모습을 연상시키는 단정함과 깔끔함이다. 단정한 Hair-do 상태 하나만으로도 일에 대한 자세와 의지를 엿볼 수 있다.

머리가 단정한지 그렇지 않은지는 인사할 때 앞, 옆, 뒷머리가 한 가닥이라도 흘러내려 불필요하게 손으로 정리해야 하는지의 여부를 점검해 보면 간단히 알 수 있다. 특히 승무원 면접 시는 비행 업무에 가장 적합하며 깔끔하고 단정한 느낌을 줄 수 있는 헤어스타일을 연출하도록 한다.

긴 머리인 경우에는 뒤로 단정히 묶어 망을 하고 젤이나 스프레이를 사용하여 잔머리까지 말끔하게 처리하여 최대한 단정하고 깔끔한 인상을 주도록 한다. 커트머리 역시 젤이나 스프레이를 이용하여 귀 뒤로 넘긴다. 특히 가급적 얼굴을 드러내도록 하며 앞머리가 눈을 가리지 않도록 주의한다.

파마머리는 반드시 드라이어로 단정히 펴야 한다. 그리고 지나치게 심한 탈색이나 염색머리는 금한다.

단정한 Hair-do의 몇 가지 예는 다음과 같다.

■ Short Cut형

- 길이는 어깨선보다 짧게 유지되어야 하며 부드럽고 여성적인 스타일이어야 한다.
- 어두운 인상을 주지 않도록 하며 앞머리는 눈을 가리면 안 된다.
- Hair Spray, Gel, Mousse를 지나치게 사용하면 안 된다.
- 지나친 유행은 삼가야 한다.

■ 단발머리형

- 길이는 어깨선보다 짧게 유지되어야 한다.
- 앞머리, 옆머리는 흘러내리지 않아야 한다.
- 지나치게 유행을 따르지 않아야 한다.
- 젤이나 스프레이 등을 사용하여 머리모양을 고정시켜 손질한다.
- 머리핀 등은 유색보다 짙은 밤색이나 검은색을 사용하고, 되도록 hair-band 등은 사용하지 않아 자연스러운 분위기를 연출한다.

■ 묶음형

- 반드시 망을 이용하여 묶거나 땋아서 Down Style로 고정시키되 그 길이는 뒤쪽 칼라(Collar) 아래에서 지나치게 초과하지 않도록 한다.
- 목 뒷부분에 잔머리가 남지 않도록 고정시켜 흘러내리지 않도록 스타일을 완성한 후 헤어 스프레이로 한 번 뿌려준다.

스피치 훈련

제1절 **스피치 왜 중요한가**

'면접'이 취업의 중요한 관문으로 인식되면서 '스피치'에 대한 중요성이 더욱 강조되고 있다. 기업체에도 핵심 인재의 조건으로 '논리적으로 말하는 능력'을 요구하고 있어 취업준비생에게 '스피치 훈련'은 선택이 아닌 필수요건이 되었다. 즉 개개인의 개성과 능력이 채용평가에 중요한 요소가 됨에 따라 자기표현을 강화하는 노력은 취업준비에 있어 필수불가결하다고 할 수 있다.

하물며 항상 불특정 다수의 승객을 대해야 하는 승무원을 선발하는 데 있어 스피치 능력은 서비스 종사원에게 필수요건인 '커뮤니케이션 능력'을 평가하는 데 중요한 요소가 될 것임에 틀림없다.

말을 들어보면 그 사람이 어떻게 살아왔고 어떠한 사고방식을 가졌는지 알 수 있다. 말을 통해 그 사람의 직업은 물론 성격과 교양 정도를 가늠할 수 있는 것도 바로 그 때문이다.

'말이 그 사람의 이미지를 결정한다', '말은 그 사람의 인격을 담아내는 그릇이다', '커뮤니케이션 능력이 성공을 결정한다'고 하듯이 말은 한 인간의 인격과 교양을 나타내는 척도이다. 재치 있는 말솜씨와 효과적인 커뮤니케이션 능력은 개인의 취업은 물론, 사회에서의 성공에 가장 중요한 요소로 작용하고 있다.

경영의 대가 피터 드러커(Peter Ferdinand Drucker)는 "인간에게 있어서 가장 중요한 능력은 자기표현이며, 현대의 경영이나 관리는 커뮤니케이션에 의해서 좌우된다."고 하며 말하기의 중요성을 강조하였다. 스피치는 이러한 말하기의 영향력뿐만 아니라 상대방을 설득하고 이해시키는 도구이며, 자신의 능력을 확실히 보여주는 수단이 된다.

'말을 잘하기'는 개인의 성공 전략이 된다. 사실 아무리 여러 가지 재주를 가지고 있다고 해도 말을 잘하지 못하면 자신의 능력을 충분히 드러내기 어렵다.

현대사회에서 자기의 의사를 정확하고 매력 있게 표현하는 스피치 기술과 커뮤니케이션 능력은 대인관계 향상에 중요한 요소이며 성공의 필수조건이 되었다.

① 말하는 법을 배워라

말을 제대로 하기 위해서는 말하는 법을 배워야 한다. 예전에는 웅변이나 연설 등 특별한 경우에만 말하는 훈련이 필요하다고 여겼다. 그러나 요즘은 '화술', '스피치'라고 하여 다양한 형태의 표현방법이 연구되고 있다. '말'이 우리 생활에 미치는 영향이 매우 크기 때문에 말하는 방법에 대한 노력이 그만큼 커지고 있는 것이다.

스피치 향상법을 가수를 예를 들어 설명한다면 적절한 비유가 될 것이다. 즉 훌륭한 가수는 노래만 잘한다고 되는 것이 아니라 작사와 작곡 그리고 가창력, 이 3박자가 제대로 뒷받침되어야 할 것이다. 스피치도 마찬가지이다.

우선 작사, 즉 내용이 좋아야 한다. 즉 말을 잘하기 위해서는 내용이 충실해야 한다. 아는 것이 많아야 한다는 뜻이다. 스피치는 일종의 'Storytelling'이라고 할 수 있다. 풍부한 독서는 말을 잘하기 위한 제1의 조건이 되므로 틈틈이 책 읽는 습관을 갖는 것이 중요하다. 그리고 많은 체험과 경험을 하는 것이 좋다. 일반적으로 스피치는 사례를 곁들여서 말하는 것이 더욱 설득력 있는데, 그런 사례들은 바로 체험과 경험을 통해 얻을 수 있기 때문이다.

그 다음은 작곡이다. 음악을 작곡하는 데도 일정 흐름과 규칙이 있듯이 말을 하는 데 있어서도 머릿속에서 기승전결, 혹은 서론, 본론 및 결론 등으로 구조를 짜서 말하는 연습이 필요하다. 즉 논리적으로 조리 있게 말해야 한다. 특히 면접에서는 제한된 시간 안에 자신의 의견을 말해야 하기 때문에 서론이 길면 안 되고, 결론을 먼저 말하는 것이 좋다. 그러므로 질문에 대한 답을 말하고 사례를 제시하며 간략히 그 이유를 덧붙이는 형식이 면접에 가장 좋은 답변요령이다.

마지막으로 가창력이 좋아야 한다. 즉 음성연출이 좋아야 한다는 뜻이다.

스피치에서 음성의 역할은 매우 중요하다. 음성이 좋아야 호소력이 있고, 신뢰감을 주기 때문이다. 어느 항공사 면접관은 첫 음성만 들어보아도 대략 그 지원자의 모든 것이 파악된다고 말할 정도이다. 아무리 좋은 내용과 구성을 지녔다고 해도 전달되는 음성이 좋지 못하면 소용이 없는 일이다. 그러나 자신의 목소리가 좋지 않다고 실망할 필요는 없다. 음성은 후천적으로 끊임없는 노력과 훈련을 통해 얼마든지 좋게 만들 수 있기 때문이다.

② 지적 자산을 쌓아라

말을 잘한다는 것은 상대방이 듣고자 하는 내용을 적절한 음성과 태도로 주어진 시간 안에 잘 전달하는 것을 뜻한다. 그 가운데 가장 중요한 부분이 바로 말의 내용이다.

간혹 면접을 위해서 예상질문에 맞춰 자신이 할 이야기를 미리 모두 암기하려는 사람이 있는데 그다지 효과가 좋지 못하다. 마치 앵무새처럼 말하는 지원자에게 면접관이 좋은 점수를 줄 리 없다. 또한 자칫 예상하지 못한 질문이 나올 경우에는 무척이나 당황하게 될 것이다.

평소 우리는 말을 한마디 한마디 생각해서 하지 않는다. 생각만 뚜렷하다면, 말은 우리가 호흡을 하는 것처럼 자연스럽게 술술 나오게 되는 것인데 그 생각을 위해서는 풍부한 지식으로 무장해야 한다.

앞서 강조했듯이 스피치에 있어서 중요한 것은 말재주가 아니라 말의 내용이 되는 지적 자산이다. 지적 자산이 뒷받침되지 않는 말솜씨란 공허한 말재주에 지나지 않는다. 만약 자신의 화술에 문제가 있다고 생각한다면, 당장 말잘하는 방법을 배우려고 하기보다도 우선 꾸준한 노력으로 자신의 지적 자산을 확보하는 데 관심을 기울여야 할 것이다. 물 흐르듯 유창하기는 하나 말에 알맹이가 없다면 녹음된 테이프처럼 그저 기계적으로 하는 말에 지나지 않을 것이다. 당연히 말의 진실성도 떨어지게 된다.

멋진 스피커(speaker)가 되고 싶다면, 자신의 목표를 늘 마음에 새겨두고 내용이 충실하고 품위 있는 스피치를 몸에 익히도록 노력해야 한다. 즉 다양한 종류의 책을 많이 읽거나 사회 전반에 관한 정보를 습득하고 그에 대한 자신의 생각을 정리하여 말로 해보는 연습을 하는 데 모든 노력을 집중시켜야 한다.

③ 끊임없이 연습하고 노력하라

훌륭한 스피치를 위해서는 끊임없는 연습과 노력이 수반되어야 한다.

수영이나 운전을 배우듯 말하기도 연습에 의해 숙련될 수 있는 기능 가운데 하나이다. 따라서 자신의 스피치를 객관적으로 반복해서 들어보고, 문제점을 찾아내고, 그것을 고치려고 해야 한다.

일부러라도 여러 사람 앞에서 발표하는 기회를 갖는 것이 필요하다. 이렇게 훈련을 통해 좋은 습관을 한 번 들여 놓으면 그 또한 오랫동안 나의 것이 되게 되어 있다. 말하기는 바로 습관이기 때문이다.

① 항상 자신과 먼저 대화하라

■ 내 안의 '나'와 만나라

객관적 자아가 발달한 사람일수록 끊임없는 자기와의 대화로 커뮤니케이션 능력이 뛰어나다.

일상생활에서 주관적 자아와 객관적 자아가 대화를 나누게 한 후 타인에게 말 거는 습관을 기르자. 어떠한 상황에서든지 먼저 자신을 설득하고 난 후에 다른 사람을 설득하는 습관을 들이는 훈련이 필요하다.

■ 상상력을 최대한 발휘하라

내가 스피치를 잘하기를 원한다면 어떤 장소에서 스피치를 성공적으로 해내는 내 모습을 마음으로 상상해 보라.

아침에 일어났을 때, 밤에 잠자기 전에, 한 번씩이라도 자신이 많은 사람들 앞에서 유창하게, 침착하게, 멋지게, 잘하고 있는 모습을 떠올리면서 현실감 있게 깊이 느끼는 것이 중요하다.

예를 들면 "나는 스피치에 자신이 없어. 그게 큰 문제야." 하고 걱정하기보다, "나는 스피치를 당당하게 잘한다. 나는 스피치를 유창하게 잘한다. 나는 스피치를 조리 있게 잘한다. 나는 스피치를 자연스럽게 잘한다. 내 스피치를 듣고 많은 사람들이 감동한다. 내 스피치를 듣고 많은 사람들이 환호한다." 등 틈나는 대로 말로 암시하는 것을 반복하여 자신감을 갖고 노력하면 반드시 말한 대로 스피치를 잘하게 될 것이다. 부정적 인식이 강하면 부정적인 정보가, 긍정적 인식이 강하면 긍정적인 정보가 많아진다. 마찬가지로 긍정적인 정보가 많으면 긍정적인 행동을 하게 되고, 부정적인 정보가 많으면 결과가 부정적일 수 있다는 점을 기억하라.

방송인의 화술은 전문적인 스피치 훈련을 받은 사람들이기 때문에 가장 좋은 본보기가 될 수 있다. TV나 라디오에서 아나운서들이 진행하는 뉴스 시간을 통해 그들이 말하는 모습을 주의깊게 관찰하고 음성을 듣고 따라 해본다.

물론 이 경우 한 가지 문제점은 정확한 발음과 음성에는 좋은 모델이 되지만 뉴스 프로그램의 성격상 형식적이고 딱딱한 면이 있다. 그렇다면 여기에 덧붙여 주변에서 사교성이 좋고, 많은 사람 앞에서 자신의 의견을 이야기하는 데 탁월한 능력을 가진 사람을 모델로 삼아 유심히 관찰해 보라. 이 두 가지 모델을 참고한다면 좋은 훈련이 될 것이다. 모든 스피치는 듣고 모방하면서 시작됨을 명심하라.

그 다음, 신문사설이나 칼럼 등(논리적이고 조리 있는 말을 원한다면) 논리적으로 잘 정리된 내용의 어떤 글이든 상관없다. 이 중 마음에 드는 것을 선택하여 소리내어 읽는다. 그저 읽는 것이 아니라 내용을 이해하면서 읽으면 저절로 억양이 자연스럽게 생길 것이다. 또 자신이 읽은 내용을 녹음하여 반복해 들으면서 속도와 억양 등을 체크하며 스스로 평가해 본다.

특히 객실승무원 지망생의 경우 여러 항공사의 기내방송문을 구해서 읽는 연습을 하는 것도 재미있고 유익한 방법이다.

■ 글로 써서 자기생각을 정리한다

생각한 바를 글로 정리하는 습관을 기르면 자신이 표현하고자 하는 내용을 정리할 수 있다. 생각은 뭉쳐져 있는 실타래 같아서 막상 말을 시작하면 정리하기가 쉽지 않다. 그러므로 글로 적어보면 생각이 잘 정리되고 또 이렇게 자신의 생각을 자주 적어서 정리해 보는 습관을 들이면 말을 논리적으로 조리 있게 잘하게 된다. 물론 모든 내용을 다 적기가 번거롭다면 문장의 첫마디들이라도 적으면서 내용을 전개시켜 본다.

유명한 강사들도 강의 전에는 자신이 강의할 내용을 글로 써보면서 최종

리허설을 한다고 한다. 그저 대충 머릿속에서 '이렇게 이렇게 말해야지…' 했다가 실제 말문을 열어보았을 때 잘 정리가 되지 않고 자꾸 얘기하고자 하는 주제에서 벗어나게 되는 경험이 있을 것이다. 특히 이러한 경우에 좋은 연습방법이 자신의 생각을 글로 적어보는 것이다.

또한 이 방법은 말이 길어지면 듣는 사람의 집중도가 떨어지고 지루하게 느낄 수 있으므로 정해진 시간 안에 효율적으로 이야기하는 습관을 들이는 데 적절하다.

■ 생활 속에서 훈련한다

말할 때는 말하려는 목적과 때와 장소, 그리고 듣는 대상의 나이, 성향 등을 고려해서 이야기해야 하는데 이는 가족과의 대화 속에서도 충분히 연습할 수 있다. 물건구입에 대한 이야기나, 여행지 결정 등의 주제를 정해 정기적으로 가족 토론의 장을 마련하여 정리해서 말하는 요령을 연습해 보라.

좋은 말 습관을 기르면 공식적인 자리에서 말하는 것에 자신감을 가질 수 있다.

말하는 연습은 아무리 해도 지나치지 않다. 자주 해야 자신감이 생기고 자연스럽고 여유 있게 스피치를 하게 된다. 집에서도 혼자 또는 가족들 앞에서, 단체 모임에서 기회를 잡아서 연습(훈련)을 해야 한다. 공원이나 강변을 산책하면서, 또는 지하철, 버스 정류장에서도 스피치 연습을 할 수 있다.

많이 긴장되고 떨린다면 '실수는 하면 할수록 좋다'는 생각으로 두려움을 줄인다. 어느 정도 대중 앞에 서는 것이 익숙해졌다면 강도를 높여 가능한 공식석상에서, 특히 평소에 가장 자신 없던 모임이나 장소에서 발표할 기회를 가져본다.

일부러 모임이나 단체에서 사회를 본다거나 노래를 불러본다거나 유머를 해본다거나 주제토의를 해본다거나 해서 행동력을 발휘하여 실력을 쌓아가야 한다. 실제로 낯선 사람에게 먼저 말 거는 습관을 기르는 것도 말하기 능력이 크게 향상되는 방법 중 하나이다.

③ 평소에 바르고 정감 가는 말씨를 구사하라

객실승무원의 매너가 높이 평가받는 요인으로는 외모와 자세뿐만 아니라 그들의 친절하고 반듯한 말씨에 있다.

평소에 주위 사람들을 상대로 바른말을 쓰려고 노력해 보라. 마주치는 사람마다 환한 미소를 지으며 "안녕하십니까?" 하고 먼저 인사를 하고, 무언가를 부탁할 때는 '죄송합니다만'으로 시작해 보라. 또 '감사합니다'는 늘 입에 담고 사는 생활태도가 몸에 배도록 해보라. 이런 행동을 통해 성격도 좋아지고 남을 배려하는 마음도 깊어질 수 있다. 예를 들면 뒤늦게 타는 나를 위해 엘리베이터 안에서 열림버튼을 눌러 기다려주는 사람에게 "감사합니다." 하고 인사하고 나 역시도 같은 엘리베이터에서 작동기와 멀리 떨어진 사람에게 "몇 층 가십니까?"라고 묻는 생활습관이 당신을 좀 더 객실승무원에 걸맞은 성향과 모습으로 바꾸어줄 것이다.

올바른 말과 태도는 하루아침에 이루어지는 것이 아니므로 일상생활에서 항상 의식적으로 실천하여, 올바른 언어생활이 습관화되도록 노력해야 한다.

면접은 응시자와 면접관과의 대화이다. 면접 실전에서 대화를 유연하게 이끌어가는 기본매너, 상대를 설득해야 할 때, 대답이 곤란할 때 등의 대화술을 익히는 것은 곧바로 스피치 능력을 향상시키는 데 기본이 된다.

평소 생활 속에서 시간이 날 때마다 스피치 훈련을 실천해 보라. 가족, 친구 사이에 나누는 대화 자체가 효과적이고 확실한 방법이 될 수 있다.

다음에 소개하는 몇 가지 방법들을 꾸준히 실행하면 개인별 취약점을 개선해 나갈 수 있을 것이다.

① 말을 잘하려면 듣는 법부터 배워라

말을 잘하기 위해서는 상대방이 기대하는 바를 잘 듣고 파악하는 것이 중요하다.

경영학자 토니 알레산드라(Tony Alessandra)의 연구에 따르면, 대화에 대한 집중력과 대인 감수성에 따라 리더의 경청 수준을 구분할 수 있다고 한다.

우선 경청의 가장 낮은 단계인 '무의지 청취'는 상대방의 말은 들으려고 하지 않으면서 대화의 대부분 혹은 전부를 자신이 이끌어 나가려는 수준을 말한다.

그 다음 단계인 '소극적 청취'는 상대방의 이야기를 듣기는 하지만 자신이 다음에 말할 내용을 준비하는 것에만 몰두한 나머지 상대방이 말한 내용의 의미나 속뜻은 잘 이해하지 못하는 수준이다.

세 번째 단계는 '분별력 있는 청취'로 비교적 적극적으로 듣기는 하지만 말하는 사람의 감정까지 이해하려는 노력은 기울이지 않는 것을 말한다.

가장 바람직한 경청의 단계는 '적극적 청취'로 상대방의 말을 이해하는 데 있어 강한 집중력과 주의력을 쏟아부으며, 대화내용을 가능한 한 이성적일

뿐만 아니라 감성적으로도 이해하려고 노력하는 것을 말한다. 즉 상대방의 관점을 이해하는 데 초점을 맞춘다고 할 수 있다. 적극적 청취의 수준이 되면 상대방과의 원활한 커뮤니케이션은 물론, 돈독한 인간관계를 형성할 수 있어 대화에 성공할 수 있다.

성공적인 대화를 이끌어 나가려고 한다면 자신의 능력을 효과적으로 표현하고 전달하는 것도 중요하지만 상대방의 이야기를 적극적으로 경청하는 자세가 필요하다. 특히 면접에서 자신이 말하고자 하는 목적을 확실히 하기 위해서는 상대의 질문 내용과 요지를 정확히 파악하는 것이 기본이다.

▪ 적극적인 맞장구와 적절한 피드백

대화에서 중요한 것은 상대방이 많은 이야기를 하도록 만들어야 하는 것이다. 그러기 위해서는 잘 듣고 있다는 반응을 보여주어야 하는데 그것이 바로 응대어 구사와 비언어적 커뮤니케이션 요소를 이용한 적극적인 맞장구를 이용한 피드백이다.

상대방이 말하는 데도 경청하지 않고 그 다음에 내가 할 말만 생각하고 있다면 상대방은 표정만 보고도 금방 알아낸다.

상대방의 말에 맞장구를 쳐보자. 상대의 이야기를 성의 있게 들어주면 내 이야기 또한 잘 들어줄 것은 당연하다. 그러나 적절한 피드백은 상대방의 호감을 끌어내지만 지나친 피드백은 상대방에게 부담을 줄 수도 있으므로 유의한다.

▪ 끝까지 경청한다

대화의 기본은 끝까지 경청하는 것이다. 상대의 말이 끝나기도 전에 미리 자신의 의견을 말해 버리거나 다 알고 있다는 식의 반응은 상대방이 무시당했다고 느낄 수 있다. 진지한 경청 하나만으로도 상대방은 존중받고 있다고 느낀다. 절대로 상대방의 이야기를 도중에 가로막아서는 안 된다.

② 말은 항상 신중하게 하라

■ 말하기 전에 반드시 생각하라

평소 누군가와 대화할 때 사전에 상대방의 입장을 생각해 본 후, 말과 행동에 옮기는 과정이 반드시 필요하다.

다음에 일어날 일에 대해 자신에게 질문하고 대답하는 시간을 가져라. 그러면 타인과의 갈등을 최소화할 수 있다. 이는 곧 서비스 종사원이 갖춰야 할 역지사지(易地思之)의 정신을 생활 속에서 실천하는 첫걸음이 된다.

■ 적절한 어휘선택을 하라

말하는 사람은 어휘를 선택할 때 항상 이 어휘가 이 맥락에서 적절한 것인가를 염두에 두어야 한다. 어휘는 말하는 내용과 직결되어서 말할 내용의 올바른 전달 여부에 큰 영향을 주기도 하지만, 말하는 이의 지식과 교양 정도를 나타내는 척도가 되기도 한다. 평소 정확한 의미를 모르는 단어는 반드시 사전을 찾아 그 의미를 명확하게 파악한 다음, 제대로 사용하는 습관을 들인다.

그리고 가급적 음절 수가 적은 어휘를, 어려운 한자어보다는 일상어를 쓰도록 하며 상대방의 감정을 자극하는 부정적이고 가치판단적인 어휘나 지나친 외래어, 외국어의 사용도 바람직하지 않다.

또한 상대방이 불쾌감을 느낄 수 있는 호칭이나 용어는 사용하지 않도록 한다. 용어 사용에서는 뉘앙스도 매우 중요하므로 대상 및 장소에 따라 자신(화자)이 미처 예상치 못한 뉘앙스까지 고려해서 용어를 선택해야 한다.

③ 좋은 감정은 자주 표현하라

대화는 양보다 질이 중요하다. 불필요한 많은 말보다 인상적인 말 한마디가 상대방의 심금을 울릴 수 있다. 특히 대화의 목적, 상대방의 상황 등을 고려한 화두(話頭) - 이야기를 풀어갈 첫마디 - 는 준비한 만큼 효과를 발휘할 수 있다.

감흥을 불러일으키는 문장이나 독특한 글을 메모했다가 수시로 보면 중요한 대화를 나눌 때 기억을 떠올릴 수 있다.

인간관계를 좋게 하는 말하기의 핵심은 '상대방에게 관심을 가지고 있음'을 말로 표현하는 것이다. 또 그러한 관심으로부터 상대를 칭찬할 거리를 찾을 수 있다.

"오늘 넥타이 잘 어울리는데요."

"주말에 영화는 재미있게 보셨어요?"

그러나 상투적이거나 무성의한 칭찬은 오히려 상대방을 불쾌하게 만든다.

구체적으로 칭찬하기 위해서는 '상대방의 장점을 쉽게 발견하는 능력' 즉 '상대방을 인정하고 존중하는 마음'을 키워서 표정, 눈빛, 말투 등에 진솔함을 담는다. 누구나 칭찬과 감사를 갈망하며 자신의 성취와 성과에 대해서 인정해 주기를 바란다. 남을 비난하는 대신에 칭찬과 감사를 표하자. 위기를 기회로 만들게 될 것이다.

④ 진실된 대화를 하라

상대방에게 뻣뻣하고 무뚝뚝하게 보이느니 차라리 자신의 입장을 솔직하게 털어놓으면 상대방도 마음을 열고 자신의 생각을 이야기하게 될 것이다. "저는 이런 자리가 처음이에요.", "지금 너무 많이 긴장됩니다." 등 진실한 마음이 담긴 한마디가 자신을 돋보이게 하려는 화려한 미사여구보다 상대에게 전달되기 쉽다.

청중을 납득시키려면 생각을 자극하는 것보다 감성을 움직이게 하는 편이 훨씬 더 효과적이다. 진짜 말을 잘하는 사람은 허세 부리지 않고 자신을 솔직하게 드러내 보이는 방식으로 타인에게 감동을 준다. 상대방을 설득하고 행동에 옮기도록 힘을 발휘하는 기술은 바로 '진실됨'임을 잊지 말자.

쓰라린 실패담, 실수, 인간적인 미숙함, 오해를 불러일으켰던 사례 등을 평상시에 기억했다가 적절한 시점에서 고백한다. 그러나 진솔한 느낌을 주지 못할 때는 오히려 역효과를 낼 수 있다. 자신이 완벽하지 않고 노력하겠다는 겸허한 마음으로 고백해야 허심탄회한 관계로 발전한다.

나의 열정과 자신감은 때때로 타인을 움츠러들게 하거나 부담을 줄 수 있다. 그렇게 되면 상대방은 좀처럼 마음을 열지 않아 순조로운 대화가 쉽지 않고 말하는 내 자신도 힘들다. 그럴 때는 우선 내 단점을 솔직히 이야기하면서 상대방을 간접적으로 칭찬해 보자. 상대는 필연적으로 마음의 문을 열게 된다.

⑤ 상대를 배려하는 대화를 하라

아무리 풍부한 지식을 갖고 있어도 자기만 아는 이야기, 자기만 재미있는 소재로 말하면 주변 사람들의 호응을 얻을 수 없다. 어려운 이야기라도 상대방의 입장에서 말하는 습관을 들이면 화제를 이끌어가는 중심 인물이 될 수 있다.

말은 자신의 의견을 다른 사람에게 전달하는 수단이므로 상대방이 자신의 의도를 충분히 이해할 수 있도록 상대방의 기준에서 이야기하는 습관을 들인다.

말할 때는 상대방의 입장, 환경, 성격 등을 고려해서 말하고, 가깝고 친할수록 상대방의 인격을 침해하는 말을 해서는 안 된다.

상대방의 관심분야가 무엇인지를 물어보거나, 상대의 관심을 끄는 주변환경을 유심히 살펴 이야기의 소재가 될 만한 것을 찾아 질문하라. 실타래를 풀어주면 아마도 상대가 마음속에 담고 있던 이야기 보따리를 풀어놓을 것이다.

"인생이 뭐라고 생각하세요?" 같은 너무 복잡하고 추상적인 질문보다 "주말에는 보통 무엇을 하면서 보내세요?" 같은 질문이 좋다.

상대방의 이야기가 끝난 다음에 서서히 나에 대해서도 얘기하라. 내가 상대를 알고 싶어하듯이 상대도 나를 알고 싶어한다. 이렇게 서로의 얘기를 하다 보면 어느덧 서로 간에 뭔가 공감대가 흐르고 있다는 느낌이 들 것이다.

또한 말하는 상대방에게 초점을 맞춰야 상대의 이름을 잘 기억할 수 있다 (반대로 다른 사람에게 자신의 이름을 기억하도록 하려면 한 박자 쉰 후에 천천히, 분명하게 자신의 이름을 말하는 것이 좋다). 상대의 이름을 알았다면 대화하는 도중 가끔 호칭을 하며 이야기하라. '나를 알아주는 서비스가 가장 좋은 서비스'라고 하지 않는가?

① 스피치 공포에서 벗어나라

친구나 가족과의 일상적인 대화는 잘 하면서도 공적인 장소에서는 말하기를 어려워하는 사람들이 많다. 이것은 바로 두려움 때문이다. 열심히 준비하고 단지 스피치에 대한 두려움 때문에 중요한 면접을 망친다면 얼마나 억울하겠는가? 여러 사람 앞에 서면 누구나 두렵고, 게다가 면접은 매우 큰 심적 부담을 가질 수밖에 없다. 그러나 면접에 성공하려면 말하기의 두려움에서 벗어나야 한다.

우선 면접과 같은 상황에서는 긴장을 많이 하기 때문에 목소리가 떨리게 되는데 이를 피하는 가장 좋은 방법은 충분한 연습이다. 평소 연습을 많이 했다면 목소리 떨림이 줄어들게 된다. 준비가 소홀하면 더욱 긴장하게 되기 때문에 알고 있던 것들도 제대로 말하지 못하는 경우가 많다. 그러므로 모의면접 연습을 충분히 하는 것이 도움이 된다.

그리고 자신감을 갖는 것이 매우 중요하다. 심리적으로 위축되어 안정되어 있지 않으면 사고에 혼란이 올 수 있고, 사고정리가 흐트러지기 마련이다. 자신감을 가지고 당당하게 말하는 연습을 하라.

또한 긍정적인 사고의 구축도 필요하다. 무의식적으로 항상 '나는 할 수 있다'는 생각을 가져야 한다. 열등감을 버리고 용기 있게 담대하게 나가야 한다. 너무 잘하고자 하는 욕심을 버리고, 있는 그대로 자연스럽게 나를 보여주는 것이 중요하다.

② 평소 훈련으로 긴장을 없애라

긴장을 없애기 위한 효과적인 연습방법에는 어떠한 것이 있을까?

발표 불안을 극복하는 최상의 방법은 역설적이지만 대중 앞에서 스피치를 자주 경험하여 발표 불안의 면역성을 키우는 것이다. 면접 볼 회사의 성향과 지난 면접 정보를 분석하여, 실전처럼 대답해 보는 연습을 한다. 머릿속으로 막연히 생각하는 것과 실제상황처럼 말로 해보는 것은 확연히 다르다.

누군가가 발표기회를 만들어주기 전에 자신이 기회를 적극적으로 만들어서 경험하는 것이 가장 효과적인 방법이기 때문에 생활 속에서 작은 것부터 자신이 할 수 있는 것을 실천한다. 평소에 친구와 대화할 때도 기승전결에 의해 내용을 전달해 보는 습관을 길러본다든가 혼자 있을 때 주제를 정해서 스피치 훈련을 해보는 것도 좋은 방법이다.

③ 긴장 다스리는 법을 익혀라

긴장은 완전히 없애려고 하기보다 완화하는 것이 좋다. 가능하다면 긴장 자체를 즐기는 것도 긴장을 완화하는 한 방법이 될 수 있다.

긴장을 다스리는 방법은 사전준비를 철저히 하고, 말의 전달력을 기르는 것이다. 무엇보다 자신만의 긴장완화법을 갖고 있는 것이 좋다. 한 가지 방법으로, 면접장소에 가서는 긴장한 나머지 면접 전까지 한마디도 안 하고 기다리고 있다가 면접에 임하는 경우가 대부분인데 면접장소에 들어서면서부터 안내하는 분들에게 우선 인사를 하고, 면접 시작 전에 일부러라도 주위의 사람들과 가벼운 담소를 나누면 긴장을 완화할 수 있다.

④ 호흡훈련 : 호흡을 가다듬어라

각자가 지니고 있는 목소리의 개성을 최대한 발휘하고 세련된 목소리를 내기 위하여 호흡훈련이 필요하다.

호흡훈련은 진취적이고 활동적이며 적극적인 생활태도를 유지하는 데 도움이 되며, 호흡방식에 따라 개인이 지니고 있는 목소리의 개성을 돋보이게 하고 매력적으로 변화시켜 타인에게 호감을 주는 목소리로 개선할 수 있다.

■ 복식호흡으로 심신의 안정을 찾는다

스피치에서의 호흡법은 깊고 풍부한 목소리가 나오도록, 숨을 들이마시면 배가 자연스럽게 나오고 말을 할 때에는 배에 힘이 들어가는 복식호흡이 바람직하다. 그러나 대부분 가슴으로 얕게 숨을 쉬는 흉식호흡을 해서 빈약하고 조급한 목소리를 내게 되며, 짧은 스피치에도 목이 쉽게 잠기는 것을 볼 수 있다.

호흡은 발성의 원동력이기 때문에 발성훈련은 호흡방식과 불가분의 관계를 가지고 있다. 가슴으로 하는 호흡에 의한 목소리와 복식호흡에 의한 목소리는 음질에서 큰 차이를 나타낸다. 세련된 목소리를 구사하기 위하여, 또는 가슴호흡에 의한 잘못된 발성을 고치기 위하여 복식호흡 방식을 익히고 이 복식호흡에 의한 발성기술을 습득해야 할 필요가 있다.

■ 꾸준한 운동으로 체력을 단련하라

컨디션이 좋으면 스피치가 자연스럽게 잘되고 마음이 즐거워질 것이다. 그러므로 운동을 꾸준히 하여 몸을 건강하게 유지시키는 것이 중요하다. 호흡을 잘하게 되면 말할 때, 마치 공을 멀리 던지듯 스피치의 전달력이 좋아질 것이다.

⑤ 음성훈련 : 보이스메이킹을 하라

개인이 타고난 목소리는 신이 선물로 부여한 최고의 악기이다. 그러므로 누구나 자신이 가지고 있는 목소리가 어떤 종류의 목소리인지 진단해 볼 필요가 있다.

목소리의 좋고 나쁨은 시간, 장소, 상황에 따라 달라지지만 듣기 좋은 목소리에 적용되는 원칙은 변하지 않는다. 서비스 상황에서 보면 어떠한 목소리를 사용하느냐 하는 문제는 매우 중요한 사항이다.

밝고 명랑한 목소리, 상냥하고 친절한 목소리는 서비스 종사원의 세련되고 자신감 넘치는 태도를 암시하는 것이다. 승무원이라면 승객에게 안락하고 안전한 비행을 약속하고 신뢰감을 주는 친절한 음성이 필수적이다.

▪ 자신감이 드러나는 보이스메이킹

승무원 취업을 희망하는 사람들이 취업을 준비하고 가슴 졸이는 시간에 비교하면 면접은 찰나의 순간에 끝나버린다. 이 짧은 시간 동안 어떻게 하면 최고의 이미지를 효과적으로 창출할 수 있을까? 그리고 과연 이미지 창출에 효과를 미치는 요인들은 무엇인가?

사람의 이미지를 결정하는 데 표정이나 복장 등 눈에 보이는 것 못지않게 중요한 것이 바로 음성이다. 특히 면접이 질의와 응답으로 이뤄지고 있기 때문에 면접에서 좋은 점수를 얻는 데 음성이 끼치는 효과는 매우 크다.

목소리는 각자의 독특한 음높이, 음량, 음색이 있어 그 사람의 개성과 품격을 나타낸다.

미국의 심리학자 메라비안(Albert Mehrabian)은 같은 말이라도 목소리에 따라 의사전달 효과가 38%나 좌우된다고 하였으며, 하버드 대학에서 연구, 조사한 바에 따르면 청중의 80% 이상이 말하는 사람의 목소리만으로 그의 신체적, 성격적 특성을 규정짓는다고 하였다. 즉 목소리는 말하는 사람의 이미지를 결정짓는 중요한 요소가 되며, 나아가 의미전달 효과에도 큰 영향을 미치게 된다.

서류상에서 이미 파악된 나를 굳이 면접관들이 보려고 하는 이유는 무엇일까? 나의 외적인 것도 중요하지만 나와의 대화를 통해 보다 많은 것을 파악하고자 하기 때문이다. 보이스메이킹에서 가장 중요한 것은 메시지(message)와 메신저(messenger)이다. 내가 아무리 많은 내용을 알고 있어도 그것을 전달하는 메신저가 뒷받침되지 않는다면 올바른 커뮤니케이션에 어려움이 있을 것이다. 좋은 상품이라도 전달을 잘못했기 때문에 소비자의 손에 닿지 않고 사라지는 상품들이 얼마나 많은가? 보이스를 곧 '울림'이라고 표현한다면 이는 성대의 울림이 아닌 나의 내면의 모든 것이 함께 어우러져 나오는 것이 진정한 울림임을 명심하라.

 음성을 좌우하는 요소
- 톤(tone) : 감정이나 느낌을 표현하는 것
- 억양(inflection) : 말을 강조하는 것, 그리고 메시지를 강화하기 위한 음절
- 음정(pitch) : 목소리의 높낮이와 깊이
- 속도(rate) : 1분당 말하는 단어의 수
- 볼륨(volume) : 목소리의 크기와 부드러운 정도

■ **음성에도 훈련이 필요하다**

충분한 연습으로도 음성을 효과적으로 사용할 수 있다.

자신의 목소리를 가꾸기 위해서는 녹음기에 자기 목소리를 녹음해서 들어보라. 대부분이 마음에 들지 않거나 깜짝 놀라고 어색할 것이다. 사람은 누구나 자신의 말하는 소리를 듣고 있다. 그러나 이 소리와 상대방에게 들리는 음성과는 약간의 거리가 있다. 자신의 목소리를 자신이 듣게 될 경우 두개골 내에서 약간의 울림을 거친 후 듣게 되기 때문에 남에게 들리는 음성보다 약간 낮은 톤으로 인식된다.

목소리 연습은 듣는 사람에게 이야기하고자 하는 내용을 분명하게 전달하기 위한 것으로 자연스럽게 흘러나오는, 듣기에 기분 좋은 목소리를 지니게 하려는 훈련과정이다.

물론 음성은 사람마다 태어날 때부터 타고나는 것이라 할 수 있다. 하지만 음성도 훈련 여하에 따라 충분히 맑고, 부드럽고, 톤과 음량도 적당하고, 속도도 상대방이 듣기에 매우 적절하게 될 수 있다. 자신의 목소리를 반복해 들으면서 발성과 발음연습을 한다면 몰라보게 향상될 것이다.

다음에 나오는 사항들을 중심으로 평소에 훈련해 보자.

■ 자세를 바로 하라

음성을 효과적으로 사용하기 위한 기본요건은 바른 자세이다. 바른 자세의 기본은 가슴을 올리고 배를 집어넣는 것이다. 서 있는 자세라면 양쪽 다리에 체중을 균형 있게 배분하는 것이 중요하다. 그리고 앉아 있을 경우는 절대로 다리를 꼬지 않도록 한다. 특히 아랫배에 힘을 주고, '가! 나! 다!' 이렇게 자음을 강하게 말하는 연습을 해보라. 이 훈련은 발음교정에도 도움이 된다.

■ 목소리를 다양하게 사용하라

말의 톤이나 높낮이 등을 다양하게 사용할 수 있도록 노력하는 것이 좋다.

목소리의 크기와 높낮이는 말하는 장소, 대상, 상황, 말의 내용에 따라 음성을 다양하게 사용할 수 있도록 자유롭게 조절해야 한다. 목소리 톤은 장소와 공간의 정도에 따라 조절해야 하며, 말하는 도중 특별히 강조할 사항 외에는 목소리가 점점 높아져서는 안 된다.

말의 억양은 메시지 전달을 명료하게 하고 듣는 사람을 지루하지 않게 하는 역할을 하므로 다양한 음성을 내기 위해서는, 음의 고저와 강약 및 단어, 어구, 문장 사이의 쉼표를 조절해야 한다.

■ 목소리를 의식적으로 다듬어서 바꿔라

흔히 평소에도 비음이 섞인 목소리를 내는 사람이 있는데 이처럼 콧소리를 내는 사람은 말을 할 때 턱과 혀를 느슨하게 하고 목과 입을 열어 소리가 코로 나오는 대신 입으로 나도록 의식적으로 연습할 필요가 있다. 즉 말하기 전에 의식적으로 한 번 소리를 다듬어서 목소리를 낸다고 생각하고 말하는 습관을 들여보라.

■ 목소리를 관리하라

피곤할 경우에는 음성이 거칠게 나오게 되므로 건강한 목소리 관리가 필요하다. 그러므로 면접 하루 전날에는 음성을 위해서라도 충분한 휴식을 취해 두는 것이 좋다. 그리고 흡연, 목기침, 고성을 지르는 것 등은 피해야 한다. 목소리가 잘 나오지 않을 때에는 길게 숨을 쉬거나 따뜻한 차를 마시는 것이 좋다. 또 가래가 끓는 사람이라면 면접 몇 시간 전에는 맥주와 우유를 피하는 것이 좋다.

⑥ 발음훈련 : 정확히 말하라

■ 말끝을 흐리지 않고 분명하게 말한다

정확한 발음이야말로 상대방에게 정보를 전달하거나 의사소통할 때 중요한 요소이다. 그러므로 단어의 발음을 명확히 함으로써 듣는 이로 하여금 의미를 왜곡하지 않도록 한다. 발음이 정확하지 못하면 무엇보다도 말하고자 하는 내용을 전달할 수 없다.

간혹 문장의 뒷부분은 입 안에서 우물우물하면서 발음해 흘려 버린다거나 입을 충분히 벌리지 않는다거나 혹은 콧소리나 거칠고 쉰 목소리 때문에 발음을 알아들을 수 없는 경우가 있다. 이는 대개 호흡조절이나 부정확한 발음습관에 기인하는 경우가 많은데 이러한 문제는 평소에 의식적인 주의집중과 호흡조절, 발음훈련 등의 방법으로 상당부분 교정이 가능하다.

또한 발음에 있어서 말의 빠르기나 크기도 중요하게 고려되어야 할 요소이다.

말의 빠르기나 크기는 듣는 사람이 자연스럽게 들을 수 있는 정도로 적당한 변화를 주면서 조절해 갈 필요가 있다.

어떻게 하는 것이 밝은 목소리로 말하는 방법일까?

실제로 웃는 얼굴을 하고 있을 때 목소리는 가장 부드럽고 따뜻하게 들린다.

앞서 연습한 표정 연출과 함께 다음과 같이 실험해 보자.

• 눈썹을 잔뜩 찌푸려 화난 표정을 지어본다. 그리고 매우 화가 난 듯한 낮은 목소리로 "제 이름은 ○○○입니다."를 발성해 보라. 아마 목에서 부자연스럽게 나오는 발성으로 어색할 것이다.

• 그렇다면 눈썹을 위로 동그랗게 긴장시킨 후 밝은 목소리로 발성해 보라. 그리고 아주 밝은 목소리로 "제 이름은 ○○○입니다."라고 발성해 보라. 아주 자연스럽게 밝은 목소리가 흘러나올 것이다.

이와 같이 밝은 목소리는 밝은 표정에서 나온다. 전화선을 통해 들려오는 밝은 목소리는 마치 그 사람의 밝은 표정을 보는 것 같지 않은가? 상대의 귀에 항상 밝고 즐거운 목소리를 건네줄 수 있는 밝은 마음을 가질 수 있도록 노력해야 한다.

▪ 장단(長短)음을 구별하라

우리말은 한자어에서 유래되었기 때문에 한자의 뜻에 따라 장단음이 정확해야 한다. 말(馬)을 말ː(言)처럼 길게 발음하거나 눈(眼)을 눈ː(雪)처럼 길게 발음하면 그 뜻이 완전히 달라진다. 일상 대화에서 크게 문제되지는 않으니 방송관련 일을 하는 사람들에게만 중요한 문제라고 생각지 말고 평소에 장단음을 정확히 발음하는 습관을 들여보라. 전체의 문장에서 흘러나오는 느낌도 세련되게 표현되며, 더욱 정확하게 내용이 잘 전달될 수 있을 것이다.

◉ 우리말의 정확한 장단음

가ː장(假裝)	가·장(家長)	구ː두(口頭)	구·두(句讀)
가ː정(假定)	가·정(家庭)	금ː주(禁酒)	금·주(今週)
감ː사(感謝)	감·사(監査)	눈ː(雪)	눈·(眼)
감ː정(感情)	감·정(鑑定)	단ː발(短髮, 斷髮)	단·발(單發)
강ː도(强盜)	강·도(强度)	단ː신(短信, 短身)	단·신(單身)
개ː성(個性)	개·성(開城)	대ː중(大衆)	대·중(대강, 어림잡은, 짐작)
경ː관(警官)	경·관(景觀)	도ː청(道廳)	도·청(盜聽)
경ː로(敬老)	경·로(經路)	말ː(言)	말·(馬)
경ː비(警備)	경·비(經費)	모ː자(母子)	모·자(帽子)
경ː사(敬事)	경·사(傾斜)	무ː용(舞踊)	무·용(無用)
고ː전(古典)	고·전(苦戰)	미ː화(美化)	미·화(美貨)
과ː거(過去)	과·거(科擧)	방ː면(放免)	방·면(方面)
과ː장(誇張)	과·장(課長)	방ː문(訪問)	방·문(房門)
교ː감(矯監)	교·감(交感)	방ː한(訪韓)	방·한(防寒)

발음을 분명하고 정확하게 하려면 일정기간 발성연습을 하는 것이 좋다.
우선 직접 소리내어 읽는 훈련으로 발음, 숨쉬기, 억양을 모두 교정해 보도록 한다.

- 입을 과장되게 크게 벌리고 배에서 울리는 소리로 복식호흡을 하면서 하루 10분
  이상 책을 읽어보라. 발음이 크게 향상될 것이다.

- '도레미파솔라시도'를 통해 음정을 조절하는 연습을 하고 '아에이오우'를 반복적으
  로 외치면서 안면근육을 풀어준다. 특히, 오와 우의 발음을 분명하게 하는 것이
  중요하다.

- 하루에 30~50회 '음음음, 험험험' 하라. 이 방법은 미국의 발성치료사 모턴 쿠퍼
  (Morton Cooper) 박사가 개발한 음성기법인데 처음 '음음음'은 비음을 내고 크게
  '험험험' 하고 외치는 것이다. 발성연습하는 데 도움이 많이 될 것이다.

- 산에서 '야호!' 하는 것이 좋지만 평소 연습하기에 무리가 있다면 노래를 부르는
  것도 좋은 방법이다.

- 문장을 소리내어 읽기 전에 숨쉴 곳과 강조할 곳에 표시를 해둔다. 소리내어 읽을
  때 과장해서 크게 숨을 쉬고, 강조할 곳에서 억양을 올려 강하게 발음하는 훈련을
  한다.

- 또박또박 발음을 낼 수 있는 연습으로 나무젓가락이나 볼펜을 입에 물고 책을
  소리내어 읽는 방법이 있는데 이때 횡격막을 단련시켜 자연스럽게 복식호흡이
  될 수 있도록 한쪽 다리를 제기 차는 포즈로 들어주고, 저 멀리까지 들리도록
  얘기한다는 기분으로 또박또박 책을 읽어보라. 하루 30분씩 한 달 정도 연습하면
  정확한 발음을 구사하는 데 큰 도움을 받을 수 있다.

○ **다음을 읽어보며 당신의 발음이 정확한지 점검해 보라.**

1. 저기 저 콩깍지가 깐 콩깍지냐? 안 깐 콩깍지냐?

2. 저기 저 말뚝이 말을 맬 수 있는 말뚝이냐? 말을 맬 수 없는 말뚝이냐?

3. 저분은 백 법학 박사이고 이분은 박 법학 박사이다.

4. 한영 양장점 옆 한양 양장점, 한양 양장점 옆에 한영 양장점

5. 강낭콩 옆 빈 콩깍지는 완두콩 깐 빈 콩깍지고 완두콩 옆 빈 콩깍지는 강낭콩 깐 빈 콩깍지다.

6. 간장공장 공장장은 강 공장장이고 된장공장 공장장은 장 공장장이다.

7. 신진 샹송 가수의 신춘 샹송 쇼

8. 멍멍이네 꿀꿀이는 멍멍해도 꿀꿀하고 꿀꿀이네 멍멍이는 꿀꿀해도 멍멍한다.

9. 우리집 깨죽은 검은깨 깨죽인데 사람들은 햇콩 단콩 콩죽 깨죽 죽 먹기를 싫어하더라.

10. 내가 그린 구름 그림은 새털구름 그린 그림이고 니가 그린 구름 그림은 뭉게구름 그린 그림이다.

7 호흡, 음성, 발음을 효과적으로 활용하라

▪ 첫마디는 명랑하고 매력적인 음성으로

시작하는 '처음 문장'은 가능한 한 짧게 정확한 발음으로 말하며, 이야기 처음부터 조금씩 음정을 선명하게 한다.

목소리에 생동감이 있는 사람은 활력이 넘쳐 보이기 마련이다. 그러나 음성을 잘못 사용하면 소극적으로 보이거나 자신감 없게 들릴 수도 있다. 그러므로 피곤한 음성으로 말하기보다는 가능한 한 활기 있게 얘기하는 습관을 들이는 것이 좋다.

어두운 목소리는 첫인상을 나쁘게 만든다. 처음에 어둡고 가라앉은 듯한 목소리로 말하면 끝까지 그런 식의 음성이 나오게 된다. 그러므로 의식적으로 첫마디를 명랑하게 말하도록 하자.

▪ 톤을 낮춰라

자신의 매력을 나타내고 설득을 위해 상대방에게 확신을 주려면 목소리를 약간 낮게 내는 것이 좋다. 의외로 낮은 목소리가 명랑하게 들릴 뿐 아니라 따뜻하게 들린다. 특히 전화기나 마이크를 사용한 발언에서 뉴스 앵커 같은 낮은 톤의 목소리가 듣는 이에게 신뢰감을 준다.

▪ 억양에 변화를 주어라

유치원생이나 초등학생이 매우 일률적인 톤으로 발표하는 모습을 본 적이 있을 것이다. 표현을 잘하는 사람과 못 하는 사람의 가장 중요한 차이는 말의 억양이나 속도에 변화를 주며 말하느냐 그렇지 않느냐이다. 처음부터 끝까지 마치 외워서 말하듯 단조롭게 표현하면 듣는 사람을 지루하게 만들고, 의미전달을 효과적으로 할 수도 없다.

음성의 강약과 고저, 그리고 빠르고 느림이 잘 조화된 언어 표현을 익혀야 한다. 연습방법으로는 관심 있는 분야의 신문사설을 선택하여 말의 강약, 어조의 빠르기에 변화를 주며 읽되, 마치 친구에게 말하듯이 자연스럽게, 천천히 그리고 약간 큰 소리로 읽어보라. 문장 끝에 '있다', '없다', '~것이다'를 '있습니다', '없습니다', '것입니다' 등으로 바꾸어서 읽는다. 영어 문장을 읽듯이 끊어읽기 표시를 하고 자연스럽게 말하듯이 읽는 연습을 한다. 여기서 중요한 사항은 내용을 이해하면서 읽는 것이다. 내용을 거의 이해한 다음에는 나의 말로 해보는 것이다(가급적 원고를 덜 보면서). 그렇게 한다면 자연스러운 억양과 톤이 나오게 된다.

이렇듯 자연스러운 억양은 꾸준한 스피치 훈련을 통해서 만들어지므로 무엇보다 지속적인 훈련이 최고의 개선방법이다.

▪ 여유 있게 띄어 말하라

글을 쓸 때는 단어 중심으로 띄어쓰지만 말에서는 그 의미나 흐름에 맞추어 어구를 한 단위로 묶어서 말하는 게 보통이다. 즉 한 어구 안에서의 낱말은 붙여서 표현하는 것이 물 흐르듯 자연스럽다는 뜻이다.

우리말은 말을 시작하여 끝날 때까지 쉬지 않고 하는 것이 아니고 말의 뜻에 따라 말의 중간중간에 사이를 가지게 된다. 그것은 문장의 뜻을 분명히 하기 위한 효과를 보기 위해서 끊어읽기를 하는 것이다. 예를 들면 "아버지가 방에 들어가신다."라는 말을 할 때 아버지가 다음에 잠깐 사이를 두지 않으면 '아버지 가방'으로 들릴 수도 있기 때문이다. 또한 한 문장이 끝나고 다음 문장으로 넘어갈 때에도 얼마만큼의 간격을 가지느냐에 따라서 말하는 감정의 폭이나 의미의 전달이 달라지게 느껴지는 것이 우리말의 특성이다.

다음의 예에서 띄어읽기에 따라 뜻이 어떻게 달라지는지 생각해 보라.

> 나는, 영희와 철수를 만났다.
> 나는 영희와, 철수를 만났다.

> 순희는, 손을 흔들며 떠나는 기영이를 바라보았다.
> 순희는 손을 흔들며, 떠나는 기영이를 바라보았다.

▪ 적당한 속도를 유지하라

대화할 때는 상대의 속도에 맞추는 것이 가장 효과적이다.

젊은 사람이라면 조금 빠른 속도로 경쾌하게, 노년층에게는 천천히 정확한 발음으로 말하는 것이 바람직하다.

우리말은 글자와 글자, 단어와 단어가 똑같은 속도를 가지고 소리가 나는 것이 아니고 문장의 내용에 따라 그 감정이 달라지고 그에 따른 스피드도 달라진다. 예를 들어 감정이 격해져 싸움을 할 때에는 상대를 향하여 빠른 속도로 속사포를 쏘듯이 말하기도 하고 그와는 반대로 아주 천천히 말을 끊어서 하기도 한다.

또한 연령층에 따라 말의 속도가 다르다. 아이들은 말을 대부분 빨리 하지만 노년층으로 갈수록 말의 속도가 떨어진다. 계층, 성격, 연령에 따라 말의 속도가 다르며, 감정의 전달도 다르다는 것을 말의 속도를 통하여 느낄 수 있다.

일반적으로 누구나 자신이 말하는 속도와 같은 말의 속도를 적절하다고 생각한다고 한다. 면접관도 마찬가지이다. 면접관의 설명을 잘 듣고, 말할 때 면접관의 말의 속도에 가능하면 맞추어, 같은 분위기로 말한다.

그러기 위해서는 처음부터 힘을 주어 말하지 않고 천천히 말하며, 말할 때 될 수 있는 한 상대방의 눈을 쳐다보며 말하도록 한다. 또한 말을 하면서 너무 긴장한 나머지 점점 빨라지지 않도록 한다.

■ 거리에 따라 음성을 조절하라

대화에 있어서 상대방과의 거리, 공간에 따라 음성을 조절할 줄 알아야 한다. 예를 들어 상대가 가까운 거리에 있는지, 적당한 거리를 두고 있는지, 아니면 청중 앞에서 강의를 하고 있는지에 따라 음성 크기를 조절하여 넓은 장소에서는 크게, 좁은 장소에서는 작게 조절할 수 있어야 한다. 잘 들리도록 말하되 필요 이상의 큰 소리는 삼가야 한다.

■ 강조하는 말에 무게를 실어라

한 문장 내에서 화자가 말하려는 의도에 따라 강세가 주어진다. 즉 말의 무게에 따라 의미가 달라질 수 있다.

예를 들어 항공기승무원이 "오늘 / 저희 / 승무원들은 / 여러분을 / 목적지인

/ ○○○까지 / 정성껏 / 모시겠습니다."라는 방송문을 읽는다고 할 때 강세를 어느 단어에 두느냐에 따라 방송 내용을 강조할 수 있을 것이다. 그저 평이하게 읽어버린다면 듣는 승객들은 별 느낌도 없고 아무 정보도 얻지 못할 것이다. 부분적으로 강세를 두어 읽는다면 방송을 듣는 사람의 느낌은 매우 다를 것이며, 정보도 잘 전달될 것이다.

■ 감정이입을 하라

목소리에도 자신만의 마음과 독특한 표정을 담도록 가꾸어 나가야 한다.

서비스 현장에서 매번 "~하시겠습니까?"로 책을 읽는 듯한 일률적인 어투, 늘 같은 톤의 "어서 오십시오."를 높은 톤의 "안녕하십니까?" 등 결국 발음하는 사람의 목소리를 통해 개인의 음성이미지가 느껴지게 된다. 이 모두가 각자 자신의 일에 있어서는 능숙할지 몰라도 듣는 사람은 그다지 성의 있게 느껴지는 어투는 아니다.

"말 속에 자기를 투입하라."는 데일 카네기의 말이 있다. 억양이나 속도에 변화를 주고 띄어 말하기를 한다 하더라도 화자가 자기의 말에 진심과 열성을 담지 않고 건성으로 말한다면 결코 듣는 사람의 마음을 사로잡을 수 없다. 말할 때 내용과 일치되는 감정을 성의 있게 목소리와 표정에 담아야 한다.

1 무엇을 말할 것인가

질문에 대한 답변으로 무슨 이야기를 할 것인가 하는 뜻이다.

누차 강조했듯이 서두에 질문에 대한 답을 먼저 말하고 간략히 덧붙이는 이유(사례, 이야기 등)를 어떻게 꾸밀 것인지 순간적으로 생각해야 한다.

2 어떻게 말할 것인가

말하기도 전략이므로 원하는 방향으로 대화를 이끌려면 기술이 필요하다. 대화를 주도하되 상황에 맞게 분명하고 진실되게 표현해야 한다.

이때 성공의 80%는 자신감에 달려 있다고 해도 과언이 아니다. 자신의 생각을 효과적으로 전달하고 상대를 이해, 설득시키고자 한다면 무엇보다 스스로 자신감을 갖고 단호하게 이야기하는 것이 중요하다. 단호함은 자신감 있게 생각을 표현하는 것을 말한다. 예를 들면 손과 발을 바르게 한 자세로 상대방의 눈을 보고 미소 지으며 대화에 몰입하는 것이다.

■ 첫마디에 집중하게 하라

스피치를 어떻게 시작하는가가 스피치의 성패를 좌우한다. 청중이 이때 가장 집중하기 때문이다. 스피치의 효과적인 방법은 시작하는 말로 청중과 공감대를 형성하는 것이다. 거창하고 멋진 말보다 공동의 관심사, 생활주변에서 일어나는 일들을 모티브로 하여 시작하는 것이 좋다.

■ 간결하고 쉽게 말하라

면접관의 질문에 너무 거창하게, 길게 하는 대답은 금물이다. 면접관이 제시하는 질문의 의도와 요점을 파악한 후 간결하게 대답해야 한다.

아름다운 문장으로 멋지게 말해야 한다는 생각을 버리자. 말 잘하는 사람은 바로 상대방이 알아듣기 쉽게 말한다. 즉 평범한 이야기 속에 핵심을 담아 청중의 마음을 움직이게 한다. 쉽게 말하는 것이 듣는 이로 하여금 쉽게 공감을 이끌 수 있다.

■ 세련되고 유창하게 말하라

아무리 좋은 내용일지라도 전달하는 방법이 세련되지 못하면 청중의 감동을 이끌어내지 못한다. 스피치도 마찬가지이다. 이를 위해서는 음성조절, 속도조절, 단어선택 등에 유의해야 한다.

■ 목소리는 조용하고 안정적으로 한다

말할 때의 속도와 목소리의 높이에 있어서도 지적이면서 언행에 믿음이 가는 인물로 보여질 수 있다. 빠르지 않은 속도와 높지 않은 톤으로 말한다. 같은 말을 하는 데도 어떤 이미지를 주느냐에 따라 성공의 여부가 달라진다.

■ 정보를 전달할 때 숫자를 즐겨 사용하며 구체적이고 명확하게 말한다

숫자는 전달하려는 내용을 보다 쉽고 빠르게 설명할 수 있게 하며, 설득력을 갖게 한다. 승무원은 비행시간이 얼마나 되는지 몇 분 후에 도착하게 되는지 숫자를 사용하며 이는 승객의 눈과 귀를 승무원의 입으로 향하게 하고, 승객에게 훨씬 더 신뢰감을 주게 되는 것이다.

답변 내용의 근거를 설명할 때 가능하면 '많이~', '제일~', '큰~' 등의 부사보다 대략적이라도 숫자로 그 수치를 말하면 답변의 신뢰도가 높아진다.

■ 상대에 맞게 예의를 차리자

정중한 언어표현은 단정히 차려 입은 정장을 더욱 빛나게 해주며 화자를 더욱 프로답게 만들어준다.

간혹 TV 사회자가 자신의 프로그램에 초대한 손님의 단점을 꼬집어 농담처럼 이야기를 이끌어가는 장면을 볼 때가 있다. 최상의 예의는 상대방 중심의 사고를 하는 것이다. 상대방에게 선택권을 주는 것이 진정한 예의이다.

농담과 유머를 적절하게 사용하지 못하면 웃음을 주기는커녕 오히려 마이너스가 될 수 있다. 또한 농담과 유머의 소재는 자신과 자신이 속한 그룹에 한정하는 것이 안전하다.

▪ 어법에 맞게 말하라

어떤 내용이든 어법에 맞지 않는 문장으로는 그 의미를 제대로 전달할 수 없기 때문에 설득력도 떨어지게 된다. 의외로 긴장을 하지 않은 상태인데도 어법에 맞지 않는 말을 구사하는 사람들이 많은데, 특히 면접장에서 긴장을 하면 더 심해지는 경우가 있다. 이는 우리말에 대한 정확한 지식이 없기 때문에 나타나는 현상이다.

예를 들면 문장성분이 중첩된다거나, 어순에 맞지 않는 말, 지나치게 생략이 많은 말, 문법적 호응관계가 전혀 이루어지지 못한 말, 지나치게 문장이 길고 복잡한 말 등은 어법상에서도 문제가 되지만 결국은 의사전달 면에서도 문제가 된다. 이러한 문장들로 인해서 상대방은 말하는 사람이 무엇을 의도해서 하는 말인지 그 의미를 제대로 파악할 수 없게 된다.

스피치 플러스 이미지메이킹

① 말은 서로 교감이 이루어져야 한다

말은 지식, 정보, 생각을 전달하는 정도에서 끝나는 것이 아니라, 화자(話者)와 청자(聽者) 상호 간에 충분한 교감이 이뤄져야 한다. 스피치의 교감에서 언어적 요소가 차지하는 비율은 20% 미만인 데 반해 비언어적 요소가 80% 이상을 차지하게 되므로 대화에서는 다음의 요소들을 갖추어 스피치에 활용하도록 한다.

면접관이 당신이 하는 이야기에 공감하고 관심을 갖고 있음을 보일 때, 또 그와 관련된 질문을 해올 때 비로소 상호교감이 이루어졌다고 볼 수 있다.

- 친근감이 있어야 한다. 첫 만남이라 해도 친절한 마음을 언어로 표현해야 한다. 가슴으로 전하는 마음의 언어를 구사해야 한다.
- 열정적이어야 한다. 열정적인 모습으로 자신감을 표출할 때 설득과 확신을 심어줄 수 있다.
- 신뢰감이 있어야 한다. 사람은 진실을 확신하는 순간 강한 믿음을 갖게 된다.
- 세련됨이 있어야 한다. 일례로 옷을 세련되게 입은 사람을 보면 그 사람과 같은 옷을 입고 싶은 충동을 느끼듯이, 다른 사람에게 영향력을 행사하는 힘은 바로 세련됨에서 나온다.

'몸은 입보다 더 많은 말을 한다'는 이야기가 있다. 그만큼 스피치에 있어서 표정이나 제스처가 중요하다. 말의 내용을 따지기에 앞서 말을 하면 웬지 믿고 싶어지고 듣고 싶어지는 그런 스피치를 해야만 한다. 몸은 의사표현의 직접적인 수단이 되기도 하고 때로는 간접적인 의사보충 효과를 나타내기도 한다. 스피치는 단지 입만 가지고 하는 것이 아니라 표정, 말의 내용, 말투, 목소리, 억양, 어감, 의상, 헤어스타일, 풍기는 멋, 제스처, 시선, 눈빛, 미소 등 모든 복합적 요소의 결정체이다.

자신감 넘치는 태도나 상대방에게 신뢰감을 주는 의사소통은 전문지식 못지 않게 개인의 가치를 높이는 요소가 된다. 프로다운 자세와 태도로 당신의 호감 도를 높여라. 특히 스피치할 때에는 사람의 시선을 집중적으로 받게 되므로 얼굴과 헤어스타일, 몸가짐이나 옷차림 하나에도 신경을 써야 한다.

② 표정연출과 시선처리

말하고자 하는 내용에 맞춰 적절한 미소와 표정연출도 가 능하다.

눈의 표정은 의사를 전달하는 데 있어 큰 비중을 차지한다. 효과적인 대화나 연설은 눈맞춤으로 완성되며, 이러한 태도 는 마음의 여유에서 비롯된다. 어떤 상황에서도 침착함을 잃 지 않고 청중을 사로잡는 여유 있는 태도야말로 성공적인 스피치를 할 수 있는 자세이다.

시선을 한 곳에만 고정시키지 말고 가끔 다른 곳도 쳐다본다. 단 시선이 상대방의 주변에서 너무 떨어지지 않도록 한다. 너무 자주 눈동자를 움직이는 경우 안정감이 없어서 신뢰감을 잃을 수 있다.

간혹 대답을 하는 중에 긴장상태에서 인상이 굳어지거나, 습관적으로 미간 을 찌푸리는 표정은 좋은 인상을 줄 수 없다.

이미지를 떠올린다.　소리를 떠올린다.　감정을 떠올린다.　속으로 혼잣말을 한다.

눈동자의 움직임에 따라 다르게 느껴지는 생각의 표현들

③ 올바른 스피치 자세

바른 태도는 당당함의 표현으로 상대방을 쉽게 설득하는 요소가 되며, 말의 내용과 태도는 통일되어야 전달하고자 하는 메시지가 왜곡되지 않는다.

우선 선 자세, 걸음걸이가 당당해야 한다. 냉정하고 침착하게 감정을 조절할 줄 아는 사람은 분명하며 단정한 절도 있는 몸짓을 사용한다. 여기서 절도 있는 자세란 한 동작이 흐트러짐 없이 유지된 자세를 말한다.

또한 내용에 맞는 적절한 제스처는 시선을 사로잡아 집중시킴으로써 자신의 생각이나 의견을 전달할 때 가장 큰 효과가 있다. 그저 뻣뻣하게 고정된 것보다 말하는 이의 자연스러운 몸과 손의 움직임은 이야기를 더욱 자연스럽게 이끌 수 있다.

④ 말투가 대화의 방식을 좌우한다

말로 전달하는 정보를 '메시지'라고 한다면 말투와 말하는 태도 등 비언어적 특징이나 환경요소까지를 포괄하여 전달하는 정보는 '초 메시지'라고 한다. 이는 말을 전달하는 도구에 불과한 것이 아니라 메시지 그 자체가 되며 사람들은 메시지보다 더 민감하게 반응한다.

자신이 의도하지 않게 말하는 태도, 말투 등 초 메시지와 관련 있는 부분까지 훈련하여 오해가 생기지 않도록 해야 한다.

스피치 내용은 흔히 병사가 갖고 있는 무기에 비유되기도 하는데 음성, 태도, 시간 등은 그 무기를 다루는 방법으로 생각해 볼 수 있다. 이렇게 본다면 아무리 훌륭한 무기(내용)를 가졌다 해도 그 무기를 다루는 방법을 모르면 무용지물이 되고 말듯이, 위의 항목들은 서로 유기적인 관계에 있다는 사실을 알아두어야 할 것이다.

현대사회는 자신의 의사 표현을 잘하고 자신의 끼를 십분 발휘하는 사람이 인정받는 시대이다. 스피치가 경쟁력인 시대에서 자신만의 독특한 캐릭터로 자신을 보다 효과적으로 표현하여 자신의 브랜드를 높이는 전략이 필요하다.

생각처럼 말이 조리 있게 되지 않는 이유는 발표경험이 부족하기 때문이다. 순발력을 키우는 즉흥 스피치 훈련을 통해 주어진 시간 안에 자신이 전달하고자 하는 내용을 정리, 요약하는 능력을 길러보자.

면접이 진행되는 단 5분, 10분 안에 나에 대한 좋은 이미지를 심어주어야 한다면 어떤 준비를 해야 하며, 어떻게 자신을 표현해야 할까?

가장 중요한 것은 나를 상대방에게 올바로 알리고 호감을 주는 것이다. 또한 상대방에게 편안함과 신뢰감을 주고, 같이 일하고 싶은 생각이 들게끔 하는 긍정적인 이미지를 심어주어야 한다. 이를 위해 많은 시간 노력해야 하는 것이 바로 스피치 훈련이다.

40초는 긴 시간이다. 처음 만난 자리에서 '나'라는 광고물을 보여준다고 생각해 보라. 얼마나 충분한 시간인가? 당신이라면 어떤 사람의 이야기가 가장 친근하게 들리는가를 생각해 보라. 그리고 당신을 알리는 자기소개 방법을 연습하라.

자기소개만으로도 좌중을 휘어잡을 수 있다.

『90초 안에 승부하라』의 저자 미국의 니콜라스 부스먼(Nicholas Boothman) 교수는 사람의 태도에 대한 연구조사에서 사람은 한 가지 일에 2분 이상 주목하기가 힘들다고 한다.

일반적인 대화에서 한 사람의 이야기가 제일 듣기 좋은 시간은 45초다. 1분 30초가 넘으면 듣는 사람이 약간 지루하게 느끼기 시작한다. 2분 10초를 넘으면 말하는 사람 자신도 앞뒤 연결을 놓치고, 듣는 쪽도 요점을 잡기 어렵다.

영화의 예고편을 보라, 마찬가지로 45초 미만이다. 그 짧은 시간을 통하여 영화의 내용에 관심을 갖게 만든다. 모임이나 단체에서 자기를 소개할 때는 가급적 45초를 넘기지 마라. 잘못하면 이미지가 훼손되거나 말이 많은 사람으로 비쳐질 수 있다.

자기소개 요령
- 우선 이름을 정확하게 알려라. 또박또박 자기상호를 알리는 것이다.
- 기억하기 좋게 직업과 연관된 나만의 슬로건이나 삼행시를 짓는 것도 괜찮다. (그러나 기억될 만한 의미가 담긴 내용을 준비하라.)
- 일단 소개는 듣는 사람이 당신에게 관심을 갖도록 쉽고 간단하고 인상적으로 하라.
- 그 다음 자신에 대해 가장 강조하고 싶은 테마를 정해서 요약해 놓는다.

○ 이름 소개

○ 나를 표현하는 키워드

1.

2.

○ 가장 강조하고 싶은 테마

1.

2.

일반적으로 '아나운서' 하면 원래부터 좋은 목소리, 재치 있는 말솜씨를 타고 나는 것처럼 생각한다. 물론 어느 정도 자질을 갖추고 있는 건 분명하지만 그것만으로는 훌륭한 아나운서가 될 수 없다. 스피치 훈련을 통해 순발력과 발표력을 기르는 과정에서, 목소리 다듬기는 물론이고 정확하고 바른말 배우기, 얼굴 표정과 몸짓 하나까지 고된 훈련을 거치고 나서야 비로소 정교하고 세련되게 말을 잘할 수 있게 되는 것이다.

아나운서들이 스피치 훈련을 할 때 보통 1분 스피치, 3분 스피치는 필수적인 훈련코스로 힘든 시간이라고 한다. 선배들 앞에서 주어진 시간 동안 얘기를 하고, 또 그에 대해 냉엄한 평가를 받아야 하기 때문이다. 마이크 하나 달랑 잡고 수천 명의 대중 앞에 당당히 서거나 카메라 앞에서 유연할 수 있는 것도 바로 이런 노력이 숨어 있기 때문일 것이다.

1분 스피치라고 해서 꼭 일정한 틀이 있는 건 아니지만 대체로 다음과 같은 순서로 전개해 나가면 무리가 없을 것이다.

[주제 정하기 → 생각하기 → 정리하기 → 발표하기] 순으로 진행한다.

한 번에 알릴 수 있는 메시지는 한두 가지에 불과하다는 사실을 잊지 말자.

남에게 자신을 인상 깊게 남기려면 지루한 많은 말보다는 짧고 강렬한 말이 더욱 효과적이다.

그러므로 [첫인사 → 자기소개 → 핵심내용 → 마무리 → 끝인사 즉 [서론−본론−결론], [기승전결]의 구성이다. 중요한 것은 이야기하기 전에 구조를 짜는 것이다.

1분 스피치 주제의 예

- 가장 존경하는 인물을 들고, 내게 어떤 영향을 끼쳤는지 말해 보라.
- 최근 읽었던 책의 줄거리를 이야기해 보라.
- 어떤 이야기든 좋다. 1분간 말해 보라.
- 지금까지 살아오면서 가장 감사해 하는 일은?
- 좌우명이 있다면?
- 자신의 별명에 대해 말해 보라.
- 오늘 조간신문 머리기사 가운데 하나를 브리핑해 보라.
- 본인 성격의 장(단)점을 말해 보라.
- 과거 시절로 되돌아갈 수 있는 능력이 생겼다면 어느 때 어느 시절로 가고 싶은가?
- 지금까지 살아오면서 가장 보람으로 생각하는 일은?
- 가장 소중한 사람은 누구인가?
- 좋아하는 운동이 있다면?
- 취미생활에 대해 말해 보라.
- 고향 자랑을 해보라.
- 사계절 가운데 가장 좋아하는 계절과 그 이유는?

◎ '10년 후의 자화상에 대해 말하라'는 주제로 스피치 훈련을 해보자.

서론	첫인사(소개)	
	처음 시작할 문장	
본론	핵심적인 스피치 내용	
결론	마무리	
	끝인사	

3분 스피치 트레이닝

　3분 스피치 훈련을 자주 하면 스피치 능력이 훨씬 향상됨을 알게 된다. 매일 하루 3가지 정도 3분 스피치를 글로 정리한 후에 거울을 보고 혹은 가족들 앞에서 스피치 연습을 해보라(3분이 길다면 1분도 좋다). 그렇게 해서 한 달만 하면 많은 발전이 있게 되고 그렇게 석 달만 하면 누가 보더라도 확연히 발전했다는 평을 듣게 될 것이다. 오늘부터 바로 행동으로 옮겨서 해보라. 실천하는 사람만이 전진하고 향상한다.

　신문사설을 소리내어 읽어보라. 하나의 주제가 3분을 넘지 않는다. 그러면서 한 가지 사건에 대한 개요, 원인, 해법까지 명료하게 제시해 놓고 있다.

　또한 누군가에게 짧은 동화 한 편이나 드라마, 영화 등의 줄거리를 이야기하는 연습을 해보라. 똑같은 이야기라도 누가 말하느냐에 따라 내용전개가 달라질 것이다. 동시에 평소에 의식하지 않고 쉽게 말했던 내 스피치의 문제점들을 알게 될 것이다. 사람들 앞에서 말을 잘하기 위해서는 자신의 문제점을 일부러 들춰내어 찾아내고, 고치려고 연습하지 않으면 안 된다. 훌륭한 말하기 습관은 훈련과 반복연습을 통해 얼마든지 다듬어질 수 있다.

　1분 스피치와 마찬가지로 이야기하기 전에 구조를 짜는 것이 중요하다. [첫인사 → 자기소개 → 핵심내용 → 마무리 → 끝인사의 순서로 구성한다.

○ 자신이 서비스 종사원으로서 고객을 만족시켰던 '경험사례'를 주제로 스피치 훈련을 해보자.

1. 먼저 사례를 소개하기 전에 자신이 말할 내용을 적어보라.

  • 사건장소

  • 사건개요

  • 고객반응

  • 핵심적인 고객만족원칙

  • 사건을 통해 얻은 교훈

2. 스피치 내용을 구성해 보라.

서론	첫인사(소개)	
	처음 시작할 문장	
본론	핵심적인 스피치 내용	
결론	마무리	
	끝인사	

 나와 가장 친하고 가까우면서도 자주 보지 못하고 한편으로 가장 낯설기까지 한 사람은 누구일까? 그것은 바로 나 자신, 내 얼굴이다.

 발전이란 자기를 발견하는 데서 출발한다. 다른 사람에게 보이는 것이 아니라 자신을 보는 것이다. 내가 나를 인정하고 받아들일 때 비로소 다른 사람도 나를 인정할 수 있을 것이다.

 자신의 스피치 능력을 객관적인 시각으로 진단하고 개선해 나가야 더욱 경쟁력을 높일 수 있을 것이다.

 친구나 주위 사람에게 면접관 역할을 부탁해 보는 것도 좋은 방법이나, 자기 자신을 정확히 파악하는 의미에서 우선 혼자서 이미지 트레이닝 방식으로 실시해 보라.

 바른 자세로 서서 거울을 보며 주어진 주제를 갖고 1분 동안 말해 본다.

 실제 면접과 똑같이, 면접장에 들어가는 것부터, 면접관에게 인사를 하고 자리에 앉은 후 본서 Part 4 Chapter 10 모의면접 실전연습에 있는 질문들을 참고하여 면접연습을 해보는 것이다(모든 면접 가이드북에 실려 있는 기본적인 질문에 대해서는 나름대로의 대답을 준비하여 연습해 둘 필요가 있다).

 질문(예)

- 자기자신에 대해서 말해 주십시오.
- 왜 승무원이 되고 싶습니까?
- 왜 우리 회사에 지원했습니까?

◎ 하나의 주제를 정해서 다음 표를 작성하면서 어떻게 내용을 구성할지에 관해 스피치 내용을 만들어
보도록 한다.

주제		
서론	첫인사(소개)	
	처음 시작할 문장	
본론	핵심적인 스피치 내용	
결론	마무리	
	끝인사	

앞에 제시된 표에 의해 자신의 스피치에 대해 자가진단해 보라.

얼굴 표정과 태도만으로도 스피치 능력의 객관적인 평가가 가능하다. 자연스런 눈맞춤이나 제스처를 취하려면 자신이 말할 때 어떤 행동을 하는지부터 관찰해 보아야 한다.

거울 앞에서의 스피치 훈련을 통해 자신이 혹시 말하면서 유난히 고개를 흔들지는 않는지, 눈썹을 아래위로 내렸다 올렸다 하지는 않는지, 시선을 회피하지는 않는지, 실수할 때 혀를 내밀지는 않는지, 손을 쥐었다 폈다 하지 않는지 등을 객관적으로 관찰해 보라. 이러한 자신의 습관과 태도를 바로잡아 유연하고 자연스러운 표정을 가꾸어 나갈 수 있다. 개선해야 할 점을 찾아서 그것을 교정해 나가는 것, 그것이 발전의 포인트이다.

자가진단으로 알아보는 내 모습

ㅁ 내 얼굴을 똑바로 쳐다볼 수 있다.

ㅁ 얼굴을 쳐다보며 말할 수 있다.

ㅁ 거울 속의 나와 눈맞춤이 가능하다.

ㅁ 발표내용에 맞춰 적절한 미소와 표정 연출이 가능하다.

ㅁ 내용에 맞는 적절한 제스처가 가능하다.

ㅁ 일관되게 안정되고 자연스런 스피치를 할 수 있다.

◎ 나의 이미지 진단으로 Self Image Check와 Feedback을 해보자.

항목		나의 플러스 & 마이너스 이미지 진단
표정과 시선		
피부색, 얼굴형, make-up, hair-do		
color 진단, 체형 및 얼굴형에 맞는 패션스타일, 각종 소품류의 적절한 사용		
인사, 자세, 동작		
스피치 전달능력	내용	
	태도	
	음성	

스피치 능력 평가항목

■ 내용

□ 시작부분이 청중의 주의를 끄는가?

□ 스피치의 목적과 내용(주제)을 올바르게 표현했는가?

□ 주논점이 분명하고, 내용이 논리적인 일관성을 갖는가?

□ 다양한 인용을 했는가?

□ 스피치의 요지를 적절히 요약했는가?

□ 접속부를 적절히 사용했는가?

□ 전반적으로 참신한 내용이었는가?

□ 모두에게 공감을 주는 설득력 있는 내용인가?

□ 내용은 서론, 본론, 결론에 이르기까지 짜임새 있게 구성되어 있는가?

□ 재미있게 말했는가?

□ 스피치의 끝마무리가 인상적이었는가?

□ 적정한 시간 안에 마쳤는가?

■ 태도

□ 인사는 올바른 자세로 했는가?

□ 자신 있는 태도인가?

□ 제스처, 표정 등이 스피치 내용과 일치하는가?

□ 눈맞춤, 시선 안배는 적절했는가?

□ 바른 자세, 자연스런 태도를 유지했는가?

■ 음성

□ 목소리의 크기는 적절했는가?

□ 말의 속도는 적절했는가?

□ 3초 이상 머뭇거리는 시간이 없었는가?

□ '어', '저' 등 불필요한 말을 사용하지는 않았는가?

□ 잠시 멈추기(사이 두기)를 효과적으로 했는가?

□ 목소리의 높낮이와 강약, 빠르기, 억양 등이 적절히 구사되었는가?

□ 분명하게 발음했는가?

□ 장단음은 명확하게 구사했는가?

PART

4

지원서 작성에서
합격까지

이제 모든 준비는 끝났다.
당신은 이제 프로 서비스마인드, 밝고 호감 가는 인상, 세련된 매너,
신뢰감을 주는 스피치 능력을 모두 갖춘 예비 객실승무원이다.
당신이 지원할 항공사의 객실승무원 채용공고 안내문을 보며 지원서
작성부터 시작해 보자.

Chapter 8 항공사 지원하기

제1절   지원항공사 연구

1 채용공고 내용을 숙지하라

항공사에 따라 지원요건, 전형방법 및 절차의 차이는 있으나 일반적으로
[서류전형 → 1차 면접 → 2차 면접(혹은 3차 면접) → 체력검사*(수영)/건강검진-합
격] 순이며 전형과정 중에 영어인터뷰, 인성검사 등을 추가로 실시한다. 지원하
고자 하는 항공사의 전형방법과 대략의 일정을 숙지하여 미리 준비하도록
한다.

2 항공사 정보를 숙지하라

항공사 지원 시 그 기업에 대한 정보를 충분히 숙지하는 것이 중요하다.
자신이 지원한 회사에 대해 관심을 갖는 것은 당연한 일이지만, 회사 측에서
보았을 때 지원자가 그만큼 회사에 관심이 높은 점은 분명히 긍정적으로 평가

---

* 최근 항공사에 따라 체력검정결과서로 대체하는 경우도 있으므로 미리 준비한다.

될 수 있기 때문이다.

제 아무리 능력이 뛰어나다 하더라도 자신이 지원한 회사에 대해 아무런 지식도 없이 면접에 응한다면 면접관에게 호감을 얻기는 힘들 것이다. 따라서 회사에 관심이 있다는 것을 입증할 수 있는 유일한 방법은 회사에 대한 정보와 자료를 수집하여 면접과정을 통해 이를 보여주는 것이다.

또 지원하고자 하는 항공사를 분석해 봐야 그에 맞는 면접 전략과 전술이 나오지 않겠는가?

특별히 국내항공사에서 혹은 외국항공사에서 근무하고 싶다거나, 외국항공사라면 그중에서도 어느 국가의 어느 항공사에 관심이 있는지 등에 관한 자신의 생각을 정리해 둘 필요가 있다. 단지 비행생활에 매력을 느껴 객실승무원이 되고 싶다고 해도 회사의 일원으로서 만족스러운 직장생활을 지속해 나가기 위해서는 소속기업도 매우 중요하기 때문이다.

면접에 임하기 전에 항공사 홈페이지 등을 통해 지원항공사의 사풍, 비전 및 미션, 요구하는 인재상, 최근 강조사항 등을 파악하라. 면접시험을 준비하는 데 있어 본인이 응시하고자 하는 기업에 대한 아무런 지식 없이 면접에 응시한다는 것은 자기 자신에게 무책임한 일이다. 적어도 그 항공사에 왜 지망하는지, 그리고 그 항공사의 운송 역사를 비롯하여 대외적으로는 어떠한 이미지를 갖고 있는지, 또는 그 항공사의 비행기를 탑승해 본 경험에 비추어 서비스에 대해 어떤 견해를 갖고 있는지, 입사한 후에 그 조직의 일원으로서 어떠한 역할을 하고 싶은지 등 응시하고자 하는 항공사의 기업연구야말로 면접 준비의 시작이다. 인터넷이나 그 외 정보채널을 통해 회사에 관련된 정보, 주요 현안, 최근 기사 등을 검색해 읽어두고 사례별로 자신의 의견을 정리해 두도록 한다. 또한 면접 당일 신문을 반드시 읽어 그날의 화젯거리를 미리 알아두는 것도 도움이 될 것이다.

- 항공사 홈페이지, 인터넷 등에서 항공사관련 정보, 기사 등을 읽어둔다.
- TV와 잡지 등 광고에 나타난 홍보 내용, 최근 동향, 회사의 특성 등 기본적인 정보를 알아둔다.

• 가능하다면 응모 회사의 선배나 현재 근무하고 있는 직원에게 문의해 보는 것도 좋은 방법이다(지원동기, 근무 중 좋은 점, 지원자에게 하고 싶은 어드바이스 등).

이런 과정을 거치고 나면 지원할 회사의 특성을 어느 정도 파악할 수 있다. 그 다음, 회사의 장점과 단점에 대하여 정리한 후에 나름대로의 전략을 생각하고 메모하여 종이에 적어본다.

 지원회사에 대해 알아두어야 할 사항

- 회사의 연혁, 사훈, 경영이념, 창업정신
- 기업 개요(사업규모, 창업자/경영자 이름, 종업원 수, 보유기종/신기종)
- 업종별 계열회사의 수
- 취항도시 노선, 해외지사의 수와 그 위치
- 개설예정인 신규노선
- 타 항공사와의 차별화된 서비스 내용
- 기업이 요구하는 인재상
- 자기 나름대로 그 회사를 평가했을 때 장단점
- 업계에서의 랭크, 경쟁상대(국내외)
- 현재 시행하고 있는 캠페인
- 기업의 사회공헌 활동
- 현재의 광고 콘셉트 및 느낀 점
- 현재의 경제상황이 기업에 미치는 영향
- 회사의 잠재적 발전가능성
- 최근 기업관련 뉴스

◎ **지원항공사에 관해 조사하여 적어보라.**

지원하고 싶은 항공사(소재지)	
기업의 이념/비전	
중장기 목표	
최근 주력하고 있는 광고홍보 내용	
기업문화	
사업영역	
인력구성(승무원인력)	
매출액/여객수송량/ 화물수송량	
취항노선 현황	
항공기보유 현황	
얼라이언스 가입현황 (가입항공사명)	
인재상	
어떤 항공사라고 생각하는가?	

⊙ 지원항공사의 서비스에 관해 적어보라.

탑승편(탑승 경험자의 경우)	
서비스의 특징	
객실승무원의 특징	
서비스의 장점	
서비스의 단점	
입사 후 이 항공사에서 어떠한 서비스를 하고 싶은가?	

① 이력서, 어떻게 작성해야 하는가

인재를 채용하려는 기업에서 사람을 만나보기 전에 가장 먼저 접하는 것이 이력서이다. 아무리 훌륭한 능력을 갖춘 사람이라도 채용기업이 요구하는 기준에 맞지 않는 이력서를 제출하였다면 당연히 심사기준에도 들지 않게 되어 있다.

항공사 승무원 채용은 1차 서류전형을 거치게 되며, 국내항공사의 경우 온라인지원 시 지정된 형식이 있으므로 각 내용에 따라 기술하면 된다.

면접 전에 서류전형에 있는 이력서, 자기소개서를 통해 지원자의 기본적인 자료를 수집하여 입사 의지, 인재상과 적합도, 역량 등을 객관적으로 평가하는 것이다.

유의할 점은 채용기업이 요구하는 직종이나 직무중심으로 이력서를 쓰는 것이다. 기업은 당장 필요하지 않은 여유인력을 선발하여 필요할 때 활용하려는 것이 아니다. 오리엔테이션 교육을 거쳐 곧바로 현업에서 일할 수 있는 인력을 선발하기 때문에 기업이 어떤 인력, 인재를 선발하고자 하는가를 분석하여 채용기업 입장에서 이력서를 기술해야 한다. 특히 학창시절에 어떤 특기, 자격을 취득했느냐는 것은 다양한 경험과 실력을 겸비했다는 데 있어서도 플러스 요인이 되지만 그것이 업무상 밀접한 관련이 있는 것이라면 더 높은 평가를 받게 된다. 즉 어떤 공부를 했고 어떤 직무경험을 갖고 있으며 입사하게 되면 어떤 일을 잘할 수 있는지를 보는 것이다. 서비스직의 경우 과거 혹은 현재 서비스경험이 많은 지원자에게 관심을 갖기 마련이다.

② 입사지원서는 곧 면접 예상질문이다

지원자는 우선 입사지원서에 기입한 사항이 면접 시 질문으로 나올 것에 대비해야 한다. 지원자들의 이력서 내용을 보면 모두 대동소이해 보이는데 상당수 면접관들은 공통되는 질문을 빼놓고는 입사지원서에 나오는 전공, 가족관계, 자기소개 내용을 소재 삼아 질문하는 경우가 많다.

자신의 경력과 직무능력을 중심으로 면접관의 관심을 끌 만한 사항을 기록하여 면접관의 질문을 먼저 유도하는 것이 성공 면접의 첫걸음이다. 입사지원서에 질문의 실마리를 제대로 제공하지 못한다면 면접관은 여러 각도로 지원자를 테스트하게 되며, 이 과정에서 예상치 못한 질문을 받고 당황하게 될 수 있다.

지금까지 자신이 무엇을 해왔는가, 당신이 객실승무원에 적합한, 타인과 차별화된 전문적이고 경쟁우위인 능력은 무엇인가 등 자신이 PR해야 할 핵심적인 부분을 중심으로 기록한다. 그것이 곧 면접질문이 될 것이다.

③ 자기소개서에 핵심적인 PR내용을 준비하라

자기소개서는 이력서와 함께 채용을 결정하는 데 있어 가장 기초적인 자료로 사용된다. 이력서가 개개인을 개괄적으로 이해할 수 있는 자료라면, 자기소개서는 한 개인을 보다 깊이 이해할 수 있는 자료로 활용된다.

특히, 지원자의 가치관, 대인관계나 조직 적응력, 성실성, 책임감, 창의성, 장래성 등 지원자에 대해 보다 깊게 이해할 수 있다는 점과 지원자의 논리성과 표현능력, 나아가서는 사고의 폭까지 가늠해 볼 수 있다는 점이 각 기업들이 자기소개서를 중시하는 이유이다.

자기소개서를 포함하여 기업에 제출한 모든 자료는 면접 시 질문의 기초자료로 활용되기도 하므로 반드시 복사본을 보관하고 면접하기 전에 충분히 숙지할 필요가 있다. 특히 자기소개서에 애매하게 표현되었거나 약점이라고 생각하는 부분에 대해서는 반드시 답변을 준비하는 것이 좋다.

　서류전형에 통과되느냐, 면접을 볼 수 있느냐의 관건은 다른 요건들과 함께 자기소개서 작성에 달려 있음을 명심해야 한다. 아무리 나란 사람을 보여주고 싶어도 일단 서류전형은 통과해야 보여줄 수 있는 것이기에 이력서와 자기소개서의 작성은 매우 중요하다.

　자기소개서는 기본적으로 제시된 형식과 내용을 따라야 하겠으나 기본적으로 성장과정과 성격의 장단점, 지원동기, 장래포부 등 필수적으로 작성해야 할 내용이 있다. 이러한 필수적인 사항들을 중심으로 자신만의 개성적이고 독특한 모습들을 솔직하게 표현하는 것이 중요하다.

■ 성장과정

　개인의 성격형성은 어떤 환경과 여건에서 성장했는가가 많은 영향을 미치게 된다. 현재의 자신이 어떻게 형성되었는가를 알아보기 위한 것으로 가장 솔직하게 자신의 이미지를 명료하게 심어주는 부분이 되어야 한다.

　성장과정은 연대기적으로 서술해 나가는 것이 좋다. 살아온 발자취를 일목요연하게 보여줄 수 있기 때문이다. 이때 소년기나 중·고등학교, 대학시절을 통해 있었던 독특한 체험이나 에피소드를 개성 있게 표현하여 인사담당자의 관심과 흥미를 유발시킬 수 있도록 한다.

　특히 대학시절은 지원자의 최근 모습으로 궁금하게 여기는 부분이다. 전공과 관심분야, 활동상 등을 지원 업무와의 연관성에 초점을 두고 구체적으로 서술한다면 기업의 입장에서는 가장 빠르게 업무 적합 여부를 판단할 수 있는 직접적인 자료가 될 수 있다.

■ 성격의 장단점

　자신의 성격을 객관적으로 파악하여 확실하게 꼬집어 말하는 것이 쉬운 일은 아니다. 또한 자신의 성격을 단지 '성실하다', '책임감이 강하다'라고 직접적인 제시어로 표현하는 것은 설득력을 갖기 어렵다. 자신의 성격을 소개할 때는 성격형성과 관련된 경험과 접목시켜 표현하는 것이 좋다. 또한 성격형성이나 성격변화를 위한 의식적인 노력을 설명하는 것이 주목을 끌 수 있는 방법이다.

성격의 장점은 거부감을 일으키지 않을 정도에서 최대한 구체적으로 설명하고, 단점도 솔직히 얘기하는 한편 그것을 고쳐나가기 위한 노력을 덧붙여 언급하도록 한다.

▪ 특기 및 경력사항

자신의 특기는 솔직하게 작성하도록 한다. 실제로 면접 중, 여건이 된다면 면접관이 특기를 한 번 보여달라는 경우도 있으니 말이다.

사회 경력이 있다면, 특히 서비스 관련 업무에 근무했다면, 혹여 승무원 업무와 관련없는 직업이었다고 하더라도 지금까지의 경력이 앞으로의 승무원생활에 어떤 긍정적인 영향을 줄 수 있을지를 적는다.

▪ 입사 지원동기

모든 일을 시작함에 있어 그 동기가 뚜렷하지 않은 사람은 성취감을 맛보기 어렵다. 입사 지원동기는 회사 선택과 관련된 준비 정도는 물론이고 입사 후의 성취의욕까지 나타내는 부분이기 때문에 인사담당자들이 가장 중시하는 부분이다. 따라서 일반적인 내용보다는 지원회사와 직접 연관이 있는 내용이 좋다. 즉 지원회사의 업종이나 특성 등을 자신의 전공이나 관심분야와 접목시켜 구체적으로 밝히는 것이 바람직하다. 이를 위해서는 평소에 신문이나 사보 또는 인터넷 홈페이지 등을 통해서 기업에 대한 정보를 입수해 놓는 것이 필요하다. 분명하게 지원동기를 밝혀 입사 후에도 의욕적으로 일하겠다는 인상을 심어주는 것이 중요하다.

▪ 입사 후 포부

자신의 희망과 포부를 패기 있게 밝히는 것이 좋다. 이때도 '열심히', '성실히' 등의 막연한 표현보다는 일단 입사가 결정되었다는 가정하에서 실현가능한 목표와 자기개발을 위해 어떠한 계획이나 각오로 임할 것인지를 구체적으로 이야기하는 것이 좋다.

최근 항공사별로 자기소개서 문항은 간단한 지원동기, 성격의 장단점, 입사 후 포부 등과 같은 주제가 아니라 장문의 내용으로 제시되고 있으며, 글자수도 500~1,000자 정도로 정해놓고 있다.

제한된 분량이라도 간결하게 잘 기술한다면 내용을 전달하는 데 어려움이 없을 것이다.

④ 자기소개서 작성 시 유의할 점

최근 항공사 자기소개서의 형식을 보면 제시된 문항에 대한 내용을 지원자의 살아온 과정, 경험, 성과, 가치관을 직업과 직무에 접목시켜 설득력 있게 기술하는 것이 중요하다.

자기소개서는 반드시 직업과 관련하여 다음 사항을 중점적으로 기술하도록 한다.

- 담당할 업무에 관련한 지식이나 경험, 본인의 강점 및 특징(전공이나 업무와 관련된 자격증, 장학금 수혜, 교내 수상경력 등은 빼지 말고 기술하라. 아르바이트 경험과 봉사활동도 빼놓지 않는다. 단 아르바이트의 경우 유수한 서비스기업에서의 경험이 유리하다.)
- 자신의 직업에 대한 가치관
- 직업 관련한 성격의 장단점
- 입사하게 되면 기여할 수 있는 부분 등

또한 자기소개서를 작성하는 데 있어서 다음의 유의사항들을 참고하도록 한다.

■ 자신감을 보여라

강한 자신감은 지원자에 대한 신뢰와 더불어 인사 담당자의 호기심을 자극할 수 있다. 따라서 문장 전체적으로 '나를 뽑아 주십사', '뽑아주신다면…' 하는 문구보다는, 내용 자체가 자신감이 흘러넘치는 문구가 좋다. 자신의 능력이나 기술이 뛰어나더라도, 자신감이 없는 사람은 주목받지 못한다.

▪ 과장 없이 솔직하게 작성하라

자기소개서는 객관적으로 작성하여야 한다. 면접관은 객관적인 자료를 요구하는 것이지, 주관적인 얘기를 들으려고 하는 것이 아니다.

남에게 잘 보이기 위해서 거짓된 내용을 담아서는 안 되며, 자신을 지나치게 과장하거나 미화시켜서도 안 된다. 또한 이야기를 전개하기 위해 솔직성을 벗어난다든지 지나친 수식어의 사용으로 내용이 흐려져서도 안 된다.

자칫하여, 면접과정에서 심도 있게 질문을 받다 보면 과대포장된 부분은 드러나게 되므로 솔직하게 꾸밈없이 쓰는 것이 좋다.

▪ 개성 있게 작성하라

인사담당자는 수많은 자기소개서를 읽어보게 되므로 남들이 흔히 사용하는 언어, 유행처럼 어디서나 들리는 이미 식상한 어휘들은 되도록 사용하지 않는 것이 좋다. 특히 요즘은 멋진 글이라 하여 인터넷에서 무작정 옮겨다 적는 경우가 있는데 이것은 절대 금물이다. 독특한 나만의 것이어야 한다.

▪ 간단명료하게 작성하라

해야 할 이야기는 다 하되 너무 길게 늘어놓아서는 안 되며, '그리고', '그러므로' 등의 접속사나 대단히, 무척, 매우 등의 수식어가 너무 많이 들어가지 않도록 유의하고, 같은 말의 반복을 피해야 한다. 한 문장의 길이는 2~3줄 내로 기술하는 것이 인사담당자에게 자신의 뜻을 명확하게 할 수 있다.

또한 그 글을 읽고 난 다음엔 꼭 한 번 이 사람을 만나고 싶다는 느낌이 들도록 한다.

▪ 일관성 있게 작성하라

자기소개서를 쓰다 보면 자신도 모르게 앞에서는 '나는… 이다'라고 쓰다가 뒷부분에 가서는 어느새 '저는… 습니다'라고 쓰는 경우가 종종 있다. 어느 쪽을 사용하더라도 일관되게 통일해서 써야 한다.

더욱 중요한 것은 내용의 일관성이다. 짧은 글을 읽더라도 앞뒤의 내용이 일관되게 작성되지 않았음을 종종 발견할 수 있다.

▪ 시간적으로 여유를 가지고 작성하라

시간적인 여유를 충분히 가지고 신중하게 작성해야 문장이 안정되고 사소한 실수가 없다. 실제로 어느 지원자는 이전에 지원했던 다른 항공사 서류의 내용을 수정하지 않고 그대로 제출하는 바람에 서류전형에서 불합격된 사례가 있다고 한다.

자기소개서는 시간이 나는 대로 자신에 대한 이야기를 작성해 두었다가 적절히 사용할 수 있도록 준비해 놓는 것이 좋다.

마지막으로 제출하기 전에 내용을 재확인하여 작성한 내용에 착오가 없도록 한다.

◎ 자기소개서를 직접 작성해 보라.

성장배경

(직종과 관련한) 성격의 장단점

(직종과 관련한) 특기 및 경력사항

지원동기 및 입사 후 포부

Chapter

9 면접 준비와 전략

① 면접이란

면접은 회사의 입장에서 보면 응시자와 직접 만나서 응시자의 언행이나 품성 등을 짧은 시간 동안 관찰하여 업무수행에 적합한지를 평가, 결정하는 구술시험이며, 응시자의 시각에서 보면 인사담당자의 머릿속에 자신이 회사에서 필요로 하는 역량 있는 인재임을 각인시키는 자리이다.

이력서가 나에 대해 관심을 끄는 멋진 포장의 역할을 했다면, 면접이야말로 자신의 내재적, 외재적인 모습을 보이며 자신의 생각을 정확히 표현하고 주장하는 프레젠테이션이다. 즉 면접인터뷰란 가장 짧은 시간에 가장 효과적으로 자기 자신을 알려야 하는 것이며, 자신의 실체를 그대로 보여주는 것이다.

사실 면접이 자신이 업무에 적합하다는 점을 어필하는 기회라고 생각하면, 이는 너무도 짧은 시간이다. 이 짧은 시간 동안 자신이 가진 능력을 최대한으로 PR할 수 있는 방법을 익히는 것이 바로 면접 준비가 될 것이다.

최근 항공사마다 승무원 채용에 있어 지원자들을 면밀히 평가하기 위해 다양한 면접기법을 도입하고 있다. 면접은 개인의 기본적인 인성과 자질, 적성, 대인관계 그리고 사회적 친밀도 등을 판단하는 중요한 수단이 되기 때문이다.

면접진행을 담당하는 인사업무부서의 책임자는 응시자를 보고 평가하는 데 있어 많은 경험을 통한 숙련된 노하우를 가지고 있으며, 나름대로의 적절한 기준과 시각을 가지고 있다. 그러한 기준은 오랜 경험과 더불어 해당기업이 처해 있는 다양한 경영상황이나 문화의 산물이다. 바로 이 점은 구직자가 지원한 회사의 실상을 가능한 한 자세히 파악하고 면접에 임해야 하는 이유가 되는 것이다. 즉 면접에 성공하려면 기업의 면접 형태에 맞추어 자신의 가치를 잘 포장하고 한껏 펼쳐 보여야 하는 것이다.

② 다양한 면접형태

면접의 일반적인 목적은, 이력서와 직무경력서 등의 서류를 통해서는 알 수 없는 지원자의 성격이나 외국어, 커뮤니케이션 능력, 일에 대한 의욕과 관심도를 알아보기 위함에 있다. 특히 서비스직의 경우 면접관은 면접과정 중 지원자의 자세, 스피치 능력 등을 통해 서비스매너를 평가하고, 상황별 역할연기를 통해 실전 활용능력을 파악하려고 한다. 즉 고객의 욕구를 인식하고 있는지, 서비스마인드와 매너를 바탕으로 현장에서 고객만족을 실천할 수 있을지 등을 점검하고자 한다.

또한 다양한 승객을 응대하는 승무원의 직업 성격상 성격이나 인간성이 어떠한가, 동료들과 잘 어울려 나갈 것인가 등의 요소도 면접의 주요 평가대상이 될 것이다.

그렇기 때문에 면접의 형식도 다음과 같이 그 목적에 따라 다양한 형태로 운영되고 있다.

■ 다수 대 다수 면접
거의 모든 항공사의 면접에서 이루어지는 형식이다. 면접관이 여러 명이라

해도 질문은 보통 한 사람이 한다. 질문의 내용 또한 신상에 관련된 간단한 내용이나 전공, 지원동기 등을 묻는다. 항공사에 따라 2, 3차 면접에서도 다수 대 다수의 면접이 이루어지기도 하는데, 1차 면접에 비해 배정시간이 더 많고, 질문도 다양하고 포괄적이다.

■ 그룹 면접(Group Interview)

일부 항공사 면접 과정에서 이루어지는 형태이다.

응시자를 그룹으로 나누고, 각 그룹에게 일정 과제를 주어 각 과제에 대해 토론을 하도록 한다. 이 토의하는 과정을 면접관이 관찰하여 논리력, 사고력, 협조성, 의사소통능력, 리더십, 설득력, 반대의견에 대한 대응 등을 평가한다. 면접관이 직접 토론에 참여하는 형태와 참관만 하는 형태로 분류되는데 보통 참관하는 경우가 더 많다.

토론할 때는 언어 구사력도 중요하지만 상대방의 의견을 경청하는 것, 발언 시간 조절, 표정유지, 상호예절 등 면접진행 중에 전반적인 요소들 또한 중요하다. 면접 토론 시에는 혼자만 튀는 태도나 의견은 피하고 상호존중하는 모습과 팀워크 향상을 위해 노력하는 모습을 보여주는 것이 유리하다. 팀워크가 중요한 직장에서 팀의 일원으로서 팀에 공헌할 수 있는가를 보기 때문이다. 다른 지원자와의 지나친 경쟁은 피하고, 상대를 면박주거나 비웃거나 하는 태도는 피해야 하며, 다른 사람이 말할 때 끼어드는 것도 감점요인이다.

또한 토론주제에 대해 명확한 결과를 함께 이끌어내는 조직력과 리더십을 보여주는 것이 바람직하다. 의견을 말할 때는 결론을 먼저 말하고 부연설명을 뒤에 하는 것이 바람직하며, 이론보다는 사례중심으로 현실성 있게 이야기하도록 한다.

■ 전화 면접(Telephone Interview)

인터넷상에서 구직을 하는 경우나 해외 직장에 응모하는 경우, 특히 외항사 채용 시 1차 면접은 전화 면접 형식을 취하는 경우가 있다. 경험이 있는 면접관이라면, 전화 면접을 통해 이력서에 있는 사항의 신뢰성을 어느 정도

판단할 수 있다고 본다.

응시자는 제출한 이력서나 응답에 필요한 자료를 통화 중 전화기 옆에 둘 필요가 있다.

▪ 스트레스 면접(Stressing Interview)

'스트레스'라는 말 자체가 의미하듯이, 면접 도중 면접관이 화를 내며 크게 반응하거나 응시자의 약점을 집요하게 묻는다. 혹은 응시자에게 대답하기 어려운 질문을 계속하거나 응시자의 대답에 일부러 반론을 제기한다거나 하여, 응시자의 자제력과 인내심, 판단력, 태도 등을 평가하는 면접이다.

실제 서비스 상황에서는 다양한 고객과의 마찰이 종종 일어나기 마련이므로 이때 침착하고 냉정하게 대응할 수 있는가를 알아보는 것이다. 또한 향후 조직 적응력을 미리 예측할 수도 있다.

이때는 표정관리가 우선이다. 당황하지 않고 침착한 표정으로 말을 천천히 하면서 생각 정리할 시간을 확보한다. 면접관으로부터 지적받은 부분을 받아들이고, 단점을 오히려 강점으로 전환시켜 답변할 수 있는 여유를 갖는 것이 중요하다.

▪ 행동 면접(Behavioral Interview)

최근 서비스 기업들의 채용 트렌드는 신입사원의 기술이나 재능이 아니라 인성(人性)과 종합적 대응능력 파악에 더 큰 비중을 두는 것이다.

즉 지원자가 일상생활과 업무환경에서 실제로 어떤 행동을 했느냐를 알아내어, 앞으로 어떻게 행동하고 반응할지를 예측하려는 것이다.

예를 들어 "누군가가 당신에게 화가 났을 때 어떻게 반응하고, 문제를 해결했나요?"라고 질문하는 형식으로 지원자가 '정답'에 가까운 말을 꾸며낼 수 있는 기존 면접과는 다른 방식이다.

행동 면접에 대비하려면 우선 기업이 어떤 자질을 갖춘 인재를 원하는지 정확히 파악한 뒤, 여기에 맞는 질문을 정밀하게 고안해야 한다.

항공사 객실승무원 채용의 경우, 일부 항공사에서는 '역할연기(role-playing)'

면접을 통해 기내에서 벌어질 수 있는 서비스상황에서 승객과 승무원의 역할을 설정하여 모의로 실연(實演)하는 평가를 하기도 한다. 이는 승무원은 사람을 상대하는 직업이기 때문에 지원자들의 다양한 모습을 승객의 입장에서 보다 입체적으로 파악할 수 있는 장점이 있으며 지원자가 용모, 스피치, 서비스마인드 등 어느 한 부분만이 아닌 서비스 종사원으로서 얼마나 준비되었는지 종합적으로 판단할 수 있는 방법이 되기 때문이다.

 기업이 좋아하는 사람의 유형

- 인간 기본 됨됨이가 갖추어진 사람
- 정직하고 성실하며, 예의바른 사람
- 인화, 단결, 협동의 자세가 되어 있는 사람
- 긍정적으로 생각하고 적극적으로 실천하는 사람
- 다양한 사고로 매사에 유연하게 대처하는 사람
- 창의적 사고로 발전을 모색하는 사람
- 국제적 감각과 능력을 갖춘 사람
- 자신의 미래에 뚜렷한 목표를 가진 사람
- 실패를 두려워하지 않는 도전적 용기를 가진 사람
- 조직의 발전과 자신의 성장을 동시에 성취할 수 있는 공동체 지향적 인간

승무원 지원경험자들은 가장 긴장되는 면접시험에 무슨 질문을 받게 될지 고민하고, 나름대로 준비를 했는데 막상 의외의 질문에 당황했던 경험들을 얘기한다. 또 항공사별로 특이하게 진행되는 역할연기(role-playing), 토론면접 등이 곤혹스러웠다고도 한다.

면접시험은 지식이나 학력을 테스트하기 위한 것이 아니라 고객과 대면서비스를 하는 승무원으로서 갖추어야 할 밝은 인상, 단정한 용모, 예의바른 말씨, 풍부한 교양 등 전반적인 자질을 판단하기 위한 것이다.

① 지원동기를 확고히 하라

면접시험준비라고 하면 지원자들은 흔히 '이미지'라고 하는 외모에 가장 신경을 쓰게 된다. 메이크업은 어디서 할지, 머리는 잘라야 할지 묶어야 할지, 면접의상은 어떤 것으로 할지를 고민하다가 정작 자신이 왜 승무원직에 지원하고자 하는지 지원동기마저 흐릿해지는 사람들을 많이 보게 된다.

면접시험은 지원자의 외모만을 보고 판단하려는 것이 절대 아니다. 면접 중의 짧은 질문과 대답 속에서 지원자의 정신과 직업에 대한 의식을 가늠하려는 것이다.

그러므로 진정으로 승무원이 되고자 한다면, 외적인 조건을 준비하기보다 자기가 왜 승무원이 되려고 하는지 처음부터 자신의 생각을 정리할 필요가 있다. 소신 있게 응시해야만 어떠한 면접질문에도 흔들림 없이 자신의 생각을 표현할 수 있기 때문이다.

② 자신감을 갖고 준비하라

면접에서는 많은 지원자들 중에서 나를 뽑아야 하는 이유를 보여줘야 한다. '필요한 사람이 나'라는 것을 설득하고, 증명해야 하는 것이다.

그러나 면접 준비를 너무 단편적으로 준비하여 틀에 박힌 답변만을 한다면 역효과이다. 사회현상 속에서 자기의 관심사를 찾아내 깊이 있게 공부하고 다양한 경험을 쌓아야 한다. 객실승무원이라는 직업이 각양각색의 사람들을 대해야 하고 또 만족시켜야 하는 만큼 중요하게 평가되는 것은 역시 인간적인 매력과 자신감이 주는 신뢰감이다.

자신감과 진취적 성향이 요구되는 이유는 다양한 상황이 발생 가능한 기내에서 실무능력뿐만 아니라 문제발생 시 적극적으로 해결점을 찾아가는 의욕적인 자세가 필수적이기 때문이다.

따라서 면접점수를 잘 받기 위해서는 면접관 앞에서 위축되지 않고 평소대로 자연스럽고, 자신감 있게 대처하는 게 최상책이라는 것이 각 기업 인사담당자들의 조언이다.

③ 평가 핵심포인트를 기억하라

객실승무원 면접에서는 무엇보다 외모에서 느껴지는 전체적인 호감도, 친절함, 서비스마인드가 가장 큰 비중을 차지하는 항목이다.

인상에서부터 말투, 제스처까지 세심하게 살피고, 질문에 답변하는 태도를 통해 서비스 자질을 평가하는 것이다.

서비스 종사원이 어떤 상황에서도 친절한 자세를 유지하는 건 의지력만으로 되지 않는다. 그러므로 스스로가 서비스업무 자체에 매력을 느끼는지, 자질이 있는 사람인지 먼저 잘 판단하는 것이 중요하다.

그 다음이 외국어이다. 일반적으로 국내항공사는 서류전형에서 토익점수,

영어인터뷰 등의 평가가 있으며, 국외항공사의 경우는 높은 수준의 영어구사 능력을 요구한다.

체력과 건강도 매우 중요하다. 비행기에서 장시간 서서 일하며 승객에게 서비스하기 때문에 기본적으로 체력이 바탕이 되지 않으면 좋은 서비스를 할 수가 없다. 용모를 본다는 것은 호감도와 건강함을 보는 것이다.

항공사에 취직하려는 사람들의 지원동기는 대부분 타 직종에 비해 급여가 높고 해외여행을 자주 한다는 장점 때문이다. 겉으로 보이는 화려함으로 선택 했다가 서비스업에 적응하지 못하거나 체력적으로 근무가 불가능하여 1년도 안 되어 직업을 포기하는 사람도 있다는 것을 명심하라.

항공사 채용의 평가요소들을 요약하면 다음과 같다.

- 밝고 호감 가는 미소
- 따뜻해 보이는 눈빛
- 예의바르고 침착한 자세와 태도
- 자신감과 활기참, 명랑함
- 균형 잡힌 건강한 신체
- 단정한 용모와 복장
- 글로벌 의식과 매너
- 업무수행능력, 위기대처능력

결국 면접 시 평가의 핵심은 첫째, 지원자가 항공사의 인재상에 부합하는가 둘째, 지원자가 항공사(조직)에 어울리는 성실한 조직인인가 셋째, 승객으로 비행기에 탑승해서 만난다면 호감을 줄 수 있는 승무원인가 하는 것이다.

면접 준비는 자신의 전 생애에 걸쳐서 이루어지는 것이라고 생각한다. 면접 시에는 분명히 당신이 보유한 능력과 가치를 표현해야 되는 경우가 있을 것이다. 그것에 대한 대답은 단순히 면접 전에 며칠 동안 혹은 몇 시간 준비를 한다고 되는 것은 아니라고 본다. 면접 시에는 당신이 그동안 살아온 삶을 통해 이루어온 성과와 가치관을 모두 드러내는 시간이라고 생각하면서 진지하게 임해야 한다.

요즘은 많은 회사에서 그 사람의 가치와 회사의 가치가 맞는지를 보고 그것을 판단의 가장 중요한 잣대로 삼는 추세라고 한다. 삶을 통해 우러나는 자신의 가치를 열심히 갈고 다듬어야만 다른 사람의 마음을 움직일 수 있다는 것을 명심하라.

④ 면접 이미지메이킹을 하라

면접을 보는 응시자들은 면접관들이 자신을 평가한다는 상황에 위축되고, 또 '면접관들에게 어떻게 하면 잘 보일까'를 생각하다 보니 늘 긴장하고 떨게 된다. 이런 모습들은 알게 모르게 나 자신을 소극적으로 만들며, 일상적인 질문에도 당황하기 쉬워진다. 또한 그로 인해 의사전달이 제대로 이루어지지 않는 경우가 많다. 면접에 있어서 무엇보다 중요한 것은 면접관에 대한 부담감을 떨쳐버리고 적극적으로 임하는 자세이다.

객실승무원 채용 면접 시 가장 크게 작용되는 요소는 바로 '이미지'이다. 응시자가 면접장소에 들어서자마자 면접관들은 어느 정도 합격과 불합격을 판단하게 된다. 그게 바로 첫인상이며 그 응시자에게서 뿜어져 나오는 이미지가 되는 것이다.

'과연 이 회사에서 날 뽑아줄까?' 하는 걱정스러운 이미지와 '내가 이 회사에 입사하면 이러이러한 일들을 펼쳐 보이겠다.'는 자신감으로 여유 있게 자신을 드러내는 당당하고 솔직한 이미지는 어느 누가 보아도 차이가 날 수밖에 없다(물론 허황된 자신감이 아니라 탄탄히 준비된 자신감을 말한다). 스스로 '나는 이 직종과 자리에 꼭 맞는 유일한 사람'이라 생각하고 자신감을 가질 때 침착해질 수 있으며, 성공적인 이미지메이킹을 할 수 있다. 면접관들도 그러한 적극적인 자세를 긍정적으로 보게 된다.

자신에 대한 태도를 바꿔보라. '회사' 중심이 아닌 '나'를 중심으로 '나는 이러이러한 능력을 가진, 회사에 도움이 될 사람이다'라고 말이다. 남들이 당신을 존중하고 진지하게 대해 주기를 바란다면 면접에 응시할 때 상대의 믿음을 얻을 수 있는 사람처럼 행동해야 한다. 면접을 하기 전에 그런 행동을 하는 자신을 머릿속에 떠올리면서 꾸준히 연습하면 좋은 결과를 얻을 수 있다.

혹여 면접 이미지메이킹을 단지 외적인 용모를 예쁘게 잘 가꾸는 것으로만 잘못 생각할 수도 있다. 그러나 일반 대기업의 인사담당자들은 "첫인상이 당락의 50%를 결정한다."고 말하고 있고, 첫인상을 외모, 표정, 제스처 80%, 목소리 톤, 말하는 방법 13%, 인격적인 면 7%로 평가한다고 했다. 따라서 밝고 호감 가는 표정, 단정한 용모·복장, 조리 있는 답변 등으로 온화하면서도 성실한 인상을 주는 것이 중요하다. 즉 용모에 있어서는 전체적으로 호감 가는 조화로움이며, 그 용모보다 더 중요하게 여기는 것은 기본적으로 서비스직에 부합하는 인성과 매너를 지녔느냐 하는 것이다. 준비된 이미지야말로 준비된 성공이라는 것을 기억하라.

면접관의 평가항목

당신은 승무원의 가능성을 갖추고 있는가?

- 용모
  * 호감 가는 인상(친근감 있고 부드러움. 밝고 자연스러운 미소)
  * 단정한 옷차림
  * 승무원다운 깔끔한 용모(정돈된 hair-do, make-up 등 appearance)
  * 승무원 복장에 어울리는 체격
  * 건강함과 전체적인 조화로움

- 태도
  * 바른 자세와 태도(걸음걸이와 시선, 손동작 등)
  * 전체적으로 진중한 자세

- 표현력
  * 부드러운 말투   * 정확한 발음과 끝맺음
  * 적절한 단어 선택   * 질문에 대한 이해력
  * 간결하고 정확한 표현과 논리성
  * 또렷한 목소리
  * 지식교양 정도

- 성격
  * 명랑함, 쾌활함   * 성실과 근면성
  * 어려움을 극복할 인내력, 자제력
  * 적극성, 창의성

- 성숙도/판단력
  * 침착성   * 안정감, 편안함
  * 신뢰성   * 빠른 지각과 사고력
  * 기민성

- 의욕과 열정
  * 입사의지와 의욕   * 적극성, 진취성, 추진력
  * 책임감, 관심도   * 발전가능성

- 기타
  * 직무관련 자격 및 경력(경험)
  * 단체협조성/조직적응성/사회성/봉사성
  * 리더십

⑤ 인터뷰를 철저히 준비하라

당신의 인터뷰가 실패했다면 혹시 아무 준비 없이 지원한 것은 아닌지 반성할 필요가 있다. 어려운 질문에 대한 대답을 미리 준비해서 익숙하게 하고 당신의 자질과 능력을 입증할 실제 사례를 준비하도록 한다. 당신이 침착하고 여유있게 실력을 발휘할 수 있는 단 한 가지 방법은 치밀하게 준비하는 것이다.

▪ 예상질문을 반복연습하라

면접이 채용에서 차지하는 비중이 높아지고 있는 가운데, 승무원 면접 시 주요 질문들은 자기소개, 지원동기, 대학생활, 가치관, 지원회사관련 지식, 시사상식, 신상과 가족관계 등이 주를 이루었다. 특히 문제해결능력, 인간관계, 논리적 사고, 자신감 등을 중심으로 한 자신의 의견을 명확히 전달하는 언어구사력이 매우 중요한 결정사항으로 작용한다.

면접 시 자주 등장하는 예상질문들에 대해서는 미리 정리해 두는 것이 좋다. 질문들은 대개 우리 회사에 대해 얼마나 아는가, 어떻게 지원하게 됐는가, 취미/특기 또는 가장 최근에 읽은 책은 무엇인가, 일과 후 주로 무엇을 하는가 등이다. 최근 사회적 이슈에 대한 의견을 물을지도 모른다. 이런 경우는 자기주장을 제대로 전달할 줄 아는지를 평가한다. 향후 관리자로서의 역량을 고려하여 설득력, 리더십 유무 등을 평가하기도 한다.

면접 예상질문은 눈으로 보고 그냥 생각만 해보지 말고, 면접관들 앞에서 얘기한다고 생각하면서 크게 소리내어 말해 보는 연습을 하는 것이 좋다.

▪ 스트레스 면접에도 대비하라

요즘에는 면접형식들이 다양하고, 회사차원에서 면접관들의 교육을 통해 다양한 면접기법들을 활용하고 있다. 그중에서 많이 활용되는 것이 '압박면접'이라고 하는 스트레스 면접이다. 대답하기 어려운 스트레스성 질문을 통해 지원자의 불쾌한 감정을 유발하고 긴장상태로 몰아넣어 어떻게 대처하는지를 관찰하려는 평가방법이다. 면접관이 응시자의 약점을 지적하기도

하고, 연이은 질문으로 당황스럽게 하기도 한다. 즉 "어학실력이 좋지 않네요?", "인상이 차다는 말 듣지 않나요?" 이런 경우 보통 당황하고 마음이 상해서 얼굴부터 붉어져 면접을 지레 포기하거나 본의 아니게 공격적인 대답을 할 수도 있을 것이다.

면접에서의 이러한 질문은 응시자에게 면박을 주기 위한 것이 아니라 평가를 위한 의도적인 것이다. 즉, 승무원으로 입사하여 기내에서 다양한 승객을 응대하며 이와 비슷한 곤란한 경우를 당했을 경우 어떻게 대처하는지 지원자의 자제력과 판단력, 순발력이나 위기대처능력을 보기 위한 것이다. 이때는 '정답'이 없는 만큼 당황하지 말고 질문 의도를 파악하여 간단, 명료하게 자신의 생각을 말하면 된다.

압박면접은 일부러 하는 것이므로 자제력을 잃고 감정적으로 흔들리면 절대 안 된다. 끝까지 냉정을 유지하고, 논리적이고 일관성 있게 말하며 상황에 휘말리지 않도록 한다. 혹시 면접관이 화를 내는 경우도 있으나 절대로 당황할 필요가 없다(절대로 눈물을 보이면 안 된다).

자신 있게 자신의 생각을 제시해야 하며, 말머리나 말꼬리를 흐리는 행동은 금물이다. 논리적이지 않다면 지나치게 말이 길어져 횡설수설하는 느낌을 줄 수 있기 때문에 어려울수록 간단 명료하게 답변하도록 한다.

스트레스 면접에 대해서는 위축되지 말고 여유 있는 모습으로 대처하라.

지적받은 부분에 대해 자신이 설명할 내용이 있다면 하고, 더욱 보완하기 위해 지금 본인이 어떠한 노력을 하고 있는지를 이야기하면 된다. 사람은 누구나 단점이 있기 마련이다. 단점을 알고만 있는 사람보다는 단점을 알고 고치려고 노력하는 사람을 기업에서는 원할 것이다.

합격하는 사람은 '실수를 덜 하고 준비된 사람'이다. 더 중요한 것은 '끝까지 침착함을 유지하라'는 것이다. 답변내용이 부족하더라도 그 과정을 침착하게 잘 이겨나가야 한다. 실수하더라도 중대한 일이 아니면 만회가 된다. 하지만 면접 중에 실수했다고 당황하기 시작하면, 나중에는 면접관의 질문을 이해조차 못 하고 횡설수설하게 될 것이다.

국내항공사의 경우 보통 두 번에 걸쳐 면접을 실시하며 3차 면접을 실시하는 항공사도 있다. 1차 면접인 실무면접은 screening 면접으로 승무원의 기본 요건을 충족하고 있는지를 파악하기 위한 면접이고, 항공사에 따라 동영상을 촬영하여 제출하는 영상면접으로 진행하기도 한다. 2차 면접은 selection 면접으로 필요한 사람을 선발하기 위한 면접으로 진행되는 경우가 많다.

1차 면접에서는 그 회사의 지원요건을 잘 파악하여 혹시라도 그에 미치지 못하는 부분이 없도록 해야 하며, 2차 면접 시에는 보다 구체적인 가능성, 가치관 등을 파악하려고 하므로 좀 더 깊이 있는 질문과 답변으로 이루어질 것이다.

① 1차 면접

1차 면접 시에는 실무자급의 면접관이 지원자의 실무능력 및 업무적합도 등을 검토하는 과정으로서 지원자의 입사의지, 서비스마인드를 심층면접을 통해 파악한다. 주로 직무적합도를 판단하는 과정으로서 건강해 보이는지, 편안한 인상인지를 비롯하여, 자세와 말투, 말씨 등을 본다. 그러므로 이를 위해서 다양한 어휘구사를 할 수 있도록 평소 책을 많이 읽고 지적 자산을 충분히 쌓아놓도록 한다. 1차 면접은 수많은 지원자들 중에서 자신을 어떻게 어필하느냐가 관건이다. 그렇다고 너무 튀어서 기억에 남기는 것이 아니라 자신이 그 주어진 면접 시간 안에 얼마나 남들보다 1% 더 최선을 다해 준비한 것을 보여주고 또 그것이 면접관에게 와닿느냐 하는 점이 포인트이다.

② 2차 면접

2차 면접은 대개 회사의 임원진들이 면접관이 된다. 여기서는 지원자의 회사 인재상과의 적합도, 인생관, 태도 등 인성을 중점적으로 평가하는 과정이라고 할 수 있다.

그만큼 오랫동안 기존의 승무원들을 보아온 시각에 맞추려면 더욱 까다롭고 어려울 수밖에 없을 것이다. 면접관들은 그동안 수천, 수만 명의 승무원들을 선발한 프로인 만큼 자신도 그에 맞춰 프로가 되지 않으면 안 된다는 마음가짐으로 임한다. '면접관들이 곧 승객이다', '내가 승무원이다'란 생각을 가지고 어떻게 하면 승객(면접관)들을 편안한 분위기로 이끌 수 있을까를 생각한다.

1차 면접 때와 달리 공통적으로 주어지는 질문보다는 개개인의 전공, 경력, 경험, 신체조건 등을 놓고 개별적으로 주어지는 돌발 질문들이 많으며 답변에 대한 연결된 질문들도 많다. 본인의 이력과 조건 등에 대해 주어질 수 있는 예상 질문을 선별해 놓고 대답을 준비해 두면 도움이 될 것이다.

중요한 것은, 똑같이 좋은 이미지를 가진 수백 명의 응시자 중에서 '면접관을 사로잡을 만한' 세련된 용모와 안정된 스피치, 성숙한 표현력, 그리고 당황스런 상황에서도 능숙하게 대처하는 센스 등 프로승무원다운 서비스마인드와 자질을 보여주는 것이다.

유니폼을 착용한 상태에서 보는 면접인 경우 그에 적합한 Appearance는 기본이다(유니폼과 어울리는 자연스런 화장, 승무원 규정에 맞는 헤어스타일 등). 유니폼을 착용하는 경우 면접관들은 기존의 승무원을 보는 시각으로 더욱 냉철하게 판단하게 되는 만큼 자신이 승무원이라는 생각을 갖고 프로다운 마인드와 태도를 가지고 면접에 임해야 한다.

① 용모 복장은 깔끔한 인상이 핵심 포인트

면접에서는 무엇보다 첫인상, 즉 이미지가 중요하므로 지나치게 화려하거나 개성이 강한 스타일은 피하고 깔끔하면서 단정한 이미지를 연출하도록 한다.

면접관들은 깔끔하고 정돈된 이미지를 가진 용모단정하며 침착하고 안정된 모습의 사람에게 호감을 갖는다. 거기에 세련미까지 갖췄다면 더할 나위 없다.

최근 국내항공사의 경우 기본적인 사항을 제시하거나, 정해진 규정 없이 자유로운 색상과 형태의 복장으로 면접을 보도록 하는 경우도 있다. 이런 경우는 자신의 감각이 잘 표현될 수 있도록 입되 면접인 만큼 격식 있는 차림을 갖추는 것이 바람직하다.

중요한 포인트는 '밝고 청결하고 친근감 있는 복장'이 생동감 있고, 신뢰감 넘치는 인상을 줄 것이다.

정장을 입을 시 색상은 차분한 회색 또는 화사한 베이지, 검은색 등이 좋다. 이러한 색상이 전체적으로 안정감을 주되 얼굴을 돋보이게 할 수 있기 때문이다. 복잡한 장식보다는 심플한 라인의 정장이 세련되어 보이기 때문에 옷 전체에 들어가는 색상이 세 가지 색 이내가 되도록 한다. 또한 붉은색, 진한 핑크 등은 본인에게 어울린다고 해도 면접용으로는 화려한 인상을 주게 되므로 바람직하지 않다. 옷만 눈에 띄고 정작 보여야 할 응시자의 인상이 흐리게 되면 아무 의미가 없기 때문이다.

또한 어떤 옷을 입느냐도 중요하지만 잘 다려진 옷, 깨끗하게 손질된 옷을 입는 것도 중요하다. 비, 바람이 심한 궂은 날씨나 거리가 먼 면접장소라면 구겨지지 않도록 잘 다려 별도로 준비해서 갈아입는 것이 좋다.

복장에 관해 생각해 두어야 할 것은 정장뿐만 아니라, 신발, 구두, 액세서리와의 조화이다. 일반적으로 무난한 색상의 스타킹과 요란한 장식이 없는 구두를 신는 것이 무난하다. 면접에서는 필요 이상으로 장식할 필요는 전혀 없으므로 액세서리 등은 될 수 있는 한 삼가는 것이 좋으며, 시계는 착용하도록 한다.

구두는 하이힐이나 뒤축이 없는 스타일보다 굽이 적당하고(5~7cm 정도) 심플한 디자인의 플레인 스타일이 무난하다. 또한 의상과 어울리는 소재와 색상을 선택한다.

갖고 있는 옷이나 신발 등이 없을 때에는 새로 구입하게 되는데 구입 후 반드시 몇 번 신어보고 몸에 익혀두도록 한다. 소매 끝이 딱딱해서 마음에 걸린다든지, 신발 끝이 살에 닿아서 발가락이 아프다든지 입고 신은 상태에 따라 알 수 없는 불편함이 있게 되므로 사전에 예방하는 것이 좋다. 옷이나 신발이 불편하여 시험에 집중하지 못한다면 곤란한 일이므로 입고 있는 옷은 잊어버릴 정도로 몸에 익혀 놓는 것이 좋다. 또한 뒷모습을 고려해 구두 뒤까지 깨끗하게 닦아 놓는다.

② 최종 체크리스트

Part 3 Chapter 6의 서비스매너 훈련의 Hair-do, Make-up 부분을 참조하여 다음 사항을 최종점검한다.

❶ 화장

• 자연스럽고 밝으며, 메이크업 컬러가 조화로운가?

• 건강미가 표현되어 있는가?

• 옷이나 유니폼에 잘 어울리는가?

❷ 머리

• 앞, 옆의 머리카락이 얼굴을 가리지 않는가(인사하고 고개를 들었을 때 흐트러짐이 없는가)?

• 단정하고 깨끗하게 정리되어 있는가?

• 헤어 스프레이나 무스를 지나치게 사용하여 번들거리지는 않는가?

❸ 손

• 손이 거칠지 않고 윤기가 흐르는가?

• 손톱의 길이가 적당한가?

• 매니큐어 색상은 적절하며 벗겨지지 않고 잘 유지되어 있는가?

❹ 상의

• 속옷이 비치지는 않는가?

• 눈에 너무 띄는 디자인이나 색상, 소재는 아닌가?

• 다림질 상태는 양호한가?

• 어깨와 소매, 단추 등은 흐트러져 있지 않은가?

❺ 스커트

• 너무 꽉 맞지 않는가?

• 다림질이 제대로 되어 있는가?

• 단은 터진 곳 없이 잘 정돈되어 있는가?

• 스커트 길이는 적당한가?

❻ 스타킹

• 의상과 어울리는 소재나 무늬인가(색상이 화려하거나 요란하지 않은가)?

• 올이 풀리지 않았는가?

❼ 구두

• 광택이 있거나 화려한 색, 지나치게 유행을 따른 디자인은 아닌가?

• 잘 닦아 청결한 상태인가? (굽이 너무 닳지 않았는가?)

❽ 액세서리

• 면접의상(정장)에 적합한가?

• 지나치게 대담한 디자인은 아닌가?

• 반지, 팔찌 등 액세서리를 너무 많이 착용하고 있지는 않은가?

- 면접 시 이력서에 있는 내용을 기초로 질문할 것에 대비하여 제출된 이력서나 자기소개서의 내용을 미리 충분히 숙지한다.

- 회사에 대한 정보를 충분히 수집한다. 최소한 회사의 홈페이지 웹사이트, 최신 뉴스기사 등은 꼭 읽어본다.

- 정확한 면접장소와 시간, 교통 편과 소요시간을 확인한다.
  - 시간에 늦지 않기 위해서는 위치를 정확하게 파악하고 미리 교통 편을 확인해 둔다.
  - 만일 면접장소를 잘 모른다면 직접 한번 가보거나, 가는 방법(교통 편, 소요시간)을 분명하게 알아두도록 한다.
  - 교통체증에 대비하여 가급적 대중교통 편을 알아두도록 한다.

- 소지품은 미리 점검하여 준비해 둔다.

- 충분한 수면으로 안정감을 유지하고 첫출발에 대한 신선한 마음가짐으로 임한다.

✈ 면접 D-day

◎ 면접시간에 절대 늦지 마라

면접장소에 여유있게 도착하여 그 장소의 분위기에 적응하고 마음을 안정시키는 것이 중요하다(면접장소와 위치, 출발지에서부터의 소요시간 등 교통이 막힐 것을 충분히 감안해 당일 일찍 출발하도록 한다).

그리고 건물의 몇 층, 어느 부서, 누구를 찾아갈지를 정확하게 확인해야 헤매지 않는다.

◎ 조간뉴스를 읽는다

"오늘 조간신문에서 가장 인상에 남았던 뉴스는?" 그런 간단한 질문에도 대답하지 못한다면, 안정된 상태에서 조리 있게 말할 수 있는 희망은 사라진다고 봐야 한다. 그날의 헤드라인 뉴스가 질문 대상에 오를 수 있다. 특히 경제면, 정치면, 문화면 등을 유의해서 보아둘 필요가 있다. 혹시 응시하는 회사와 관련된 중대뉴스가 실려 있을지도 모르는 일이다. 또는 직접적인 관계는 없지만 자기소개나 지망동기를 말할 때, 어떤 자료가 될 만한 기사를 얻게 될지도 모르는 일이다.

◎ 면접 당일 준비해야 할 사항

수험표와 신분증, 필기도구는 기본이다. 손수건과 휴대용 휴지, 그리고 머리빗, 여성의 경우 간단한 메이크업 도구와 여분의 스타킹 등을 잊지 말고 챙기도록 한다. 이미 제출한 서류의 내용도 확인한다.

• 사진(여분), 수험표	• 정전기 스프레이
• 필기도구(연필, 지우개, 흑색볼펜)	• 우천 대비 우산
• 손수건, 티슈	• 젤, 헤어스프레이, 실핀
• 지갑(잔돈), 휴대폰	• 신발케어 세트
• 화장도구, 향수, 손거울	• 생리용품
• 콘택트렌즈케어 물품	• 비스킷, 초콜릿, 껌 등 간식
• 스타킹	• 제출한 이력서와 자기소개서
• 바늘, 반짇고리, 안전핀	

① 면접장소에 도착해서 면접대기실까지

면접 당일 지정시간 30분 전에 면접장에 도착하는 것은 사회인으로서의 상식이다.

회사건물을 향해 걷기 시작한 순간부터 이미 면접은 시작되고 있다고 생각하라. 건물에 출입하는 직원들을 보고 어깨를 당당히 펴고 자신도 그 속의 우수한 사원인 것처럼 자기암시를 걸어보라.

주위 환경을 눈여겨보며 그 회사의 정보와 분위기를 익혀두는 것도 좋다. 면접 보는 데만 신경 쓰지 말고 자신이 면접 보러 온 회사가 마음에 드는지 먼저 살펴보도록 하라. 회사 이곳저곳을 둘러보고 직원들의 표정은 어떠한지, 일하는 분위기는 어떠한지, 많은 정보를 얻어가는 편이 좋다. 안내 데스크의 직원과 만났을 때, 엘리베이터, 계단을 이용할 때, 회사직원 및 관계자들에게 가볍게 눈인사를 나누거나 목례를 한다(긴장을 줄일 수 있다).

최근 회사 내 캠페인이라든가 신규 취항노선에 대한 안내, 그리고 사내 활동에 대한 안내 등을 주의해서 봐둔다. 면접장소에서 "회사에 들어오면서 어땠는가? 눈에 띈 점은?" 하는 질문에 아무 대답도 못하고 있다면 주위에 무관심하고 센스 없는 사람으로 보일 것이다. 반대로 이때 회사건물에 들어오면서 궁금하게 생각했던 것이나 관심을 가졌던 것 등을 면접 후반에 이야기할 수도 있어, 적극적인 인상을 줄 수 있을 것이다.

■ **본격적인 면접은 이미 대기실에서부터 시작이다**

대기실에서는 인사담당자의 안내에 따르고 차분히 기다린다. 혹여 나름대로 긴장을 풀기 위해 주위 사람과 잡담을 길게 하거나 여기저기 휴대폰으로 통화를 하는 것은 좋지 않다. 대기실에서부터 나의 첫인상이 결정되었다고 해도 과언이 아니다.

특히 로비나 엘리베이터 등에서는 잡담을 하지 않도록 하고 협소한 공간에서는 특히 정숙하라. 자신이 그 회사에 지원하러 온 사람임을 잊지 말고 행동과 말에 주의하는 것이 필요하다.

면접은 면접순서를 기다릴 때의 태도부터 시작해서 면접을 마치고 나가는 태도, 말씨와 행동, 타인에 대한 배려 등을 종합해서 평가하게 된다.

■ **대기 중 모습도 당락에 영향을 미친다**

흔히 면접은 면접장소에서만 평가되는 것으로 알고 있지만, 절대 그렇지 않다.

면접 전에 인사담당 직원들이 알려주는 행동요령을 막상 면접장에 들어가서 잊어버리고 당황하는 경우가 있다. 면접에 앞서 요령을 미리 숙지하고 한두 번 미리 연습해 두도록 한다.

- 같은 조의 사람이라면 간단한 인사나 대화를 하며 긴장을 풀 수 있다. 함께 입장할 사람들과 친숙함을 느끼게 되면 면접장에서 옆 사람과의 친분을 생각하며 안정될 수 있을 것이다(면접분위기도 매우 중요하다).
- 대기실에서는 침착하고 바른 자세로 기다리며 자주 왔다갔다 하거나 옆 사람과의 잡담, 휴대폰 통화는 하지 않도록 한다.
- 기다리는 동안 지원동기 그리고 기본적인 사항들을 침착하게 정리하고 예상되는 질문에 관해 마음속으로 그 대답을 생각해 보도록 한다.
- 자기 차례가 가까워지면 옷매무시를 가다듬고 얼굴이 굳어지지 않도록 마음

을 가라앉히고 긴장을 푼다(Make-up은 미리 고치도록 한다).

- 최종점검을 하는 순간 입과 눈, 전신근육 이완동작을 취한다(이때 치아에 립스틱이 묻어 있는지, 블라우스가 밖으로 나오지 않았는지, 머리가 단정한지, 얼굴이 번들거리지 않은지 등을 점검하라).
- 목소리가 잠기지 않았는지 작게 소리 내어 보는 것도 좋다.

③ 면접장에 들어갈 때

- 안내자가 없고 문이 닫혀 있을 때에는 상대에게 소리가 들릴 수 있도록 노크를 두 번 한 후 대답을 듣고 나서 들어간다.
- 문을 여는 순간 호흡을 가다듬어 긴장을 풀도록 한다(문을 여닫을 때는 조용히 신속하게 행동한다).
- 면접장에 들어갈 때는, 우선 자신감 있고 당당하게 가슴을 편다. 앞사람과 일정 거리를 두고 앞사람의 뒷머리를 보며 미소 지으며 바르게 걸어서 차렷 자세로 선다.
- 면접장에 발을 들여놓는 순간 면접관을 보며 가볍게 목례 또는 눈인사와 함께 가장 밝은 미소를 짓도록 한다. 이때 가능한 한 면접관에게 자신의 등을 보이지 않는 것이 좋다(첫인상이 매우 중요하다!).
- 바른 자세로 인사한 후, 모든 면접관과 눈을 고루 맞춘다.

④ 의자에 앉을 때

- 의자가 있을 경우 앉으라고 할 때까지는 그대로 서 있는다. 의자에 앉았을 때의 자세에 유의하여 허리, 가슴은 곧게 펴고 의자 깊숙이 들어앉는다. 무릎을 모아 다리를 의자 앞으로 당겨 바르게 세우고, 양손은 무릎 위에 가지런히 얹는다(Part 3 Chapter 6 서비스매너 훈련 참조).

⑤ 자기소개 및 질의 응답

- 전체적으로 "안녕하십니까?" 하고 인사를 할 때 면접관을 보고 밝은 미소, 온화한 느낌으로 미소를 짓는다.

- 자신이 호명되어 질문을 받을 때는 질문한 면접관을 보며 "네."라는 또렷한 대답과 함께 미소 지으며 응한다(지적이고 상쾌하게 자신감과 의욕을 담아 지금까지 당신의 모든 노력을 한 음절에 담아서 말이다).

- 자기소개는 비로소 나에 대한 본격적인 소개의 시작이다. 이때 면접관과 시선교환을 잊지 않는다(면접관의 시선을 피하면 안 된다).

- 자기소개를 하는 동안은 면접관을 바라보고 골고루 Eye Contact하며 미소를 지으며 침착하게 이야기한다. 이때 허공이나 땅을 보지 않도록 유의한다(미소를 유지함으로써 커뮤니케이션이 잘 이루어지고 있다는 것을 나타낸다).

- 자신을 나타낼 수 있는 지원서 내용과 들려오는 당신의 목소리, 면접장에 들어오는 태도, 인사하는 법, 앉은 자세, 말하는 법 등을 통해 인사담당자는 아주 세세한 부분부터 당신에 대한 점수를 매기게 될 것이다. 좋은 첫인상은 친밀감과 동시에 신뢰가 느껴지는 당신의 정돈된 행동에서 시작된다.

- 첫 번째 답변자라면 처음 목소리는 의식적으로 높이를 낮게 시작한다(이는 첫음을 너무 크지 않게 내라는 의미이지 절대 들리지 않을 정도의 낮은 음을 말하는 것이 아니다). 조용한 실내에서 갑자기 유리가 깨지는 듯한 큰 소리는 바람직하지 않다.

- 질문에 대한 답변 시 생각은 짧게 하고, 바로 답변하도록 한다. 만약 잘 모르는 내용은 바로 "죄송합니다. 준비를 못 해서(너무 긴장이 되어서) 잘 모르겠습니다."고 말해 시간을 끌지 않도록 한다.

- 답변할 때에는 정확한 발음과 적당한 음량으로 또박또박 간략하게 답변한다.

- 면접관의 반응에 따라 답변 속도를 조절하여 말한다.

- 면접관이 답변 내용에 대해 의문을 제시하면 "네, 그렇게 보셨습니까?", "지적해 주셔서 감사합니다."라고 한다. 당황한 기색이 역력하여 머리를 긁적이거나 혀를 내밀면 안 된다.

- 다른 면접자가 답변하는 동안은 다른 사람의 말도 잘 경청하도록 하며 혹여 다른 응시자를 빤히 쳐다보거나 무표정하게 서 있지 않도록 주의한다. 나만이 잘난 듯한 인상을 주지 않고 분위기에 잘 융화하는지, 즉 농담이나 상대방의 답변을 잘 듣고 있는지도 평가의 내용이 된다.
- 시종 침착하면서도 밝은 표정으로 예의를 지키며 때로는 부담스러운 질문을 받더라도 우물쭈물하지 않고 당당한 자신감을 보인다.
- 질문에 대해서는 논리적인 대답을 한다. 일단 질문에 대한 답이 다소 빈약하더라도 당당히 이야기한다. 또한 자신이 하고자 하는 말을 분명하게 말하지 못하는 우를 범해서는 안 된다.
- 면접 중에는 서 있을 때 등이 굽어 있는지, 다리가 벌어지거나 흔들거리고 있는지, 손을 만지작거리는지, 얼굴이 굳어 있는지 등이 항상 평가되고 있음을 기억하라.

⑥ 면접이 끝났을 때

- 면접관이 "수고하셨습니다."라고 말했을 때 가볍게 눈인사와 함께 미소 지으며 목례를 한다(전체 인사를 실시하는 경우는 진행에 따른다).
- 면접이 끝나고 일어서서 "감사합니다."라고 마지막 인사를 할 때 더욱 밝고 활기차게 미소를 지으며 정중하게 최선을 다해 인사한다. 대부분의 응시자들은 인사가 면접의 끝이라고 생각하지만 면접이 끝났더라도 면접장을 나설 때까지 긴장을 풀어서는 안 된다.
- 맨 마지막으로 나가게 된다면 당당한 자세로 문 앞까지 간 뒤 돌아서서 다시 목례를 한 후, 조용히 문을 닫고 나간다. 면접관은 수험생이 일어서서 나가기까지의 일거수일투족을 관찰하고 있음을 잊지 말아야 한다.

⑦ 면접장을 나갈 때

- 끝까지 흐트러지지 않은 자세로 질서 있게 걸어나간다.
- 가급적이면 문을 열고 나갈 때에도 뒷모습이 보이지 않도록 주의한다.
- 문을 여닫을 때 소리가 크게 나지 않도록 주의한다.
- 문을 닫고 나가자마자 긴장이 풀어져서 크게 한숨소리를 내거나 다른 응시자와 큰 소리로 이야기하지 않도록 한다.

긴장은 면접실패의 지름길이다

누구나 면접에 임하는 상황에서는 긴장하게 마련이지만 지나친 긴장은 곧 면접실패의 지름길이다. 면접에서 실패하는 원인으로는 지나친 긴장감으로 인한 침착성의 상실, 자신감의 결여, 애매한 대답, 지나치게 말을 많이 하는 것, 언어적, 비언어적 표현의 실수 등을 들 수 있다. 하지만 자신의 결점을 알고 이것을 어떻게 극복할 것인가를 생각해 두고 준비한다면 면접을 원만히 치를 수 있을 것이다. 긴장하지 않도록 자신을 컨트롤하는 능력을 키우는 것도 성공적인 면접 준비이다.

인터뷰는 모든 사람에게 초조함을 느끼게 하는 과정이지만 심각하게 인터뷰의 진행을 방해할 정도가 되면 안 된다. 면접관들은 당신이 질문에 제대로 답변하지 못하는 이유가 당신이 긴장해서라고 생각하지 않고 표현능력 부족이라고 생각한다. 면접관은 인터뷰 외에는 당신을 알 수 있는 방법이 없다.

면접장소에 들어가면 너무 위축되지 말고 평소 이야기하던 대로 자연스럽고 자신감 있게 대처하는 것이 중요하다. 인사담당자들은 면접을 잘하는 요령을 한마디로 "솔직하고 적극적으로 자신감 있게 대답하는 것"이라고 말한다.

응시자가 자신의 단점을 감추려 애써도 금방 드러나게 되고, 또 대답을 잘하려는 의욕이 너무 앞서면 오히려 자연스럽지 못하고 경직돼 보여서 손해다. 예측불허의 질문을 받았을 경우에도 자신의 여러 가지 경험을 되살려 성실하고 자연스럽게 대답하면 높은 점수를 얻을 수 있다는 게 전문가들의 조언이다. 면접을 보기 전 해당기업에 먼저 입사한 선배들에게 조언을 구하거나 미리 충분한 연습을 통해 자신감을 기르는 것도 좋은 방법이다.

일반적으로 항공사 면접은 면접위원 몇 명이 배석한 가운데 여러 명의 수험생이 면접받는 방식이다. 이 방법은 면접위원으로서는 응시자 개개인을 관찰할 수 있는 시간이 많고 또 여러 명을 동시에 비교하여 평가할 수 있다는 이점이 있다. 응시자의 입장에서는 개별면접에 비해 긴장감이 다소 적은 대신 경쟁자들과 즉시 비교될 수 있다는 점에 유의해야 한다. 그러므로 집단면접에서는 평소 다른 사람 앞에서 밝은 표정으로 자신의 의견을 조리 있게 발표할 수 있는 능력을 갖춘 사람이 유리하다.

한 번쯤 면접관의 입장에 서보라. 내가 면접관이라면 응시자인 나의 어떤 모습을 관찰할 것이며, 어떤 질문을 던질 것인가? 바로 그 해답이 내가 면접장에 섰을 때 나에게 주어지는 질문이 될 것이다. 예상 가능한 질문들을 준비해 놓고 틈틈이 답변내용에 대해 생각해 본다면 실제 면접장에서 큰 떨림 없이 답변할 수 있을 것이다.

■ 심리와 신체를 이용하여 긴장을 줄이도록 한다

면접은 분명히 긴장도가 높아지는 상황이므로 무엇보다 자신감을 갖는 것이 중요하다. 그러기 위해서는 면접 하루 이틀 전에 거울(반드시 전신거울) 앞에서 리허설을 해보라. 그리고 머릿속에 계속해서 자신이 면접을 멋지게 보는 상황을 구체적으로, 생생하게 처음부터 끝까지 그려보아라.

누구나 면접에 임하기 전에는 면접에 대한 심리적 부담과 실수하지 않고 잘해야 한다는 생각으로 불안, 초조, 긴장이 고조된다. 그러나 지나친 긴장은 오히려 실수를 야기해 마이너스가 되므로 자신이 적절히 컨트롤해야 한다. 이러한 심리적 갈등을 어떻게 극복하느냐에 따라 면접의 성패가 좌우되므로 심리적 안정감은 무엇보다 중요하다. 심리적 안정감을 갖고 당당하고 자신 있게 말할 수 있어야 자신의 강점을 최대한 드러낼 수 있다.

- 우선 시간의 여유는 마음의 여유이므로 교통상황을 감안하여 충분히 여유 있게 면접시간 전에 도착한다. 면접 전에 허둥대면, 막상 면접 시에 정리된 생각이 나오기 힘들고 더더욱 긴장하게 된다.
- 심리적 안정감을 위해 숨을 깊게 들이쉬고 몸을 느슨하게 한 뒤 공기를 천천히 내보내도록 한다.
- 얼굴근육을 풀어서 유연성을 기른다.

- 몸의 근육 전체를 탄탄하게 조인 다음 천천히 이완시킨다. 발, 다리부터 신체 각 부분을 하나씩 조이고 풀어보도록 한다.
- 면접장에 들어가기 직전 대기 시에 편안한 자세를 취하고 심호흡을 하는 것도 좋다. 그래도 계속 긴장되면 솔직하게 그것을 면접관들에게 말로 표현해 보라. "제가 긴장을 많이 해서 답변이 좀 논리정연하지 못한 것 같습니다." (이렇게 말할 수 있다면 긴장이 풀리게 될 것이다.)

면접관들도 면접이 긴장되는 상황인 줄 알고 있으므로 당신이 긴장하고 있는 부분에 대해서는 어느 정도 이해하는 면도 있을 것이다.

첫인상이 결정한다

승무원이란 직업은 승객과 끊임없이 의사소통해야 하는 직업이며, 의사소통은 결국 자기표현에 강해야 잘할 수 있는 것이다.

승무원 면접에 있어 첫인상은 당락의 결정요인이라고 할 수 있을 정도로 중요하다. 면접관들은 통상 첫눈에 입사지원자의 자신감 여부를 구분한다. 면접관들이 가장 좋아하는 인상은 얼굴에 생기가 있고 눈동자가 살아 있는 사람, 즉 기가 살아 있는 사람이다. 또한 외형적 요소가 중요시되어 표정과 복장이 첫인상을 좌우한다. 밝은 인상, 단정하고 청결한 복장, 바른 자세, 건강하고 신선한 이미지를 나타내야 한다.

여기에 말하는 내용은 물론이고 화법까지도 그 평가의 대상이 됨을 잊지 말아야 한다. 말할 때의 표정은 첫인상을 좋게 하는 포인트이므로 일상생활을 통하여 늘 사람을 대하는 순간을 면접이라 생각하고 반복적인 표정관리를 해야 한다. 말하는 요령은 먼저 결론부터 명확하게 답변하고 필요시 설명과 이유를 덧붙이면 좋다.

짧은 시간의 질문과 응답을 통하여 자신의 자질과 능력이 평가되므로 동작이나 표정 속에 서비스마인드의 입체적 표현이 중요하다. 자연스러운 이미지 연출이 그리 쉬운 일이 아닌 만큼 초조함이나 두려움을 떨쳐버리고 밝고 명랑하게 자신감을 갖고 적극적으로 면접에 응해야 할 것이다.

실제 조사결과로 취업 면접 시 기업의 인사담당자들에게 남기는 구직자들의 첫인상이 합격여부에 변수로 작용하는 것으로 조사된 바 있다. 상당수가 '사원 선발 시 지원자의 인상을 채용기준의 하나로 고려한다', '인상 때문에 지원자에게 감점을 준 적이 있다'고 답해 구직자들의 첫인상이 합격여부에 적지 않은 영향을 주는 것으로 나타났다.

▪ 자신감 있게 걸어라

면접장소에서 보디랭귀지만큼이나 중요하게 작용하는 것이 면접장소에 들어가고 나갈 때의 걸음걸이이다. 사람마다 걸음걸이는 모두 다르지만 어깨를 구부정하게 굽히고 처진 듯한 걸음을 걷는 사람은 결코 어느 곳에서도 좋은 평가를 받기는 힘들 것이다. 평소에 걷는 대로 자연스럽게 바른 자세로 걸으면 된다. 자신감 있고 매력적인 걸음걸이를 위해서는 평소의 연습이 필요하다.

안내자의 안내를 받아 면접장에 들어가면 머뭇거리거나 주저하지 말아야 하며, 면접장소의 문을 통과할 때도 평소와 같은 속도로 면접관을 향해 똑바로 자신감 있고 당당하게 걷는다. 앞사람과 뒷사람과의 간격을 적당히 맞추어 걸으며 시선은 정면을 본다. 걸으면서 바닥을 본다든지, 한 손이 자꾸 머리에 올라간다든지, 두리번거리며 고개를 흔드는 모습 등은 삼가야 한다.

▪ 스마일~ 스마일~ 스마일~

표정은 사람의 첫인상을 결정하는 데 매우 중요한 요소이다. 실제로 면접에 들어가서 나올 때까지 진지하면서도 시종 생기 넘치는 미소(smile) 띤 밝은 표정으로 웃는 얼굴을 계속 유지하는 것이 중요하다. 면접을 마치고 자신이 웃지 않았다고 생각된다면 좋은 결과를 기대하기 힘들 것이다.

눈을 약간 크게 뜨고 입 주위를 긴장시켜 보아라.

긴장을 늦추지 않는 탄탄하고 늠름한 자세로 웃음을 보이는 것이 중요하나 긴장된 표정만이 아니라 부드러운 표정을 지을 수 있어야 한다.

당신이라면 다음에 나오는 표정들 중 누구를 택하겠는가?

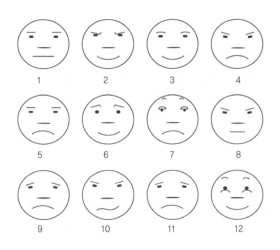

■ 면접관과 눈을 마주쳐라

표정만큼 중요한 것이 시선이다. 눈을 마주치는 것은 당신의 자신감과 집중력을 나타낸다. 고개를 밑으로 떨구고 있거나 눈을 이리저리 움직이며 상대방을 똑바로 바라보지 못하면, 자신감이 없고 성격적으로 문제가 있는 게 아닌가 생각하게 된다. 허공이나 바닥에 시선을 고정시키거나 한쪽만 쳐다보지 말고 면접관 한 사람, 한 사람에게 골고루 시선을 보내고 교환하도록 한다. 질문하는 면접관뿐만 아니라 전체 면접관의 눈높이와 시선을 맞추어서 대답하도록 한다.

면접관과 눈을 먼저 맞추고 조금 앞으로 몸을 기울여 면접관의 말에 주의를 기울이고 있음을 보여라. 절대로 면접관의 시선을 피하지 않도록 하며 자신이 먼저 시선을 떼지 않는다.

면접관을 볼 때는 얼굴의 한곳을 응시하기보다 얼굴 전체를 보는 시선, 자연스럽게 주로 미간 즉 눈썹과 눈썹 사이와 이마, 턱, 코, 넥타이 매듭부분으로 가끔씩 시선을 바꿔준다. 이때 역시 미소를 잃지 않도록 한다.

선 위치에서 먼 거리에 있는 면접관에게 응대를 할 경우 몸은 꼼짝하지 않은 채 얼굴이나 눈동자만 곁눈으로 돌리지 말고 몸 전체가 면접관을 향하도록 약간 움직이는 것이 자연스럽다. 별도로 질문을 받은 경우 질문한 면접관을 응시하며 답변하되, 가끔 전체적으로 다른 면접관들과도 시선을 교환한다.

질의에 대한 답변 시 허공을 보거나 시선을 아래로 두는 등의 행동은 피하도록 한다.

일반적으로 상대방이 나의 눈을 바라보지 않으면 무언가 숨기는 것이 있어 거짓말을 하거나 나의 이야기에 관심이 없다는 뜻으로 받아들여지므로 면접 시에 시선처리는 특히 중요하다.

면접관과 눈을 맞추지 않을 때에도 면접관이 자신의 표정을 보고 있다는 것을 잊지 마라. 옆 사람이 대답하는 것을 멀뚱멀뚱 쳐다보거나 두리번거려서는 안 된다.

▪ 바른 자세를 유지하라

선 자세로 면접을 할 경우 면접 중에 흐트러지지 않는 바른 자세를 계속 유지하도록 한다. 바른 자세는 당신의 인상에 안정감과 자신감을 더해 준다.

간혹 면접이 다 끝났다 싶을 때 긴장이 풀려 바르게 선 자세가 유지되지 않는 경우가 흔히 있는데 본인은 잘 모르고 있으니 주의한다.

롤플레잉이나 단체토론을 할 경우 옆 사람의 말을 막거나 옆 사람이 이야기를 할 때 혼자 딴짓을 하는 경우도 많다. 면접관은 그런 모습도 하나하나 체크하고 있다는 것을 잊지 마라.

면접 시 의자에 앉는 경우라면 다음 사항에 유의하라.

의자 뒤에 기대 앉은 자세는 응시자의 과도한 자신감을 보여주며, 약간 거만한 분위기를 풍긴다. 면접관들은 거만한 자세보다 열성적인 자세를 훨씬 좋게 평가한다는 것을 기억하라. 하지만 너무 앞쪽으로 향해 앉는 것도 안정감이 없다. 여성의 경우 발을 교차하지 않고 한쪽 사선방향으로 다리를 나란히 두면 가지런하고 예뻐 보인다.

어정쩡하고 구부정한 자세, 다리를 벌리고 앉는 것, 다리를 덜덜 떠는 것 등은 당연히 감점요인이다.

▪ 정중한 인사가 빛난다

문 안에 들어서자마자 밝은 표정을 유지하며 간단한 인사말과 함께 또렷한 목소리로 인사를 한다. 부끄럽고 어색하다고 해서 작은 목소리로 대답을 한다든지, 얼굴이 굳어 있으면 좋은 점수를 받을 수 없다. 고개를 숙이고 인사동작에서 머리를 들 때 불필요하게 손이 올라가지 않도록 머리를 단정히 정리해야한다.

단정한 옷차림과 자신감 있는 태도, 밝고 명랑한 표정과 당당하면서도 정중한 인사는 성공적인 이미지메이킹의 필수요소이다.

주의해야 할 보디랭귀지를 기억하라

■ 제스처를 잘못 사용하지 않도록 유의한다

당신이 말한 것뿐 아니라 당신의 행동도 중요하다. 특히 상대방의 말을 들으면서 눈을 응시하지 않는다면 당신을 자신감이 없거나 뭔가 숨기는 것이 있는 사람으로 느끼게 된다. 악수를 할 때 손에 힘이 없는 것이 무기력한 인상을 줄 수 있는 것처럼 말이다.

면접장소는 대체로 조용하고 경직된 분위기이다. 말은 울리고, 모든 행동은 강조된다.

이런 환경에서 인터뷰 응시자의 보디랭귀지는 잘 준비해 놓은 말보다 더 많은 것을 전달한다. 수많은 심리학 조사 결과들이 얼굴 표정과 몸짓, 움직임 등이 그 사람의 태도에 대해 많은 정보를 전달한다고 말하고 있다. 이렇게 전달되는 태도가 당락 여부를 판가름하는 데 영향을 미칠 수 있다.

사실 말의 내용만큼이나 말을 할 때 상대방의 주목을 끄는 것이 바로 손짓, 눈빛 등의 보디랭귀지라고 할 수 있다. 흔히 말하면서 손을 흔드는 사람이 있는데 이 같은 보디랭귀지는 특히 면접에서 상대방의 시선과 정신만을 산란하게 할 뿐 자신의 이미지를 좋게 형성하는 데는 전혀 도움이 되지 않는다.

말을 할 때에는 몸을 세우고 상대의 말을 들을 때는 몸을 앞으로 숙이고 고개를 살짝 기울인다. 이때 턱은 숙이지 않는다.

포커의 달인으로 유명한 마이크 카로는 "말하는 사람이 얼굴, 특히 입술을 건드리거나 가리는 것은 심기가 불편하다는 것을 말하며, 거짓말을 하거나 과장하고 있다는 것을 보여준다."고 했다. 정직함을 보여줄 수 있는 두 가지 행동은 인터뷰 동안 손바닥을 보이거나 손을 가슴에 올려놓는 자세이다. 코를 만지는 것은 거짓말을 하고 있다는 표시일 가능성이 높다고 한다. 거짓말을 하고 있다는 죄책감이 혈압을 높이고, 코의 조직을 이완시켜 히스타민을 방출시킨다고 한다. 히스타민이 가려움증을 유발해 손으로 긁게 만든다는 것이다.

　면접 도중 무의식적으로 취하는 다음과 같은 몸짓은 부정적인 이미지를 주게 될 수 있으므로 유의한다.

• 입 가리기	• 입에 손가락 넣기
• 얼굴 만지기	• 코 만지기
• 눈 문지르기	• 귀 만지기
• 목 긁기	• 옷의 목둘레 잡아당기기
• 손가락을 펴서 만지작거리기	• 머리를 긁적거리기
• 발을 까딱거리기	• 한숨 쉬기

부정적 이미지를 전달하는 모습들

면접 시 유의해야 할 Verbal Communication 2

인터뷰를 리드하라

면접은 면접관과 응시자 간에 벌어지는 일종의 게임과도 같은 것이다. 그러므로 면접은 반드시 응시자가 리드해야 성공할 수 있음을 명심해야 한다.

면접관이 응시자인 당신에게 첫 질문을 던졌다면 비로소 게임은 시작된 것이다.

그 첫 질문에 너무 긴장한 나머지 우물쭈물 답변도 못하고 머뭇거린다면 이미 승패는 결정되었다고 보아도 될 것이다. 마치 상대의 공격 한 방에 제대로 방어도 못해 보고 쓰러진 격이 될 테니 말이다.

반면 자신감 있고 명확한 당신의 답변을 듣고 또 그에 대해 면접관이 연속 질문을 해온다면 또 한번 답변할 기회가 오는 것이고 게임은 제대로 응시자가 리드하며 진행되고 있다고 볼 수 있는 것이다.

얼굴에 생기를 띠고 활기 있게 말하라. 긴장하여 표정이 굳거나 일그러지지 않도록 주의하며 답변 중간중간에 미소를 적당히 넣는 것을 잊지 마라. 면접 분위기는 당신이 컨트롤하게 될 것이다.

질문의 요지와 의도를 잘 파악하라

짧은 면접시간 동안 자신을 충분히 홍보하기란 무척 힘든 일이다. 대다수의 응시자들은 짧은 시간 내에 자신을 내세우느라 가능한 한 말을 많이 하려고 노력하지만, 말이 길어지면 핵심을 벗어나는 실수를 쉽게 범할 수도 있다.

면접관의 말을 진지한 태도로 청취하는 것은 자신이 말을 잘하는 것만큼 중요하다.

면접관에게 가장 호소력 있는 태도는 진지하게 그들의 말을 듣고 이해하려 노력하고 성실하게 답하려고 애쓰는 태도이다. 이것이 오히려 요란한 몇 마디 자기 홍보보다 당신의 가치를 높일 수 있는 효과적인 방법이 될 수 있음을 기억하라.

질문에 대한 답변은 무엇보다 면접관이 의도하는 바를 파악하는 것이 중요하다. 우선 면접관의 질문에 긍정적인 반응을 보이고 질문을 처음부터 끝까지 경청하면서 질문의 핵심과 의도를 잘 파악해야 한다. 상대방 질문의 진의를 제대로 파악하지 못하여 동문서답하는 일이 없도록 말이다. 또한 질문이 다 끝날 때까지 절대 상대방의 이야기를 도중에 가로막아서는 안 된다.

실수를 줄이고 자신의 장점을 면접관에게 어필하도록 하라. 혹여 중간에 실수를 했더라도 포기하지 말자. 질문이 끝나면 순간이나마 여유를 갖고 생각을 정리한 후 차근차근 대답한다. 질문이 끝나기도 전에 답변을 시작하려고 한다면 매우 성급해 보인다. 몇 초간 여유를 두고 생각하여 조리 있게 답변한다.

무엇보다 논리정연하고 설득력 있게 답변하여 회사에 필요한 사람이라는 느낌을 면접관에게 줄 수 있어야 한다.

■ 질문이 분명치 않다면

질문 내용을 잘못 알아들었다면 횡설수설하거나 얼버무리지 말고 "죄송합니다만, 다시 한번 말씀해 주시겠습니까?"라고 해도 무방하다. 물론 질문도 제대로 못 알아듣는다면 아무리 긴장했다 하더라도 그다지 좋은 평가를 받긴 힘들 것이다.

또한 답을 잘 모르는 질문을 받았을 때는 대충 얼버무리는 것보다는 솔직하게 모른다고 시인하고 다른 질문에서 만회하는 게 바람직하다. 그러나 가능한 한 침착하게 어느 정도 답변하고자 노력하는 모습을 보인다. 질문에 대한 대답이 생각나지 않는다고 하여 혀를 내밀거나 고개를 푹 숙이거나 천장을 쳐다보며 생각하는 일은 없어야 한다.

자신 있게 말하여 신뢰감을 확보하라

면접과정은 질문에 대한 정확한 답변보다는 어떻게 재치 있게 자신의 강점을 드러내며 이야기하는가가 평가의 포인트이다. 결국 면접관이 나의 이야기에 공감하고 또 가능하다면 웃음을 공유할 수 있는 답변을 하도록 한다. 단

어떠한 내용이든지 자신 있게 말하여 신뢰성을 확보하라.

▪ 질문을 받자마자 곧바로 대답하지 않는다

질문을 받은 후 대답할 때까지 숨을 한 번 들이마셔라. 허겁지겁 숨차게 말하지 말고 한 템포 쉰 뒤 대답하는 것이 신중하다는 느낌을 줄 수 있다. 받은 질문에 1초의 여유도 없이 즉각 대답하기 시작한다면 '너무 긴장을 했다', '외워서 준비한 답을 말한다'는 등의 느낌을 줄 수 있다.

면접관으로부터 받은 질문의 내용에 대하여 자신의 머리와 마음으로 정리한 후 신중한 자세로 대답하여 진실함을 전달하자.

"네."라고 한마디 대답한 후에 호흡을 한 번 들이마시는 것이다. 그렇게 하면 말에 무게가 실리게 된다.

▪ 대답은 결론부터, 간단명료하게

말하고자 하는 바를 조리 있게 설명한다. 질문의 의도를 파악하여 늘어진 설명보다 답변은 간단히 하되, 결과와 요점을 먼저 대답하고 그 다음 사실과 실례로 강화하는 형태로 대화를 끌고 나가야 한다. 숨이 차듯 빨리 말하는 것은 좋지 않으나 대답이 길어지면, 면접관은 차츰 흥미를 잃게 되고 자신도 하려던 말의 핵심을 놓쳐서 횡설수설하게 될지 모르므로 유의해야 한다.

면접이 진행되면서 긴장이 좀 풀리면 오히려 말을 너무 빨리 많이 해서 감점을 당하는 경우가 의외로 많다. 가급적 요점을 간결하게 표현하는 연습을 해두어야 한다. 상황을 파악하여 적당하게 마무리를 지어라. 한 팀에 주어진 면접시간을 당신이 무한정 사용할 수는 없다.

이야기의 속도에 완급을 주어서 중요한 것을 말하기 직전에 '간격'을 두고 천천히 말한다. 강조할 부분은 억양을 넣어 자신 있는 어조로 말한다. 가장 말하고 싶은 부분을 심각하게 말하는 한순간으로 만들어 중요한 부분은 '강조하는 어조'로 약간 큰 소리로 말한다.

▪ '예', '아니오'보다는 구체적으로

간단히 '예', '아니오'로 답할 수 있는 질문에도 가능한 한 구체적 사례를 통해

답에 대한 이유나 근거를 간단하게 덧붙여 말하는 것이 좋다. 단 필요 없이 이야기가 길어져서는 안 된다.

"자신의 장점이 무엇입니까?"라고 물어왔을 때 "책임감이 강한 편입니다."라는 단답형보다 학교생활 등에서 책임을 맡고 수행했던 일의 과정과 결과를 간략히 덧붙이면 자신의 홍보기회도 갖고 면접관으로부터 신뢰를 얻을 수 있을 것이다.

무슨 질문이 주어지든지 나에게 온 기회라 생각하고 성의 있게 정리해서 답하도록 한다.

■ 대답하기 까다로운 개방형 질문에도 반드시 답을 하라

개방형 질문은 본인이 평소 그것에 대해 충분히 생각하지 못했던 내용이면 금방 답변하기 힘들 수도 있다. 그러나 아무리 뜻밖의 질문이라고 해도 그냥 웃음으로 일관하며 시간을 끌거나 답변을 못하는 경우는 분명히 마이너스이다.

부담스러운 질문을 받더라도 머뭇거리지 말고 자신감 있는 태도로 성의 있게 답한다. 면접관의 질문에 끌려 다니기보다 응시자인 당신이 분위기를 당당하게 리드하라.

면접에는 맞고 틀리는 답이 없다. 질문에 대한 답이 빈약하더라도 당당히 얘기하며 자신이 하고 싶은 말을 분명하게 전달하는 것이 중요하다. 아무런 답변도 없이 넘어가면 본인에게만 손해이다. 단 남의 이야기나 외운 듯한 답변은 금물이다. 당신이 소신이 없거나, 분명한 입장이나 가치를 가지고 있지 않은 사람으로 비쳐지게 될 것이다.

답변이 바로 떠오르지 않으면, "질문이 제게 좀 어렵습니다만…" 하는 말로 시작하며 생각할 시간을 벌 수도 있다. 한 템포 쉬었다가 대답을 하라.

면접관이 내게 주는 질문은 곧 나에게 온 기회로 삼고 나의 모든 것을 보여야 한다. 한 번의 기회를 그저 쉽게 흘려보내지 않도록 한다. 상황에 따라 재치 있는 센스가 필요하다.

■ 면접관과 논쟁을 하지 마라

면접을 하다 보면 특히 개방형 질문의 경우 자신들이 가지고 있는 가치관에 따라 각각 다른 해답을 가지고 있을 수 있다. 그리고 면접관이 그 답이나 결론을 제시하는 경우가 있는데, 이때 필요 없이 당신이 그 면접관과 가치논쟁을 하는 경우가 있다. 그러나 당신의 가치와 맞지 않으면 그냥 마음속으로만 그렇게 생각하면 된다. 그 자리에서 면접관의 생각이 옳지 않다고 굳이 논쟁할 필요는 없다. 자기가 원해서 회사에 입사하고자 면접을 보는 자리에서 가치논쟁은 불필요한 일이다.

■ 자연스럽고 또렷하게 말하라

질문에 답할 때는 자신 있는 말투와 분명한 발음, 특히 조금 큰 목소리가 확신을 심어주고 좋은 점수를 받게 된다. 웅변하듯 너무 크게 말하거나, 연설식, 유아적인 반복적 억양, 자신 없는 힘없는 목소리로 말하지 않도록 한다. 면접 질문에 대한 답변은 어떤 정보를 전달하는 것이 아니므로 대화하듯이 말한다.

다수 앞에서 스피치를 할 때 평상시 자신의 대화 스타일로 자연스럽고 편안하게 말하는 훈련을 하게 되면 보는 사람도 자연스럽다. 동시에 면접관의 주의를 사로잡기 위해서는 서두를 힘 있게 시작한다. 관심 있는 내용이 논리적으로 구성되고, 청중을 사로잡는 멋진 음성, 매너, 제스처 등이 자연스럽게 표현될 수 있는 효과적인 전달능력이 있어야 한다.

피해야 할 습관들
- "저는", "저의", "제가" 등의 반복
- "어~, 저~" 등의 불필요한 말
- "~했는데요", "~같아요", "~데요, ~한데요." 하는 표현
- '복장은 단정한 복장', '표정은 웃는 표정' 등과 같은 동의어 반복표현
- 입맛 다시는 소리, 빨아들이는 소리, 혀차기 등 짜증나는 소리들
- '그니까(그러니까)', '일루(이리로)', '되게(매우)' 등 문법에 어긋난 단어표현
- 실수에 당황하여 어색한 표정을 짓거나 미리 자포자기하는 모습
  (얼굴 붉힘, 머리 긁음, 혀 내밀기, 실수 시 맨 처음부터 다시 말하기 등)

■ 경어를 올바르게 사용하라

정성들여 겸손한 태도로 응대했다 해도 바른말 쓰기가 되지 않거나 적절한 상황에서 그에 상응하는 존댓말을 잘못 쓴다면 답변의 내용까지도 의심받게 된다.

예를 들어 "지금 면접위원님이 말한 대로"라고 응답하는 경우가 종종 있는데, 그럴 경우 "지금 말씀하신 대로"로 정정해야 한다.

또 "제가 조금 전에 말한 것처럼"이나 "내가 조금 전에 말했듯이"라고 말하지 말고 "조금 전에 말씀드렸습니다만" 하는 표현처럼 바르게 써야 한다.

이렇게 존대어와 겸양어를 혼동하여 해프닝을 빚는 경우가 의외로 많다. 정확하고 올바른 말을 사용하도록 미리 연습해 두는 것이 좋다. 특히 '여쭙다', '묻다'는 일반적으로 잘못 사용하는 경우가 많으므로 유의한다.

혹은 친구들 사이에 자연스럽게 썼던 표현들이 대화 중에 나올 수 있으므로 유의한다.

- 자신을 지칭할 때는 '저'라고 표현하며 '나'라고 하지 않도록 유의한다.
- 친족이나 친척을 지칭할 경우는 '아버지', '어머니', '언니', '형', '누나', '조부모', '외삼촌' 등을 쓰며, 특별한 경칭을 붙이지 않는다. 그러나 상대방의 가족이나 친척을 말할 때는 경칭을 붙인다.
- 어느 시인, 위인, 외국인, 친구 등 제3자에 대하여는 특별한 경칭을 사용하지 않으나 지도교수, 대통령 등 내국인 지도급 인사의 이름 뒤에는 '~께서'라는 경어를 붙여도 무방하다.
- 지망회사의 사장, 이사, 부장 등을 부를 때 '사장님', '부장님' 하는 식으로 부르는 것이 무난하다.
- 직위를 모르는 면접관을 직접 지칭하고자 할 때에는 '면접위원님'이 무난하며, 되도록 책상 앞에 놓인 명패가 있다면 재치 있게 직위와 함께 '님'자를 사용한다.
- 어떠한 경우에도 극존칭은 사용하지 않으며, 지원한 항공사를 언급할 때에는 회사명을 자연스럽게 사용한다.

- 경쟁관계에 있는 타 항공사를 가리킬 때는 구체적인 회사명을 묻지 않는다면 답변 중에 A항공사, K항공사 등으로 특정 항공사 영문 첫글자 이니셜을 사용한다.
- 그룹 면접 시 옆의 같은 지원자를 지칭할 필요가 있을 때에는 '첫 번째 지원자', '제 옆의 지원자' 등으로 경칭 없이 가리킨다.

■ 긍정적으로 말하라

답변은 기본적으로 모두 긍정적으로 대답하도록 한다. 예를 들어 "왜 전 직장을 그만두었습니까?(그만둘 생각입니까?)"라는 질문이나 전 근무지의 상사에 대해서 묻는다면, 험담을 하지 않는 것이 좋다. 자신에게 결코 이익이 되지는 않기 때문이다.

'어쩔 수 없는 회사의 도산이나 정리해고', '사무실 근무보다 활동적이고 대면서비스하는 업무가 좋다' 등의 대답이라면 무방하다.

또한 면접을 하다 보면 나에 대해서 부정적인 말을 해야 될 경우도 있다. 자신의 단점을 솔직하게 털어놓는 것도 어떤 면에서는 좋은 모습으로 비쳐질 테지만 그렇다고 너무 자신을 비하하는 것은 어리석은 일이다. "이러이러한 점들이 부족하다."라고 자신의 단점을 너무 솔직히 나열하다 보면 누가 봐도 능력 없는 사람으로 비쳐지지 않겠는가? 그렇게 무능력한 사람을 회사에서 채용할 리 없다. 너무 자신감 없는 모습을 보여서는 안 된다.

누구나 단점은 있는 것이니 짧게 말하되 바로 당신의 강점을 말하라. 항상 대답은 자신을 긍정적으로 표현하고 강점을 강조하는 것으로 끝나야 된다.

■ 말할 기회가 오더라도 신중하게 해라

면접이 진행되는 중에 혹은 면접을 마치는 시점에서 면접관들이 하고 싶은 말이 있으면 하라고 기회를 주는 경우가 있다. 이때 회사에 대해 궁금한 점이 있다면 적극적인 태도로 자연스럽게 질문해도 무방하다. 단 인터뷰 전에 철저하게 회사에 대해 분석해서 질문의 질을 높여야 한다. 면접을 보러 온 입장임을 유념하여 신중한 자세가 요구된다.

실제로 응시자가 면접관에게 질문을 하기보다는 면접과정에서 아쉬운 마음이 든다면 자신을 좀 더 어필할 수 있는 이야기를 짧게 하는 것도 무방하다고 본다.

자기소개는 '자기 PR'의 기회이다

■ 도입부에서 승부하라

합격여부는 첫인상에 크게 좌우된다. 이는 지원자의 자신감과 의지, 그리고 재능이 대개 '도입부'에서 첫인상으로 드러나기 때문이다. 그러므로 나머지 인터뷰 시간은 그저 처음의 인상을 재차 확인하는 시간으로 여겨도 무방할 것이다. 처음 인사할 때부터 상대방의 눈을 똑바로 바라보고, 분명하고 자신감 넘치는 목소리를 내도록 하자.

흔히 면접 시작 시 자기소개는 이력서, 자기소개서 등 지원 서류에 나타나지 않은 응시자의 일면을 파악하는 동시에 프레젠테이션 능력도 함께 평가할 수 있다는 점으로 인해 거의 모든 면접에서 실시되고 있다.

■ 단점도 강점으로 포장하라

"자신에 대해 소개해 보십시오."

면접에서 가장 먼저 혹은 가장 자주 등장하는 질문이다. 답변하기 쉬우면서도 어떻게 답변하느냐에 따라 자신의 첫인상을 결정지을 수 있는 중요한 기준이 되기 때문에 신중하게 답변해야 한다.

자기소개를 하는 응시자들이 가장 유념해야 할 점은 단순한 '소개'에 그쳐서는 안 된다는 것이다. 주어진 자기소개 시간을 효과적인 '자기 PR'의 기회로 활용할 수 있어야만 면접에서 좋은 결과를 얻을 수 있다.

'어디에서 태어나고 무슨 학교를 졸업했다'로 시작되는 평범한 답변보다는 자신을 멋지게 홍보할 수 있는 좋은 기회라고 생각하고 귀가 번뜩일 만한 자신만의 인상적인 답변을 준비해야 한다. 상대방이 기억할 수 있도록 말이다.

일반적으로 자기소개에 포함되는 내용은 가족상황과 대학생활, 성격상의 장단점, 지원동기, 포부 등이다. 각각의 내용에 똑같은 시간을 할애할 필요 없이 부각시키고 싶은 내용을 중심으로 간략하게 구성하는 것이 좋다.

특히 성격을 얘기할 때는 직업과 관련하여 사교적인 면, 긍정적인 면, 적극적인 면 등을 강조하며, 성격의 단점을 말해야 할 때는 자신의 단점을 장점으로 반전시킬 수 있는 지혜가 필요하다. 예를 들어 흔히 단점으로 비쳐지는 소극적 성격을 가진 사람이 '자신은 적극적인 것이 장점이며 소극적 성격은 단점'이라고 말하는 것보다 '소극적으로 보이는 점이 단점으로 비쳐질 수 있지만 오히려 신중하고 진지하다'는 식의 표현을 통해 항상 자신의 PR로 마무리가 되도록 한다.

그리고 특히 승무원직업과 관련된 전공이 아니거나 특별한 경험이나 지식, 자격 등이 없는 경우, 일에 대한 '의욕'을 강조할 필요가 있다. 하지만 이때 필수요소는 그 근거가 명확해야 한다는 점이다. 단순히 '멋진 일에 대한 동경'으로 보이지 않도록 지원동기와 자신의 미래상에 연관지어 '왜 이 일에 대한 의욕이 있는가'를 설명해야 한다. 단 지원동기와 미래계획은 실례를 들어가며 구체적으로 표현할수록 설득력을 가질 수 있다. 질문에 대한 답변은 항상 직업과 연관 지어 자신의 강점이 드러나도록 한다.

▪ 지나친 과장이나 거짓은 금물!

면접이 아무리 본인의 강점을 드러내는 자리라고 해도 절대로 거짓을 말해서는 안 된다. 다른 조건이 아무리 좋아도 정직하지 못한 사람은 어느 기업에서건 무조건 탈락이다. 자신의 경력과 능력을 솔직하게 말해야 한다.

면접을 볼 때 응시자가 '저는 이러이러한 사람이다'라고 자신의 장점을 이야기할 기회가 있다면 자신의 어떤 능력이 회사에 기여할 수 있는지를 구체적으로 열의 있는 자세를 통해 면접관을 납득시켜야 한다.

또한 질문사항에 대한 과장된 답변이나 거짓답변은 금물이다. 재치 있는 유머를 사용할 수도 있으나 그 수위가 지나쳐서는 안 된다. 간단명료하면서도 정확하게 자신의 생각을 이야기하면 된다.

▪ 면접을 끝내고 나왔을 때 할 말을 다 못 해서 후회하는 일이 없도록 하라

면접을 보기 전에 자신이 가장 어필할 수 있는 요소, 즉 자신의 강점, 성취했던 경험 등을 생각하라. 그리고 그것을 말하지 못하고 나오는 일이 없도록 해라. 설사 그에 대한 질문이 나오지 않더라도 자신에게 주어지는 질문들의 답변과 연관시켜 언급할 수 있을 것이다.

예상한 질문을 기다리지 마라

미리 준비한 질문을 기다리고 있으면 기다리는 질문은 분명히 나오지 않을 것이며 그 인터뷰는 결국 면접관이 리드하게 될 것이다. 어느 질문이든지 일단 잘 이해하여 받아들이고 그 질문을 당신이 준비한 내용과 연결짓도록 다리를 놓는다.

▪ 질문에는 일관된 목적이 있다는 것을 명심하라

면접 시 면접관이 질문을 하는 이유는 당신이 '우리 회사에 들어와서 내가 기대하는 만큼의 일을 해낼 수 있는 사람인가'를 알고 싶은 이유 하나 때문이다. 당신의 가족사항이 궁금해서도, 취미가 궁금해서도 아니다.

면접진행 중에 이 면접의 목적을 한시도 잊어서는 안 된다. 예를 들어 취미에 대한 질문을 하더라도 그냥 당신의 취미에 대한 내용만 말하지 말고, 그것을 통해 성취하였던 부분, 그것을 통해 당신이 발전·성장했던 모습, 어려움을 이겨낸 경험, 깨달았던 내용 등 무엇이든지 지원한 직무에 적합하다는 점을 강조하는 내용으로 마무리한다.

▪ 준비 많이 하셨네요~

면접관이 당신의 대답을 듣고 이렇게 말했다면 정말 질문에 대한 완벽한 답변에 감동을 받았다기보다 준비한 내용을 그대로 외워서 말한다고 느꼈을 수도 있다. 외워서 하는 말에는 마음이 담기지도 않고, 면접관의 눈을 똑바로 쳐다보고 말할 수도 없다. 또한 잊어버리기 전에 말해야 한다는 생각 때문에 자연히 말의 속도도 빨라지게 된다.

어느 지원자는 미리 준비한 대답을 했더니, 면접관이 "질문에 대해서 대답하십시오."라고 말했다고 한다. 면접은 면접관과 응시자와의 커뮤니케이션이다. 상대방의 질문에 맞추어 대답하지 못한다면 그것은 결코 준비했다고 볼 수 없다. 준비라고 하는 것은 어떤 질문을 해도 상대방을 자신의 코너로 끌고 오는 것을 말한다.

또한 면접질문에 대한 답은 자신의 생각을 표현하는 독창성이 있어야 한다. 승무원 채용 면접 시 면접관이 응시자에게 던지는 질문은 아무리 많아야 몇 개의 질문으로 축약된다. 제각기 질문에 대한 답을 인터넷에서 좋은 말들을 외워 와서 말했다고 치자. 면접관은 적어도 몇 번쯤은 같은 대답을 들었을 것이다. 그러므로 다른 사람들도 말할 것 같은 답을 준비해서 암기하기보다 어떠한 질문에도 침착하게 자신의 생각을 표현할 수 있는 생각의 깊이와 자신감을 쌓는 것이 더 중요할 것이다.

면접관의 질문을 차분히 새겨듣고 천천히 '자신의' 생각을 대답하도록 하자.

면접 중에도 남을 배려하는 모습을 보여라

아무리 준비한 내용이 많다고 해도 자신에게 주어진 답변시간을 초과해 사용하는 것은 오히려 마이너스이다. 자신이 돋보이기 위해 다른 사람을 배려하지 않는다면 승무원으로서 기본 자질이 없다고 평가될 수 있다.

끝까지 긴장을 풀면 안 된다

응시자는 회사에 들어서면서부터 나오는 순간까지 절대로 긴장을 풀어서는 안 된다.

면접장에 들어오는 태도, 인사하는 법, 앉는 자세, 말하는 법 등을 통해 인사담당자는 아주 세세한 부분에서부터 당신에 대해 점수를 매기게 될 것이기 때문이다.

퇴장할 때 면접이 끝났다는 생각에 자세가 흐트러진 모습을 보여선 안 된다. 입실할 때와 마찬가지로 예의바른 자세와 태도를 끝까지 유지해야 하며 혹시 의자에 앉았었다면 의자가 흐트러지지 않았는지 점검하고 마지막까지 최선을 다하는 모습을 보인다.

　퇴장 시 마지막 사람은 돌아서는 자신의 뒷모습까지 신경을 쓰도록 한다. 면접이 끝나고 걸어나갈 때의 모습도 면접관에게 보여지는 중요한 '진실의 순간'이 된다. 인사를 제대로 하지 않고 급하게 뒤돌아 나온다거나 허둥대는 모습은 당신에 대한 모든 신뢰를 허물어뜨릴 수 있다. 정돈된 태도와 바른 인사법으로 면접을 끝내는 것이 중요하다. 경우에 따라서는 이때 어떠한 인상을 주느냐에 따라 면접평가가 완전히 달라지는 경우도 있다.

　면접이 끝나면 자리에서 일어나 "감사합니다."라고 정중히 인사한 후 문 쪽으로 나간다. 면접장을 나올 때까지 깔끔한 뒷모습을 보여줄 수 있도록 바른 자세를 유지하며, 퇴실하면서 면접관과 눈이 마주치게 되면 미소를 지으며 목례를 한다. 당신의 웃는 얼굴을 면접관이 기억할 수 있도록 말이다.

　돌아서자마자 축 늘어진 모습은 설령 좋은 면접점수를 잘 받았다 해도 한순간에 다 깎여버릴 수 있다. 면접관은 수험생이 일어서서 나가기까지의 일거수일투족을 관찰하고 있음을 잊지 말아야 한다. 퇴실까지 면접관의 눈은 멈추지 않는다.

　또한 면접을 마치고 돌아가는 그 시각까지도 행동과 말에 유의해야 한다. 가끔 면접을 마치고 나면 면접장소를 벗어나자마자 긴장이 풀려서 흐트러진 모습을 보이는 경우가 있는데 끝까지 긴장을 풀어서는 안 된다. 실제로 면접관 앞에서는 미소 지으며 예의바른 태도를 보이지만, 마치고 나갈 땐 자세가 흐트러지는 경우가 많다고 한다.

　당장 면접이 끝났다고 해도 이것으로 끝은 아니다. 만약 1차 면접이라면, 2차 면접이 기다리고 있을 것이다. 그때를 위해서 이번 면접에서 대답했던 것을 돌이켜보며 총괄해 보고 메모해 둘 것을 권한다. 대답이 충분했는지, 어떤 질문에 어떻게 대답했는지, 어떠한 점이 부족했었는지 한 번 써보자. 스스로 지난 면접과정을 면밀히 분석해 보고 보완할 점을 찾아 개선하여 다음 면접을 준비하도록 한다.

모의면접 실전연습

　면접관이 나에게 어떤 질문을 하게 될지 미리 예상하기란 쉽지 않은 일이다. 그러나 그 기업에 어떤 인재가 어울릴지, 어떤 인재가 기업에 이익을 가져다줄지를 생각해 보면 질문을 대략 예상할 수 있을 것이다. 또한 객실승무원의 경우는 항공사별로 요구하는 인재상이 크게 다를 것이 없으므로 예상질문을 예측하기 쉽다고 할 수 있다.

　면접질문에 막힘없이 대답하기 위한 한 가지 기본 조건으로, 우선 자기 자신을 정확하게 아는 것이 중요하다. 막연히 쉽게만 생각했던 질문들 — 과연 내가 승무원을 왜 하고 싶은 것인지, 나의 어떤 점이 이 직업과 어울리는 것인지, 나의 강점과 약점은 무엇인지 — 에 대한 답을 처음부터 다시 꼼꼼히 정리해 볼 필요가 있다.

　면접은 서류상으로는 파악할 수 없는 지원자의 인간성과 업무에 대한 적합성, 커뮤니케이션 능력, 직업에 대한 열의 등을 보는 것이다. 따라서 면접 상황에서는 자기만의 언어로 자기 자신을 최대한 표현해야 한다. 우선 면접관은 서류에 적혀 있는 지원자의 개인적인 정보를 바탕으로 질문할 가능성이 높다. 이는 이력서와 자기소개서에 나타난 지원자에 대한 정보를 다시 확인하기 위해서, 혹은 그 내용들을 중심으로 다양한 질문들을 통해 당신이 객실승무원에 적격자인지를 평가하기 위함이다.

　당신은 지금까지의 훈련을 통해 서비스 종사원의 역할을 인식하였는가, 그리고 승무원에 준하는 올바른 서비스매너를 체득하였는가?

그렇다면 이제 지금까지 강조한 면접에 관한 주의사항들을 숙지하고 당신의 상식과 판단력, 서비스능력 등을 총동원하여 모의면접을 실시해 보라.

여러 가지 질문의 인터뷰 및 다양한 상황에서의 고객응대 요령을 모의면접과 역할연기를 통해 반복적으로 훈련해 보도록 한다. 혼자 해도 좋고 주위의 친구, 동료, 가족과 같이 해도 좋다. 단 답변할 내용을 절대 머릿속의 생각만으로 끝내지 말고 반드시 실제행동과 더불어 말로 해보도록 한다.

면접의 형태가 필기시험과는 다른 만큼, 면접분위기, 면접관, 지원자, 이 세 가지 요소가 복합적으로 얽혀 있는 상황에서 특정 모범답안을 미리 외우기보다 상황에 맞게 상식적으로 대처하는 능력을 터득하는 훈련이 필요하다고 본다. 똑같은 대답을 한다고 해도 면접의 분위기에 따라, 지원자의 태도에 따라, 또 면접관의 성향에 따라 차이가 있을 것이기 때문이다.

면접 답변에서 중요한 사항은 자신이 하는 이야기를 듣는 면접관이 함께 공유하도록 하는 것이다.

Q. 면접관에게 첫눈에 좋은 인상을 남기고 싶은데 어떻게 하면 좋을까요?

A. 면접에서의 핵심은 면접관에게 깊은 인상을 남기는 것이다. 면접관은 성실하고 진지한 지원자를 대할 경우 답변을 들으며 고개를 끄덕이거나 신중한 눈빛을 보이게 마련이다. 본문에서 밝혔듯이 '밝은 표정', '바르게 서 있는 자세를 유지하는 것'만으로도 깊은 인상을 줄 수 있음을 기억하라.

Q. 입사지원서에 적은 내용과 똑같이 말해도 되나요?

A. 똑같은 내용이라 하더라도 글로 표현하는 내용과 입을 통해서 하는 말은 느낌이 다른 법이다. 단 면접은 면접관과 지원자의 커뮤니케이션이라고 할 수 있으므로 글로 적은 것을 그대로 외워서 책 읽듯이 하지 말고 면접관의 눈을 쳐다보면서 대화하듯이 말하도록 한다. 외워서 말하면 말의 속도가 빨라지게 되고, 듣는 이로 하여금 마음이 담기지 않았다는 느낌을 주게 된다.

Q. 집단면접에서 면접관이 유독 나에게만 관심이 없어 보이는 이유는 무엇인가요?

A. 첫 번째 원인은 이력서와 자기소개서에 있다. 면접관은 이력서와 자기소개서를 보면서 질문을 시작하게 되는데 너무 평범한 내용을 보면 궁금한 부분이 생기지 않는다. 그러므로 가능하면 구체적으로, 그리고 자신을 잘 드러낼 수 있는 내용을 강조해 이력서와 자기소개서를 작성해야 한다. 물론 직업과 관련되어 어필할 수 있는 내용이면 더욱 좋다.
면접관은 면접의 프로다. 가령 본인에게 눈길을 주지 않는다는 생각이 들어도 면접 중 내내 지원자를 찬찬히 관찰하고 있다고 보면 된다. 쳐다보지 않는다고 해서 마음을 놓고 있거나 긴장이 풀어져서 표정과 자세가 흐트러져서는 안 된다.

Q. 면접관이 계속 한 가지 주제에 압박 질문하는 경우에는 불합격인가요?

A. 한 가지 주제에 대해 연속해서 질문을 하는 것은 긍정적인 측면에서 본다면 그만큼 그 사람과 그 주제에 대해 관심을 가졌다는 뜻으로 볼 수 있다. 지원자가 얘기한 부분에 이어서 "예를 들면 어떤 것들이 있죠?"라는 연속된 질문을 받았다면 좋은 기회로 삼고 절대 놓치지 않기를 바란다.

Q. 하고 싶은 말을 다 하지 않았는데 다음 질문으로 넘어가면 어떻게 하죠?

A. 면접에 있어서 가장 중요한 것은 '두괄식 답변'이다. 서론을 길게 말하는 것보다는 가장 하고 싶은 말을 먼저 한 다음 논리정연하게 뒷받침해 나가는 것이 좋다. 전체적으로 답의 내용이 너무 길거나 짧지 않도록 한다. 무작정 말을 하기 시작하면 서론이 너무 길어져서 면접관의 눈치를 보다가 정작 할 말을 못하고 다음 질문으로 넘어가 버릴 것이고 또 그 때문에 지원자는 심적으로 위축될 것이다.

Q. 면접시간은 짧은데, 그 시간에 면접관이 나의 장점을 파악할 수 있을까요?

A. 일반적으로 누군가와 대화할 때도 10분 안에 장점이 드러나지 않는 사람은 100분을 이야기해도 마찬가지다. 진정으로 깊이 있는 사람은 단 1분을 이야기해도 알 수 있는 법이다. 지원자가 면접장소에 들어오는 순간에 모든 것이 파악된다고 하지 않는가?

Q. 면접시험에서 사소한 거짓말을 해도 괜찮을까요?

A. 학력이나 성적, 경력, 자격증 등의 객관적인 부분은 바로 확인할 수 있는 부분이므로 절대 속여서는 안 된다. 혹 자신을 더욱 강조하고 싶어서 거짓말을 했다면 그 부담감 때문에 부정적인 효과를 낳을 수 있을 것이며 또한 그에 관련된 계속되는 질문은 또 어떻게 대처할 것인가? 계속 거짓말로만 답변할 것인가?

Q. 경쟁회사에 대해 장점을 말해도 괜찮은가요?

A. 경쟁사에 대해 지나치게 칭찬한다면 좋아할 면접관은 한 명도 없을 것이다. '그렇게 좋은 그 회사에 안 가고 왜 여기를 왔을까' 하는 의구심이 들 것이다. 또 무작정 근거 없이 경쟁회사를 비난하기만 하는 것도 옳지 않은 일이다. 입사할 회사와 경쟁사의 장단점을 함께 분석해서 논리적으로 말한다면 좋은 점수를 받을 수 있을 것이다.

Q. 1차 면접, 2차 면접의 질문이 똑같다면 대답도 똑같아야 하나요?

A. 기본적으로 질문이 똑같다면 질문에 대한 답변도 일관되어야 하지 않을까? 본문에서도 강조했지만 답변은 진실되고 성실해야 한다. 같은 질문이라면 이전의 질문에서 더욱 구체적으로 보완된 대답이 좋다.

면접은 면접관과 교감을 나눠야 하는 것이다. 답변의 내용을 꾸미려 하지 말고 기본적인 생각의 틀은 유지하되 면접관과 교감하면서 자신이 하고 싶은 이야기로 이끌어 나가면 된다.

Q. 답변을 제대로 못 해서 면접에 실패했다고 생각되는 경우에, 어떻게 해야 하나요?

A. 면접 중간에 한 번 실수했다고 곧바로 포기해선 안 된다. 면접은 답변의 내용만큼 자세가 중요하다. 면접 중에 실패했다고 생각해서 너무 당황하고 실망스러운 모습이 역력한 경우가 있다. 그러다 보면 자기도 모르게 얼굴도 무표정하게 굳어지고 긴장이 풀어져 인사도 제대로 못 하고 끝내기 쉽다. 면접의 결과는 스스로 성공 여부를 판단할 수 없으므로 끝까지 최선을 다하는 모습을 보이는 것만이 최선의 방법이다. 면접에 대한 평가는 단순히 질문에 대한 답변을 잘하고 못하고 하는 데서 결정되는 것이 아니다. 면접관이 끝까지 당신을 지켜보고 있다는 사실을 잊지 않도록 한다.

면접에서 기본적으로 받는 질문이 그 일을 왜 하고자 하는지 혹은 왜 그 회사에 지원하는지에 대한 것이다.

많은 지원자들이 객실승무원은 왠지 화려하고 멋지다는 환상적인 생각을 갖고 객실승무원이 되기를 희망한다. 지원동기에 대한 답변은 '그저 막연히 좋아서'가 아니라 반드시 그 내용 안에 직업에 대한 열의와 자신의 삶에 대한 가치관이 내포되어야 한다. 누구나 다 같은 천편일률적인 생각말고 자신만의 생각과 함께 구체적이고 현실적인 지망동기를 피력하는 것이 중요하다. 본인의 삶을 통해 이루고자 하는 꿈, 가치와 본인이 하고자 하는 일의 연관성을 들어 어떤 어려움이라도 감당할 수 있다는 자신감과 열의를 보여주어야 한다. 이렇게 답할 때 면접관은 당신의 의지에 신뢰와 믿음을 가질 것이다. 다른 지원자와 차별화되어 면접관에게 어필할 수 있는 기회이므로 지원동기를 소신 있고 명확하게 대답하라.

면접을 위해서가 아니더라도, 혹시 아직 본인이 하고자 하는 일과 당신의 삶의 가치와 연관성을 찾지 못한 사람은 그것부터 찾고, 그 일에 의미를 부여하는 것이 좋을 것이다.

또한 과거 응시경험이 있는 사람에게 불합격의 원인을 질문하는 경우가 있다. 이때는 솔직담백하게 자신에 대한 객관적인 평가를 말하는 것이 좋다. 너무 "이것도 부족하다, 저것도 부족하다", '단점'만 부각시키지 말고 어떻게 보완했는지, 능력 향상을 위해 어떤 노력을 했는지를 어필하는 것이 좋다.

- 승무원이 되기 위해 무엇을 준비했습니까? (어떠한 노력을 하였습니까?)
- 승무원 직업에 가장 매력을 느끼는 것은 무엇입니까?
- 공휴일이나 명절 때의 비행근무에 대하여 어떻게 생각합니까?
- (단점에 눈물이 많다고 했는데) 비행하다 보면 눈물날 일이 많은데 어떻게 하시겠습니까?

- 막상 입사 후 얼마 안 되어서 비행이 많이 힘들다고 느껴진다면?
- 다른 항공회사는 지원했습니까?
- 당신은 우리 회사에서 어떤 직위까지 오를 수 있다고 생각하십니까?
- 만약 당신이 채용된다면, 얼마나 오랫동안 우리 회사에서 일할 생각입니까?
- 만약 본인이 면접관이라면 어떤 기준으로 뽑겠습니까?
- 만일 합격을 한다면 입사 시까지 무엇을 할 생각입니까?
- 만약 불합격하면 어떻게 하겠습니까?
- 만약 불합격된다면 그 이유는 무엇이라고 생각합니까?
- 먼저 우리 회사 면접을 봤던 친구들에게서 들은 조언은 무엇입니까?
- 시험장에 들어오기 전에 기다리는 동안 무슨 생각을 했습니까?
- 면접 합격 혹은 실패 경험에 대해 말해 보시오.
- 면접이 끝나면 가장 먼저 하고 싶은 일은 무엇입니까?
- 바람직한 승무원으로서의 자세에 대해 말해 보시오.
- 본인의 어떤 점이 승무원에 적합하다고 생각합니까?
- 본인이 실제 승무원이라고 가정한다면 서비스하기에 좋은 승객과 그렇지 않은 승객의 타입을 말해 보시오.
- (비행기 탑승경험이 있다면) 비행기 안에서 본 승무원들은 어떠했습니까?
- 서류전형 합격자 발표 후부터 면접 전까지 면접을 위해 준비한 것이 있다면? 주로 어떤 점에 중점을 두고 준비를 했습니까?
- 승무원 일을 하면서 얻을 수 있는 장점이 무엇이라고 생각합니까?
- 승무원을 지망한 특별한 이유가 있습니까?
- 승무원에게는 어떤 능력이 필요하다고 생각합니까?
- 승무원 직업의 어려움은 무엇이라고 생각합니까?
- 승무원에게 필요한 자질 3가지를 말해 보시오.
- 승무원을 그만둔 후에는 무엇을 하고 싶습니까?
- 승무원의 덕목은 무엇이라고 생각합니까?
- 승무원의 정의를 내려보시오. 무엇을 하는 직업입니까?
- 승무원이 되기 위해 주로 누구와 상의했습니까?(누구의 권유)

- 승무원이 되면 어떤 일이 가장 먼저 하고 싶습니까?
- 승무원이라는 직업이 없었다면 무엇을 했을 것 같습니까?
- 승무원 지원자의 나이제한 폐지에 대해서 어떻게 생각합니까?
- 어떤 승무원이 되고 싶습니까?
- 어떤 일이 당신의 직업선택에 영향을 주었습니까?
- 예상 질문과 답을 준비해서 연습했을 텐데 제일 자신 있는 내용으로 한마디씩 하시오.
- 왜 다른 지원자보다 당신을 채용해야 한다고 생각합니까?
- 이상적인 승무원이 되기 위해 평소에 어떤 노력을 하십니까?
- 입사하게 되면 지금과 어떤 점이 달라질 것 같습니까?
- 지금 기분(심경)은 어떻습니까?
- 지금 승무원이 되는 것 이외에 가장 흥미가 있는 것은 무엇입니까?
- 기회를 줄 테니 준비해 온 거 있으면 해보시오.
- 합격 후 다음 일에서의 목표는 무엇입니까?
- 합격할 경우 누구에게 가장 먼저 알리고 싶습니까?
- 해외체재가 많은 점은 괜찮습니까?
- 혹시 퇴사를 할 경우 어떤 이유로 퇴사할 것 같습니까?
- 효과적으로 일하기 위해 다른 어떤 지식을 보완할 계획입니까?

■ 자기소개 및 신상

자신의 신상에 관한 질문들이므로 가장 쉽게 생각되면서도 답변하기엔 어려울 수도 있다. 솔직하고 편안한 마음으로 답하되 단순한 질문이라도 직업과 관련하여 자신의 강점을 드러낼 수 있도록 성실히 답변해야 한다.

다른 사람과 비교했을 때 조금이라도 더 우월한 영역에서의 나의 강점을 표현하도록 한다.

- (고향이 지방인 경우) 고향의 자랑거리를 말해 보시오.
- 개인적으로 자기계발을 위해 하고 있는 것은 무엇입니까?
- (지원자들이 낸 자기소개서를 바탕으로 즉석에서) 활달하고 주위사람들을 즐겁게 한다고 했는데 1분 동안 면접관들을 웃겨보시오.
- 3박 4일의 휴가가 생기면 무엇을 할 생각입니까?
- 다이어트나 체력관리를 위해 무엇을 하고 있습니까?
- 가장 가고 싶은 나라는 어디입니까?
- 가장 자신 있는 것은 무엇입니까?
- 건강에 자신이 있습니까? 보기에는 약해 보이네요.
- 고등학교 얘기를 해보시오(고등학교 자랑 등).
- 고등학교 때 클럽활동을 했습니까?
- 고민을 누구와 상담합니까?
- 꼭 사고 싶은 물건이 있다면 어떻게 합니까?
- 나는 ○○○이다(간단한 자기표현과 이유).
- 남을 보조하고 돌보아주는 일을 좋아합니까?
- 남자친구나 부모님께서 승무원 되는 것을 반대한다면 어떻게 할 생각입니까?
- 남자친구는 있습니까? 있다면 자랑을 해보시오.
- 졸업 후 계속 공부할 계획은 있습니까?

- 다이어트를 해본 경험이 있습니까?
- 단기적인 개인목표는 무엇입니까?
- 당신의 가장 큰 단점은 무엇이며, 이를 어떻게 극복해 나가는 편입니까?
- 당신의 가장 큰 장점은 무엇입니까?
- 로또에 당첨된다면 어떻게 하겠습니까? 승무원을 계속하겠습니까?
- 무슨 음식을 좋아합니까?
- 면접 장소까지 무엇을 타고 왔습니까? 시간은 얼마나 걸렸습니까?
- 별명이 있습니까?
- 살면서 다른 사람과의 trouble이 있었습니까? 그럴 때 어떻게 했습니까?
- 살면서 속상했던 점을 말해 보시오.
- 살아오면서 가장 기뻤던 경우를 말해 보시오.
- 소원 3가지를 들어줄 수 있다면 무엇을 말하겠습니까?
- 수영은 승무원의 기본인데 수영 수준은 어느 정도 됩니까?
- 아르바이트 경험이 있습니까?
- 아르바이트를 선택할 때 가장 중요하게 여기는 기준은 무엇입니까?
- 앞으로 5년 동안 무엇을 이루고 싶습니까?
- 어디서 출퇴근할 겁니까? 혼자서 생활하는 것은 가능합니까?
- 어렸을 때 꿈이 무엇이었습니까?
- 여행지 중 제일 기억나는 곳은 어디입니까?
- 외모 중 가장 자신 있는 부분이 어디입니까?
- 운동을 한 적이 있습니까? 얼마나 자주 합니까?
- 건강관리를 위해 하는 것은 무엇입니까?
- 대표적인 웰빙음식에 관해 말해 보시오.
- 이 일을 희망하는 다른 사람과 비교하여, 당신은 어떤 점이 뛰어납니까?
- 이 회사건물에 들어와 보고 무엇을 느꼈습니까?
- 인생을 살면서 부끄러운 일을 한 적이 있습니까?
- 자기자신을 소개/PR해 보시오. 1분 안에 자신을 소개하시오(혹은 자신 있는 외국어로 소개).

- 자신에 대해서 사자성어로 표현해 보시오.
- 자신에게 있어 가장 소중한 것은 무엇입니까? (유형·무형의 것 각각 1가지씩)
- 자신에게 있어서 가장 큰 도전은 무엇입니까?
- 자신을 색깔로 표현한다면 무엇입니까? 그 이유는?
- 자신을 표현할 수 있는 영어단어, 한글단어, 고사성어를 각각 한 가지씩 말해 보시오.
- 자신의 능력과 일 습관을 개선하기 위해서 노력했던 것은 무엇입니까?
- 자신의 매력 포인트는 무엇이라고 생각합니까?
- 자신의 고쳐야 할 버릇이 있다면 무엇입니까?
- 자신의 성격에 대해 말해 보시오.
- 자신의 성장과정에 지대한 영향을 끼친 사람이나 사건이 있습니까?
- 자신의 얼굴 중에서 고치고 싶은 점은 무엇입니까?
- 자신의 외모 중 가장 매력적이라고 생각되는 부분은 무엇입니까?
- 자신의 첫인상에 대해서 남들이 뭐라고 합니까?
- 잘 웃는 편입니까? 자신의 미소에 대해 어떻게 생각합니까?
- 장기적 목표는 무엇입니까? 앞으로 10년 후에 어떻게 되어 있고 싶습니까?
- 서비스 일을 해보셨습니까?
- 좋아하는 요리에 대해서 말해 보시오.
- 지금까지 살면서 가장 재미있었던 일은 무엇입니까?
- 지금까지 좌절감을 맛보았던 적이 있습니까?
- 지금까지 최대 난제는 무엇이었습니까? 그리고 어떻게 해결했습니까? 어려움을 극복했던 때의 일을 설명해 주십시오.
- 첫 월급을 타면 어디에 쓸 계획입니까?
- 최근에 가장 슬펐던 일, 최근 가장 가슴 아팠던 일이 있었습니까? 어떻게 극복하였습니까?
- 최근에 가장 열중하고 있는 일은 무엇입니까?
- 최근에 가장 잘했다고 생각하는 일은 무엇입니까?
- 취침시간과 기상시간은 언제입니까?

- 학교에서 동아리 활동을 합니까? 무슨 활동입니까? 어떤 것이 도움이 됩니까?
- 본인에 대한 타인의 평가는 어떻다고 생각하십니까?
- 취미는 무엇입니까?
- 특기에 대해 이야기해 보시오.
- 평소의 뷰티 관리법을 말해 보시오.
- 하루 일과에 대해서 말해 주시겠습니까?
- 한 달에 용돈은 얼마나 씁니까?
- 봉사를 해봤습니까? 느낌은 어떠했습니까? 안 해봤다면 안 해본 대로 봉사의 의미는?

▪ 가정환경

그 사람이 지금까지 성장한 가정환경이 그 사람의 생에 막대한 영향을 끼쳤을 것은 두말할 필요가 없을 것이다. 면접관은 당신이 어떠한 가정환경에서 태어나 어떻게 성장해 왔는지를 알고 싶어한다. 그러므로 가족사항에 대해 답변할 때는 가정의 분위기나 특징에 대해 덧붙여 이야기하는 것이 효과적이다. 가정의 분위기를 어떻게 설명하느냐는 점도 당신의 노력 여하에 따라 달라질 수 있는 능력인 것이다.

형제의 소개는 '위로는, 아래로는' 하는 형태로 자연스럽게 자신의 위치를 설명하며, 간략히 가족구성원별로 특징적인 설명을 덧붙이는 것이 좋다.

집안의 가훈에 대한 질문이라면 거창한 문구가 아니더라도 가정 내에서 중요하게 여기고 있는 내용을 간략히 이야기하면 될 것이다.

- (가족이 많은 사람에게) 대가족의 장점을 말해 보시오.
- 가족사항에 대해 말해 보시오.
- 당신의 가정은 어떤 가정입니까? 어떤 교육지침을 갖고 있습니까?
- 부모님 슬하를 떠나 살아본 적이 있습니까?
- 부모님에게서 영향을 받은 것은 무엇이라고 생각합니까?
- 아버지가 퇴근하시면 주로 어떤 대화를 나눕니까? 평상시의 대화내용은?
- 외동딸/맏딸/막내의 장단점에 대해 얘기해 보시오.

- 외동딸인데 이기적이고 욕심 많은 성격이지 않습니까?
- 집안의 가훈(家訓)이 있습니까? 가훈을 실천해 본 경험이 있다면, 사례를 들어 설명해 보십시오.
- 집에서 이 직업을 갖는 것에 대해 반대하지 않습니까? 당신의 가족들은 승무원이 된다는 것에 대해 어떻게 생각하십니까?
- 평소 부모님의 가르침은 무엇이었습니까? 어떤 교육을 받으며 자랐습니까?

■ 교우관계

지원자가 '폭넓은 인간관계를 가지고 있는가' 하는 것은 불특정 다수의 고객 서비스업무를 수행해야 할 승무원을 지원하는 사람의 자질을 평가하는 데 있어 필수요건이라고 할 수 있다.

예로부터 '그 사람을 알려면 그 친구를 보라'는 말이 있듯이 친구들을 보면 그 사람의 인격까지도 가름할 수 있다. 교우관계에 대한 질문은 단순히 친구관계만을 국한하여 그 사람의 인간성을 추측하고자 하는 것이 아니라, 친구관계를 통해 지원자의 성향을 알아보려 하는 것이다. 소수라도 친구를 깊이 사귄다는 의미에서 친구가 그리 많지 않다고 대답하는 경우가 있으나 그보다는 다양한 사람과 폭넓은 교우관계를 갖고 있는 원만한 성격을 보일 때 긍정적으로 평가될 것이다.

- 가장 친한 친구에 대해 소개해 보시오.
- 당신의 친구는 당신에 대해서 뭐라고 말합니까?
- 사랑과 우정 중 어떤 것을 선택하시겠습니까?
- 외국인 친구가 있습니까?
- 진정한 친구의 의미는? '친구관계'는 무엇이라고 생각합니까?
- 최근에 친구와 심하게 다툰 적이 있다면 언제, 어떤 일 때문이었습니까?
- 취직문제에 대해 친구들과 이야기한 적이 있습니까?
- 친구가 많습니까? 친한 친구가 몇 명 정도 있습니까?
- 친구들로부터 어떤 평가를 받고 있다고 생각합니까?
- 친구와 사귀는 데 가장 중요하다고 생각하는 것은 무엇입니까?

- 친한 선배, 후배 한 사람씩만 소개해 보십시오.
- 친한 친구를 만나면 주로 무엇을 합니까?
- 크리스마스 때 친구나 연인에게 카드를 몇 장 정도 보내고 받습니까?

■ 성격/성향

기본적으로 면접 중에는 밝고 명랑하고 적극적인 성격을 드러내어 표정 또한 생기 있게 보이도록 해야 한다. 간혹 본인은 '밝고 명랑한 성격'이라고 말하고 있으나 타인에게는 전혀 그렇게 보이지 않는 경우가 있다. 성격이나 성향은 겉모습에 드러나야 하는 것이며, 자신이 주장하는 바와 겉모습이 일치하지 않는다면 오히려 감점요소이다. 성격이나 성향을 노력해서 하루아침에 바꿀 수는 없다. 이 질문의 의도는 구체적인 자신의 장단점을 알기보다는 자기 자신에 대해 어느 정도의 객관적인 분석을 하고 있고, 자기 개선의 노력 등을 시도하는지를 알고자 함에 있다.

- 다른 사람과는 어떻게 잘 지냅니까?
- 사람들과 친해지는 본인만의 노하우는 무엇입니까?
- 당신은 목표달성을 위해 매진하는 타입입니까?
- 당신은 적극적입니까?
- 당신은 전통찻집과 화려한 커피숍 중 어떤 스타일을 좋아합니까?
- 당신은 정리정돈을 좋아합니까?
- 당신의 근면성(성실성)을 예를 들어주시겠습니까?
- 당신의 버릇이 있다면 밝힐 수 있겠습니까?
- 사람들과 함께 있기를 좋아합니까, 혼자 있는 것을 좋아합니까?
- 스트레스를 언제 가장 많이 받습니까?
- 어떤 문제에 부딪혔을 때 혼자 해결하는 편입니까, 누구와 의논하는 편입니까?
- 어떤 타입의 사람과 일하기가 어렵습니까?
- 어떤 타입의 사람과 일하기를 좋아합니까?
- 긴장될 때 어떻게 자신을 릴랙스합니까?
- 지금 옆 사람의 성격은 어떻게 보입니까?

- 일을 시작하면 끝까지 완수합니까?
- 일이 계획대로 잘되지 않을 때, 당신은 계획을 변경할 수 있습니까?
- 자신의 성격 중에서 고치고 싶은 점은 무엇입니까?
- 자신의 성격과 승무원의 덕목과의 연관성을 말해 보시오.
- 자신의 성격을 3가지의 형용사로 표현해 보시오.
- 자신의 성격의 장점은 무엇입니까?
- 자신의 성격이 어떻다고 생각합니까? (유머러스한 성격이라고 하자) 그 유머는 어디를 통해서 얻습니까?
- 좋아하는 색깔과 그 이유를 말해 보시오.
- 하루의 일을 통한 스트레스를 어떻게 처리합니까? 중압감을 어떻게 극복합니까?

■ 취미, 여가 활용 및 경험

일과 개인의 라이프스타일이 균형이 잘 잡혀 있는가를 묻는 질문이다. 일반적으로 개인적인 취미와 라이프스타일을 가지고 있는 사람이 일을 더 잘 수행한다고 생각한다. 주로 이력서에 자신이 적어낸 취미를 중심으로 질문하게 되며, 특히 취미에 관한 첫 번째 질문에 대한 답변은 계속적인 꼬리 질문을 유도할 수 있다. 예를 들면 취미가 무엇입니까? - 수영입니다 - 얼마나 잘하나요? 몇 미터 정도 갑니까? 이런 식이다.

여기서 주의할 점은 이때 단순히 "20미터요." 하는 식의 답은 피해야 한다. 어떻게든 답변의 기회가 있을 때는 답의 내용이 단순할수록 풍성하게 내용을 살려서 성의 있게 답하는 것이 중요하다.

"(미소 지으며) 네, 사실 수영을 배울 기회가 없었는데 승무원이 되기를 꿈꾸면서 배우기 시작했습니다. 지금은 50m 이상은 충분히 갈 수 있습니다."

- (노래 부르기가 취미인 경우) 노래방에서 몇 시간이나 즐길 수 있습니까?
- 최근 읽은 책에서 당신이 얻은 교훈에 대해서 말해 주십시오.
- 지루해 하는 승객에게 추천하고 싶은 책/영화는?
- 기억에 남는 여행이 있다면 말해 보시오.

- 방과후엔 주로 무얼 합니까?
- 수영은 얼마나 할 수 있습니까?
- 술을 좋아합니까? 주량은 얼마나 됩니까?
- 어떤 음악을 좋아합니까? 즐겨 부르는 노래는?
- 어떤 책을 책상에 꽂아두고 있습니까?
- 여가를 어떻게 보내고 있습니까? 주말엔 주로 무엇을 합니까?
- 자주 보는 텔레비전 프로그램은 무엇입니까?
- 좋아하는 스포츠 팀이나 선수를 말해 보시오.
- 좌절에 빠진 친구에게 추천해 주고 싶은 책과 그 이유는 무엇입니까?
- 최근 여행을 해본 적이 있습니까? 어디를 갔다 왔습니까? 여행목적은?
- 최근에 감명 깊게 읽은 책은 무엇입니까? 최근 읽은 책의 작가와 제목을 말해 보시오.
- 최근에 본 영화 중 특히 감명 깊었던 것은 무엇입니까?
- 특기가 요리라면 어떤 요리를 잘합니까?
- 기내식으로 추천하고 싶은 음식은?
- 해외 중 어느 곳을 가장 먼저 가보고 싶습니까? 그 이유는 무엇입니까?

학교/전공에 관한 질문

■ 대학생활/전공

"전공이 ○○○인데 승무원을 지원한 이유는?"

"전공을 통해 무엇을 배웠는가? 승무원과의 연관성은?"

특히 대학 재학 중이거나 갓 졸업한 지원자라면 자주 듣게 되는 질문이다. 이때 전공학부를 선택한 이유나 교육내용, 재학 중 활동 등이 중심이 되는데, 학교 교육을 통해 익힌 지식을 업무에서 어떻게 살릴 것인가에 대해서도 질문을 받는다.

자신의 판단으로 학교를 선택했던 것이나, 구체적인 장래목표를 이루기 위해서 준비한 내용, 학교에서 익힌 지식과 기술을 업무에서 살려나갈 것 등의 대답을 준비해 둔다. 사회활동 등을 통해 일에 대한 자신감과 기능을 익혔던 경험도 좋은 설명이 될 것이다.

학창시절에 있어서도 공부, 인생관, 교우관계 같은 주관적인 상황에서부터 학창시절에 자취생활을 했는지, 했다면 어떻게 해왔는지에 대한 관심은 근본적으로 같은 것이라는 점에 유의해야 할 것이다.

자신의 전공과목 정도는 간략하게 설명할 수 있도록 준비한다. 학문적으로 어렵게 말할 필요가 없다. 말의 내용보다도 학교라는 신변적인 화제를 활기 있게 이야기할 수 있는 지원자라면, '분명히 즐겁고 충실한 학창시절이었을 것이다', '젊은이답고 호감이 느껴진다', '업무도 즐겁게 해낼 수 있을 것이다', '이런 사람이 좋다'라는 심리가 면접관에게 느껴지는 것은 당연한 일이다. 학교 수업 중에 한 가지 정도 관심 있었던 것이 분명히 있었을 것이므로 학교에 관한 이야기가 나오면 객실승무원 업무를 수행하는 데 있어 유익하게 연관지어서 적극적으로 답변하도록 한다. 학교생활의 상징이 될 만한 체험을 예로 들어 간결하게 설명하는 것도 좋은 방법이다.

학점은 지원자의 성실성을 파악하는 중요한 잣대가 되므로, 학교성적이 낮은 지원자의 경우 부담이 될 수도 있다. 지원자의 학교성적이 절대적인 평가요소가 된다기보다 그 성적에 대해 자신이 어떻게 받아들이고 있는가 하는 점이다. 좋지 않았던 성적을 좋았던 것처럼 말해도 안 되고, 이런저런 핑계를 둘러대는 것도 좋지 않다. 성적의 결과를 솔직히 인정하고, 대신 자원봉사나 과외활동으로 다양한 스킬과 문제해결능력을 키운 것으로 보충설명을 할 수 있을 것이다.

- (_____)의 전공/학부를 선택한 이유는 무엇입니까?
- (_____)학교를 선택한 이유는 무엇입니까?
- (졸업생의 경우) 졸업 후 무엇을 하면서 지냈습니까?
- 가장 좋아했던 과목과 싫어했던 과목은 각각 무엇이었으며, 그 이유를 말해 보시오.
- 가장 좋았던 교수님에 대해서 설명해 주십시오.
- 내가 만약 학과장이라면 ○○○과의 어떤 점을 개선하고 싶은지 말해 보시오
- 당사에 지원하기 위해서 대학시절 동안 어떻게 준비해 오셨습니까?
- 당신의 전공선택에 대해 후회해 본 적은 없습니까?
- 대학생활에 만족합니까?
- 대학에서 가장 큰 성과는 무엇입니까?
- 성적이 다소 좋지 않은데 전공학과가 마음에 들지 않으셨습니까?
- 얼마 남지 않은 대학생활에 대해서 말해 보시오 (아쉬운 점이 있다면 무엇입니까?).
- 왜 전공과 상관 없는 이 직업을 선택했습니까?
- 입학하기 전과 입학 후 학과의 교육과정을 이수한 후에 자신의 생각에 변화가 있었다면 어떤 점이었는지 말해 보시오.
- 자신의 대학생활이 앞으로 미래에 어떤 도움이 된다고 생각합니까?
- 재학 중에 취득한 자격증이 있습니까?
- 전공 외에 다른 공부는 생각해 본 적이 없습니까?
- 전공소개를 해보시오.
- 전공을 살리지 못해서 아쉽지 않습니까?
- 전공을 통해 무엇을 배웠습니까?

- 지금까지의 학교생활 중 가장 인상에 남았던 일을 말해 보시오.
- 지난 여름(겨울)방학 때는 무엇을 했습니까?
- 집과 학교까지의 교통수단은 무엇입니까? 소요시간과 그동안 하는 일은?
- 책은 많이 읽었습니까?
- 학과 공부는 어떻게 했습니까?
- 학과(학교) 특징과 자랑을 해보시오.
- 학과가 적성에 맞습니까? 편입생각은 없습니까?
- 학교 때의 성적은 좋은 편이었습니까?
- 학교 서클(동아리)에 대해서 말해 보시오. 그것을 통해 무엇을 얻었다고 생각합니까?
- 학교 주변에 주로 잘 가는 곳은 어디입니까?
- 학교축제에 대해서 설명해 보시오.
- 학교에서 당신이 배운 중요한 것은 무엇입니까?
- 학교에서 무엇을 배우는지 학교에서 배운 과목에 대해 설명해 보시오.
- 학교에서 주당 몇 시간 공부합니까?
- 학창시절 동안 가장 자신 있게 그리고 가장 기억에 남는 것은 무엇입니까?
- 학창시절에 배운 것을 승무원이라는 직업에 어떻게 적용시킬 생각입니까?
- 학창시절은 전반적으로 어떠했습니까?

■ 외국어능력

외국어성적이 높으면 높은 대로 낮으면 낮은 대로 개인별 외국어 공부법에 대해 질문할 것이며, 특히 토익성적이 좋지 않다면 그 이유를 압박 면접의 형태로 물을 수도 있다. 또 실제로 외국어 구사능력을 보여주기를 원할 수도 있다.

결국, 승무원으로서의 자질과 능력이 평가의 핵심이므로, 어학에 관련된 질문에 솔직하게 대답하고, 앞으로의 계획과 개선 노력의 의지를 조리 있게 피력하는 것이 좋다.

- 어학연수를 다녀온 적이 있습니까? 어느 도시에서 있었습니까?

- (영어성적이 좋지 않은 사람에게) 토익점수가 낮은데 비행근무를 할 수 있다고 생각합니까?
- (JPT, JLPT 자격증이 있는 경우) 어떤 시험인지 설명해 보시오.
- 당신의 이력서에, 중국어를 잘한다고 했는데, 어디에서 공부했습니까?
- 승무원에게 외국어가 왜 중요하다고 생각합니까?
- 어학연수를 가면 한국 사람들끼리 어울린다던데, 어떻게 공부했습니까?
- 영어방송문을 한 번 읽어보시오.
- 영어 외에 할 수 있는 외국어가 있습니까? 자격증이 있습니까?
- 영어로 자기소개를 해보시오.
- 영어와 다른 외국어 중 무엇이 더 편합니까?
- 영어회화는 어느 정도 가능합니까? 자신이 있습니까?
- 외국어가 중요한데 어떻게 준비하고 있습니까?
- 일본어, 중국어 자격증을 갖고 있습니까?
- 토익점수가 낮은데 그 이유는 무엇입니까?
- 학과에 원어민 영어교수님이 있습니까?
- 회화와 작문 중 어떤 것을 잘합니까?

■ 사고력/판단력/가치관

  기업체마다 입사면접 질문이 갈수록 독특해지고 지원자들의 말문이 막히게 하는 면접 질문들이 늘어나는 추세다. 이는 이력서만으로 평가하기 힘든 지원자의 성향, 인성, 가치관 등을 엿보기 위해서다. 특히 현대사회에 세대 간, 가치관의 차이와 혼란이 사회문제, 직장 내의 문제로까지 대두되면서 이러한 질문에 대한 답변도 관심을 갖고 생각해 두어야 할 것이다.

  특히 가치관에 관한 질문은 자신의 답변에 면접관을 납득시킬 만한 이유를 사례로 들어 제시하는 것이 중요하다.

- 천만 원을 줍는다면 무얼 하겠습니까?
- 가장 바람직한 인간상을 말해 보시오.
- 가장 존경하는 인물이 있다면 누구이며, 그 이유는 무엇입니까?
- 구체적인 직업관을 가지고 있습니까?
- 다른 지원자의 대답에 대해 어떻게 생각하는가?
- 당신의 생활신조는 무엇입니까?
- 당신의 인생관, 좌우명이 있다면 말해 보시오.
- 당신이 생각하는 성공의 기준은 무엇입니까?
- 대인관계에서 중요한 것은 무엇이라고 생각합니까?
- 돈, 명예, 일 중 어떤 것을 택하겠습니까?
- 로또 1등에 당첨된다면 무엇부터 하겠습니까?
- 리더십을 가지려면 어떤 것이 필요하다고 생각하십니까?
- 사주를 믿습니까?
- 사회봉사활동 경험이 있습니까? 있다면 거기서 무슨 일을 했습니까?
- 사회봉사활동이 필요하다고 생각합니까?
- 입사시험에 사회봉사활동 점수를 감안한다면 어떻게 하겠습니까?

- 누군가에게 식사를 대접한 후 비용이 턱없이 모자랄 경우, 어떻게 처리하겠습니까?
- 운으로 되는 일이 많습니까, 실력으로 되는 일이 많습니까?
- 인생에서 가장 중요하게 생각하는 것은 무엇입니까?
- 인생의 가치에 대해 말해 보시오.
- 인생의 목표는 무엇입니까?
- 입사하면 나이 어린 분들이 선배로 많을 텐데, 그런 나이 차이에 대해서 어떻게 생각합니까?
- 자신의 인생지표가 되는 사람이 있다면 누구입니까?
- 지하철에서 현금 백만 원이 든 지갑을 주웠다면 어떻게 하겠습니까?
- 행복은 무엇이라고 생각합니까?
- 많은 서비스기업에서 '고객을 사랑한다'고 합니다. 사랑은 무엇이라고 생각합니까?

■ 결혼관

결혼과 직업과의 관계에 대한 의견, 일에 대한 욕심과 포부를 듣고 싶어서 하는 질문이다. 개인의 일에 대한 의지와 함께 사회 전반에서 적극적이고 진취적인 여성을 필요로 하고, 회사 내에서도 출산, 육아휴가 관련정책들도 안정되게 운영되고 있는 풍조임을 들어 자신감 있게 의지를 밝히도록 한다.

- 결혼 후 직장은 어떻게 하시겠습니까?
- 결혼, 출산, 일에 관한 생각을 말해 보시오.
- 결혼생활과 직장생활을 병행하기 힘들 것 같지 않습니까?
- 결혼은 언제 할 생각입니까? 본인이 생각하는 결혼 적령기는 언제입니까?
- 당신의 일과 결혼 중 어느 것이 더 중요하다고 생각합니까?
- 맞벌이 부부에 대해서 어떻게 생각합니까?
- 배우자 선택에 있어서 가장 중요하다고 생각되는 것은?
- 배우자와 희망하는 신혼여행지가 다르다면 어떻게 하겠습니까?
- 어떤 상대와 결혼하고 싶습니까?

- 여성과 일에 대한 의견을 말해 보시오.
- 여성리더로서 갖추어야 할 3가지를 말해 보시오.

■ 서비스마인드

'자신이 받은 서비스에 대해 느낀 점을 말해 보라'는 질문은 특히 서비스기업 채용면접에 잘 나오는 질문이다. 이때는 자신만의 경험을 예를 들어 설명하면서 서비스에 대한 견해를 밝히는 것이 좋다.

우선 물적 서비스 면에서 큰 차이가 없는 항공업계에서는 이 물적 서비스에 부가가치를 더하는 것이 인적 서비스라는 인식을 바탕으로 하여, 자신은 평소 생활 속에서 받게 되는 다양한 서비스의 좋고 나쁨을 의식하며 생활하고자 노력하면서 서비스마인드를 키워왔음을 강조한다.

- '손님은 왕이다'라는 말에 동의합니까? 한다면 정당하지 않은 걸 요구할 경우 어떻게 대처할 생각입니까?
- 감동적인 서비스를 받아본 경험을 말해 보시오.
- 고객만족이란 무엇이라고 생각합니까?
- 고객이 당신에게 욕설을 한다면 어떻게 하시겠습니까?
- 고객이 어려운 부탁을 한다면 어떻게 하겠습니까?
- 고객 측면과 회사 측면에서 서비스에 임하는 자세를 설명해 보시오.
- 당신의 고객을 설득하는 방법은 무엇입니까?
- 자신만의 독특한 서비스 방법 또는 아이디어가 있다면 말해 보시오.
- 미소가 갖는 힘은 무엇입니까?
- 미소가 서비스에 있어 왜 중요합니까?
- 불쾌한 서비스를 받았다면 어떻게 대처하겠습니까?
- 사전적 의미 말고 본인이 생각하는 '진정한 서비스'를 말해 보시오.
- 서비스 질의 향상 방안을 말해 보시오.
- 서비스를 한 단어로 표현해 보시오.
- 서비스 종사원으로서 가장 자신있게 할 수 있는 일은 무엇입니까?
- 서비스 종사원으로서의 승무원의 자질을 말해 보시오.

- 서비스에 관한 책을 읽어본 적이 있습니까? 소개해 보시오.
- 서비스에서 중요하다고 생각하는 것은?
- 승객과 언어로 의사소통이 안 될 경우 어떻게 하겠습니까?
- 승객들에게 좋은 서비스를 해줄 수 있는 자신만의 노하우를 말해 보시오.
- 승무원의 덕목 한 가지와 그것을 이루기 위해 노력한 사항을 말해 보시오.
- 어떤 고객이 상대하기 힘든 고객이라고 생각합니까?
- 까다로운 고객을 어떻게 만족시키겠습니까?
- 외국인 관광객이 서울에 도착하였는데 어디를 가장 추천하고 싶습니까?
- 지금까지 느꼈던 가장 기분 나빴던 서비스는 언제였습니까?
- 편안한 서비스를 위한 얼굴 표정을 나타내 보시오.
- 서비스직원으로서 오랫동안 차례를 기다리는 손님의 불평에 어떻게 대처할 생각입니까?

직장/경력에 관한 질문

■ **직장생활**

일에 대한 책임감, 업무와 직장에 대한 적응력과 인내력 등 근무태도 전반에 대한 질문으로 지원자가 어떤 직업인상, 사회인상을 그리고 있는가를 알고자 하는 질문이다. 직장인으로서 바람직한 직업관을 갖고 업무에 있어 프로답게 일을 처리할 수 있다는 태도를 보여야 한다.

또한 승무원은 기내에서 불특정 다수의 승객을 대하며 예상치 못한 다양한 상황에 대처할 수 있는 능력이 요구되므로 창의적이고 적극적인 마인드가 필요하다.

그러므로 회사입장에서는 지원자가 '내가 할 일은 내가 책임진다'는 책임감이 있는지, 일을 맡겨도 될 것인지, 주어진 일을 끝까지 성실하게 해낼 수 있는지를 경영과 조직의 입장에서 평가하게 된다.

- 갑작스런 일이 주어졌는데 사전에 다른 약속이 있다면 어떻게 하시겠습니까?
- 기업의 이익과 고객의 이익에서 모순이 생긴다면 어떻게 하겠습니까?
- 당신보다 나이 어린 사람이 선배행세를 한다면 어떻게 하겠습니까?
- 당신이 일하는 목적은 무엇입니까?
- 동료나 상사가 커피심부름을 시킨다면 어떻게 하겠습니까?
- 바람직한 직장인의 상을 말해 보시오.
- 바빠 출근하다 운동화를 신고 있는 것을 발견했다면 어떻게 하겠습니까?
- 부서업무가 바빠서 휴가를 허락할 수 없다는 상사의 지시가 있다면 어떻게 하겠습니까?
- 상사가 내일까지 하라고 시킨 일이 절대 내일까지 못 끝낼 일이라면 어떻게 하겠습니까?
- 상사가 부당한 일을 시킵니다. 어떻게 하시겠습니까?
- 상사와 의견이 다를 때 어떻게 하겠습니까?

- 선약이 되어 있는 주말에 회사일이 생겼습니다. 어떻게 하시겠습니까?
- 신입사원으로서 주의해야 할 것은 어떤 것이라고 생각합니까?
- 입사 후 다른 사람에게 절대로 지지 않을 만한 것이 있습니까?
- 입사동기가 당신보다 먼저 승진했다면 어떻게 하겠습니까?
- 자신에게 직장이 어떤 의미인지를 말해 보시오.
- 직장과 학교의 차이점은 무엇이라고 생각합니까?
- 조직사회에서 당신이 열심히 일했는데도 불만을 들으면 어떻게 할 것입니까?
- 직무상의 적성과 보수의 많음 중 어느 것을 택하시겠습니까?
- 직장상사와 업무상 심한 의견충돌이 있다면 상사와의 불화를 어떻게 처리할 생각입니까?
- 취직이란 당신에게 어떤 의미가 있습니까?
- 퇴근시간이 훨씬 지났는데도 상사가 계속 일을 시킨다면 어떻게 하겠습니까?
- 하기 싫은 일이 주어진다면 어떻게 하겠습니까?
- 학생과 직장인의 마음가짐은 어떻게 다른지 설명해 보시오.
- 협조를 하지 않고 제멋대로만 하는 동료가 있다면 어떻게 하겠습니까?
- 회사업무와 개인업무 중 어느 것이 더 중요하다고 생각합니까?
- 회사원으로서 어떠한 마음가짐을 갖고 있습니까?
- 친구들과 미리 정해놓은 휴가일정이 상사와 겹쳤습니다. 한 사람만 갈 수 있다면 어떻게 하시겠습니까?
- 퇴근 후 상사의 업무지시에 대해 어떻게 생각합니까?

■ 조직적응력

조직생활 시 융화력과 합리성을 평가하기 위한 질문에 조직적응에 대한 의지를 보여주어야 한다. 회사 관계자는 "작은 일이라도 책임감을 갖고 완수하려는 자세에 높은 점수를 주고 있으며 매사에 최선을 다하는 성실성이 중요하다."고 말한다. 기업은 조직 내에서 상호 조화를 통한 근무가 가능한 것인가를 보는 조직적응력의 유무를 심사하고자 한다. 화려한 스타플레이어보다 묵묵히 일하면서 팀워크를 중시하는 스타일을 선호한다는 얘기다.

과도한 충성심만을 보이려는 대답은 적절치 않고 합리적인 문제해결 방향을 제시하는 것이 좋다.

기업과 조직은 서로의 입장을 이해하고 항상 사람들과 원만하게 지낼 팀워크 마인드를 갖춘 사람을 선호한다.

특히 승무원들의 기내서비스 활동 중에서 동료 간의 협조는 승객들의 편안한 여행과 안전운항에 중요한 역할을 한다.

- '팀워크'는 무엇이라고 생각합니까?
- 기업조직의 일체감을 위해 가장 중요하다고 생각하는 것은 무엇입니까?
- 단체생활을 해본 적이 있습니까?
- 리더가 된다면 당신의 관리 스타일을 설명해 주시겠습니까?
- 사람들과 협조해 가려면 무엇이 가장 중요하다고 생각합니까?
- 상사가 업무와 무관한 일을 시키면 어떻게 할 생각입니까?
- 승무원이 된다면 어떻게 승무원 간에 협조를 하겠습니까?
- 어떤 문제에 부딪혔을 때, 혼자 있는 것과 여럿이 있을 때 어느 편이 더 좋습니까?
- 팀원들과 마음이 맞지 않는다면 어떻게 대처하겠습니까?
- 혼자서 일하는 것과 팀으로 일하는 것 중 어느 것을 선호합니까?
- 회사의 일원으로서 어떻게 하면 협동심이 원활해진다고 생각하십니까?

▪ 사회경험자/경력자

사회경력이 있다면, 특히 서비스 관련업무에 근무한 경험이 있다면 더더욱 면접관은 관심을 갖고 직위, 급료, 근속연수, 담당직무 등에 대해 질문할 것이다. 그리고 이력서에는 쓰여 있지 않은 이직 사유에 대해 관심을 가질 것이다.

승무원업무와 관련없는 직업이었다고 하더라도 지금까지의 경력이 앞으로의 회사생활에 어떤 긍정적인 영향을 줄 수 있을지를 이야기한다. 외국연수 경험이나 자격증 취득, 인턴십 등에 관한 경험도 승무원직업과 연관시켜 구체적으로 설명한다면 충분히 강점이 될 수 있다. 그러한 경험들을 바탕으로 회사에서 무엇을 어떻게 발전시킬 것인지를 밝힌다. 자신의 경험에 대해 어떤 상황에서 어떤 업무를 맡아 어떻게 수행하여 성과가 있었는지를 간략하게 이야기하도록 한다.

만약 경력이 있다면 자신의 최근 이력서를 참고로 다음 사항을 정리해 보도록 하라.

- 경력내용(회사명, 직위명)
- 어떻게 지원하게 되었는가?
- 근무내용, 주요 직무(책임)
- 일의 평가기준(1년에 몇 회 평가가 있는가)과 자신의 평가내용
- 과거경력에서 가장 좋았던 점, 애로사항은 무엇입니까?
- 이전 직장에서 뛰어난 실적이 있었습니까?
- 과거 직업을 어떻게 경력으로 살려나가고 싶은가?
- 바람직한 기업의 조건은 무엇이라고 생각하는가?
- 어떤 기업에서 일하고 싶은가?
- 직장에서 당신의 역할은 무엇입니까?
- 당신의 경력에 대해서 말해 주시겠습니까?
- 당신의 동료는 당신과 함께 일하기를 좋아합니까?
- 당신의 상사와 업무상 좋은 관계를 어떻게 유지합니까?
- 당신의 업무성과를 어떻게 판단합니까?
- 당신의 이력서를 보니, 일을 자주 바꾸셨네요. 왜 그런지 설명할 수 있습니까?
- 당신의 일에서의 단점이 무엇입니까? 일에서 가장 스트레스를 받은 부분은 무엇입니까?
- 당신의 현 직장에서 중요한 일은 무엇입니까?
- 당신이 만나본 최고의 상사에 대해서 설명해 보시오.
- 당신이 경험했던 것 중 어려움을 극복하고 성공적으로 이끌었던 사례가 있습니까?
- 매일 어떻게 동기부여를 하면서 일을 계속합니까?
- 목표를 달성하기 위해서 얼마나 노력했습니까?

- 왜 전 직장을 그만두었습니까?
- 이 일에서 활용할 수 있는 당신의 경험에 대해서 말해 주시겠습니까?
- 일을 어떻게 시작했습니까?
- 일을 통해 배운 점에 대해서 설명해 보시오.
- 전 직장에서 가장 어려운 문제는 무엇이었습니까?
- 직장에서 다른 사람과 어울리면서 무엇을 배웠습니까?
- 퇴사 후 얼마 동안 일을 찾고 있었습니까?
- 현재 근무하는 회사에 대해서 설명해 주시겠습니까?
- 현재 회사를 다니고 있는데 어떻게 시험을 보러 왔습니까?

항공관련 질문

    항공관련한 전문적인 지식은 아직 습득하지 못했다 해도 지원자 자신이 항공관련 상식, 항공업계 뉴스 등에 대해 어느 정도 알고 있는지를 통해 그 일에 대한 관심과 열의를 평가하게 될 것이다.

- '○○항공' 하면 무엇이 생각납니까? 우리 회사 하면 제일 먼저 떠오르는 것은 무엇입니까?
- 우리 회사의 서비스상품 중 알고 있는 것은 무엇입니까?
- 우리 회사에 어떻게 기여할 수 있습니까?
- 우리 회사의 서비스를 이용해 보신 적이 있습니까? 그 서비스를 평가한다면?
- 우리 회사의 어떤 점이 매력적입니까?
- 우리 회사의 어떤 점에 가장 관심이 있습니까?
- 마일리지 적립 제도에 대해서 어떻게 생각하십니까?
- 세계에서 가장 좋은 항공사는 어디입니까?
- 왜 우리 회사를 지원했습니까?
- 우리 항공사 인터넷 홈페이지를 알고 있습니까? 장단점은?
- 우리 항공사의 이미지가 어떻습니까?
- 우리 회사 광고 중에 가장 인상 깊었던 것을 말해 보시오.
- 우리 회사 승무원이 갖춰야 할 자질 3가지를 말해 보시오.
- 우리 회사 외에 다른 회사에 지망한 적이 있습니까?
- 우리 회사가 보유하고 있는 비행기 수는 총 몇 대인지 알고 계십니까?
- 우리 회사가 전 세계적으로 취항하고 있는 나라 수와 도시 수를 말해 보시오
- 우리 회사가 최근 들어온(들여올 예정인) 최신 비행기 이름을 말해 보시오.
- 우리 회사가 최근 취항한 곳이 어디인지 알고 계십니까?
- 우리 회사가 취항했으면 하는 도시는 어디입니까?
- 우리 회사가 타 항공사에 비해 강점은 무엇이라고 생각합니까?

- 우리 회사가 현재 보유하고 있는 항공기 유형(type)은 무엇인지 알고 계십니까?
- 우리 회사를 한 단어로 표현해 보시오.
- 우리 회사에 근무하는 사람이 몇 명이나 되는지 알고 계십니까?
- 우리 회사에 대한 부정적 평가에 대해 들어본 적이 있습니까? 있다면 무엇입니까?
- 우리 회사에 대해 아는 것이 있다면 무엇이 있습니까?
- 우리 회사에 들어오기 위해 본인이 특별히 노력한 것이 있습니까?
- 우리 회사에 들어오면 무엇을 얻을 수 있다고 생각합니까?
- 주위에 우리 회사에 대해 아는 사람이 있습니까? 우리 회사에 대한 이야기를 들은 적이 있습니까?
- 승무원이 아니라면 어느 부서에서 일하고 싶은가? (자신의 성격과 결부시켜 이야기하라.)
- 우리 회사에 지망하겠다고 마음먹은 것은 언제부터이며, 어떤 이유입니까?
- 우리 회사에서 어느 정도의 직책까지 오르고 싶습니까?
- 우리 회사와 자신의 이미지가 어느 면에서 잘 맞는다고 생각합니까?
- 우리 회사와 타 항공사를 비교해 보았을 때 어떻게 개선해야 한다고 생각합니까?
- 우리 회사의 기업문화에 대해 말해 보시오. 우리 회사의 Motto를 알고 있습니까?
- 우리 회사의 기존 이미지와 새로운 이미지의 차이점을 말해 보시오.
- 우리 회사의 단점을 이야기해 보시오.
- 우리 회사의 인재상은 무엇인지 알고 계십니까?
- 우리 회사 승무원의 단점은 무엇이라고 생각하는가? 그 이유는?
- 우리 회사 기내서비스의 장단점은?
- 우리 회사의 전망을 말해 보시오.
- 우리 회사의 최근 유니폼, 기내인테리어, 서비스 변화에 대한 당신의 생각은 어떻습니까?
- 최근 바뀐 우리 회사의 광고 중 가장 인상 깊었던 것은 무엇입니까?
- 최근 본 우리 회사에 대한 뉴스를 말해 보시오.

- 타 항공사 광고와 우리 회사 광고의 차이점을 설명해 보시오.
- 최신 비행기종을 알고 있습니까?
- 저비용 항공사에 대한 견해를 말해 보시오.
- 유가가 항공사에 미치는 영향을 설명해 보시오.
- 특별 기내식이 무엇입니까?
- 항공업계의 최신동향(새로운 정보)에 대해서 어떻게 정보를 모읍니까?

　지원자의 관심이 어느 정도 다양한가를 묻는 최적의 수단은 신문, 방송 등에 관한 질문이다. 특히 신문은 정치, 경제, 사회, 문화 등이 총합된 정보매체이기 때문에 신문에 관한 질문을 통해 지원자의 관심사항을 알게 된다. 특히 면접시점에 사회적 이슈가 되고 있는 뉴스에 대한 자신의 견해를 정리해 둘 필요가 있다.

- 1분간 한국을 소개해 보시오.
- 승무원에게 IQ와 EQ 중 어느 것이 더 필요하다고 생각하는가?
- TV는 하루에 어느 정도 봅니까? 주로 어떤 프로를 봅니까?
- 국회의원이 된다면 어떤 정치를 하고 싶습니까?
- 근래 들어 이혼율이 높은 데 대해 어떻게 생각하십니까?
- 사회노령화 문제에 대해 어떻게 생각합니까?
- 대통령선거에 누구를 뽑을 것이며 왜 그런 선택을 할 예정입니까?
- 대통령선거에 대해 요즘 젊은이들의 관심은 어느 정도 됩니까?
- 바람직한 대통령에 대해 설명해 보시오.
- 봉사란 무엇이라고 생각하십니까?
- 상식은 어디서 얻습니까? 평소 정보는 주로 어디에서 얻습니까?
- 성형수술이 왜 자신감을 준다고 생각합니까?
- 세계 평화를 위해서 우리가 할 수 있는 일에는 무엇이 있습니까?
- 신문을 읽습니까? 언제 봅니까? 어떤 것을 봅니까? 주로 어떤 면을 먼저 봅니까?
- 오늘 뉴스에서 기억에 남았던 기사내용을 말해 보십시오.
- 오늘 아침 조간신문의 헤드라인은 무엇이었습니까?
- 요즘 가장 즐겨 보는 방송 프로그램은 무엇입니까?
- 요즘 기업들이 채용 시 나이 제한을 없애는 것에 대해 어떻게 생각합니까?

- 요즘 외모지상주의에 대한 당신의 생각을 말해 보시오.
- 요즘 인터넷용어 사용이 많은데 이를 고치기 위한 방안을 말해 보시오.
- SNS를 하고 있습니까? SNS의 장단점은 무엇이라고 생각합니까?
- 요즘 젊은 20대들의 관심사는 무엇입니까?
- 청년실업, 경기불황으로 사회가 많이 힘든데, 요즘 젊은 사람들은 무슨 생각을 합니까?
- 최근 신문에서 본 기사 중 흥미를 가졌던 것은? 그것에 대해 어떻게 생각하고 있습니까?
- 최근 일주일간 대중매체(TV, 라디오, 신문 등)에서 접한 이슈를 말해 보시오.
- 한국에 온 외국손님에게 가장 추천하고 싶은 우리나라 관광지는 어디입니까?
- 한류열풍에 대한 자신의 의견을 말해 보시오.
- 해외에서 거주한 적이 있습니까? 만약 있다면, 어떻게 문화적 충격을 극복했습니까? 없다면 해외에서 사는 데 익숙해질 수 있습니까?
- 다음 총선에서는 어떤 정치인을 뽑고 싶습니까?
- 현재 사회적인 이슈는 무엇이라고 생각합니까?
- 환경문제를 해결하는 생활 속 실천방안에는 무엇이 있습니까?

✈ 기타

■ 긴장을 푸는 질문

면접관은 지원자가 긴장을 풀고 좀 더 편하게 말할 수 있는 환경을 만들어 주고자 한다. 특히 면접경험이 풍부한 면접관이라면 이 점을 염두에 두고, 응모자의 개인신상, 경력 등 이력서상의 정보를 참고로 하여, 면접을 시작할 때 보통 가벼운 질문부터 시작한다.

이러한 질문이 의외로 받아들여질지 모르나 지원자에게 있어서는 고마운 질문이라고 생각하는 것이 좋다. 그러나 이것도 질문의 기회가 주어진 것이므로 무성의하거나 장난스러운 답변은 금물이다. 특히 질문의 성격이 가벼운 내용일수록 더욱 충실히 신중하게 답변해야 한다.

- (성이 특이한 경우) 성에 관한 것들에 대해. 예) 어디 "○"씨인가?
- (이름이 특이한 경우) 이름에 관한 에피소드에 관해 얘기해 보시오.
- 1차 합격하고 기분은 어땠습니까?
- 현재 살고 있는 고장에서 유명한 것을 설명해 보시오.
- 만약 비행기에 연예인이 탄다면 어떻게 하시겠습니까?
- 면접이 끝나면 무엇을 할 생각입니까?
- 면접관의 인상을 묘사해 보시오.
- 별명이 있습니까?
- 같이 면접 보는 지원자들 중 누가 제일 먼저 말을 걸었습니까?
- 무인도에 떨어졌을 때 비행기 안에서 가져갈 3가지는 무엇입니까?
- 사랑과 우정 중 어느 것을 택하시겠습니까?
- 현재 살고 있는 동네가 마음에 듭니까?
- 학창시절 선생님 한 분을 묘사해 보시오.
- 승무원이 되는 것에 대해 부모님의 반대는 없었습니까?
- 시험장에 들어오기 전에 무슨 생각을 했습니까?

- 아침에 무엇을 먹었습니까?
- 어젯밤에 본 TV 프로그램은 무엇이었습니까?
- 여기 면접장에 오면서 어떤 마음, 어떤 생각을 하면서 왔습니까?
- 여기에 뭘 타고 왔습니까?
- 오늘 아침에 집에서 나올 때 부모님께서 하신 말씀은 무엇이었습니까?
- 옷은 얼마 주고 구입했습니까?
- 운동한 적은 있습니까? 평소 하는 운동종류는? 얼마나 자주 합니까?
- 이 건물을 찾는 데 고생했습니까?
- 자기 이름에 만족합니까?
- 자신에 대해 묘사해 보시오.
- 점심은 먹었습니까?
- 좋아하는 연예인 또는 가수는 누구입니까? 이유는?
- 좋은/찌뿌듯한/추운/더운/비가 오는/바람이 강한 날씨군요!
- 주량은 어떻게 됩니까?
- 주로 쇼핑은 어디서 합니까?
- 주로 친구랑 뭐합니까?
- 지금 기분(심경)은 어떻습니까?
- 집이 어디입니까? 거기 무슨 산이 있습니까? 누구와 산에 같이 가고 싶습니까?
- 최근 황당했던 일을 말해 보시오.
- 최근에 본 영화에 대해 말해 보시오.
- 커피를 좋아합니까? 즐겨 찾는 커피숍이 있습니까? 그 이유는?
- 평소 헤어스타일은 어떻습니까?
- 하루에 거울은 몇 번이나 봅니까? 어떠한 생각이 듭니까?
- 한국에서 가장 좋아하는 도시는 어디입니까?
- 합격하면 제일 먼저 어디를 갈 겁니까? 또 누구에게 제일 먼저 말할 겁니까?
- 화장은 누가 해주었습니까?

■ 위기대처 능력을 알아보는 난처한 질문

면접과정에서 예상치 못한 의외의 질문을 던짐으로써 지원자의 위기대처 능력과 순발력을 판단하는 방식이다. 생각해 본 바도 없고, 정답도 없을 것만 같은 질문들 때문에 지원자들이 가장 어려워하는 면접이기도 하다. 그러나 질문에 대한 답변을 어떻게 풀어가는지를 통해서 지원자의 순발력이나 위기대처 능력을 보기 위한 것이므로 '정답'이 없는 만큼 당황하지 말고 질문 의도를 파악하여 단순, 명료하게 자신의 생각을 말하면 된다.

- 까다로운 손님을 어떻게 대하시겠습니까?
- 내일 지구가 사라진다면 당신은 오늘 무엇을 하겠습니까?
- 다른 곳에서 화가 난 손님이 자신에게 화풀이를 할 때 어떻게 하겠습니까?
- 면접관에게 "당신은 이 회사에 적합하지 않은 것 같은데요."라는 말을 듣는다면?
- 당신이 지금 면접관이라면 어떤 질문을 하겠습니까?
- 항공요금 인상에 대해 승객들을 어떻게 설득시키겠습니까?
- 불어로 질문하는데 불어를 모른다면 어떻게 대처할 것입니까?
- 술을 잘 못하는데, 직장 상사와의 모임에서 술을 강요당하면 어떻게 하겠습니까?
- 승무원 합격과 로또 당첨 중 하나를 선택하라면 무엇을 선택하겠습니까?
- 업무미숙으로 인하여 선배들에게 혼났을 때 어떻게 하겠습니까?
- 외국에 갔는데 지갑을 잃어버리면 어떻게 할 것입니까?
- 울고 있는 아이를 웃게 할 수 있는 방법은 무엇입니까?
- 자신도 잘 모르는 것을 손님이 물어봤을 때 어떻게 하겠습니까?

Role-playing(역할연기)

　일부 항공사에서는 승무원 채용과정에서 '역할연기(role-playing)' 면접을 실시하고 있다. 이는 기내에서 벌어질 수 있는 서비스상황에서 승객과 승무원의 역할을 설정하여 모의로 실연(實演)하는 방법을 말하는 것인데, 그 이유는 승무원은 사람을 상대하는 직업이기 때문에 지원자들의 다양한 모습을 승객의 입장에서 보다 입체적으로 파악할 수 있는 장점이 있기 때문이다. '역할연기'는 지원자가 용모, 스피치, 서비스마인드 등 어느 한 부분만이 아닌 서비스 종사원으로서 얼마나 준비되었는지 종합적으로 판단할 수 있는 좋은 방법으로 평가받고 있다.

　여러 방식이 있을 수 있으나, 승객들의 요구나 기내상황에 대처하는 능력 등을 테스트하기 위해 응시자들에게 각종 주문이나 돌발적인 행동, 질문을 하고 대처하는 모습과 서비스 대화를 평가하게 된다.

　역할연기에서는 항공사에서 준비하는 가상 상황으로 승객이 아플 때, 커피를 쏟았을 때, 어린이 승객이 소란을 피울 때 등 실제 비행근무 중 발생할 수 있는 매우 다양한 상황들을 실연한다. 이러한 상황들은 사실 그때의 상황, 승객의 성향 등의 복합적인 요소들이 결합되기 마련이므로 단순히 제시된 역할극 상황하에서 현명한 답을 찾는 것은 오랜 경력의 승무원이라도 불가능할지 모른다. 그러므로 어떠한 주어진 상황설정에도 크게 당황하지 않도록 한다. 모든 상황에 대한 정답이 있다기보다, 상대방에게 주는 호감이나 순발력, 재치 등이 중요한 평가요소가 될 것이기 때문이다.

　역할연기는 주로 불만고객을 응대함에 있어서 발생하는 사례들을 중심으로 이뤄지며 반드시 정답이 있는 것이 아니라 상황에 따른 상식적인 판단 정도를 평가하려는 것이다. 당신의 상식에 근거하여 다음에 나오는 사항들에 유의하면서 주어진 상황들에 어떻게 대처할지 생각해 보도록 하라.

▪ 단 한마디에도 주의깊고 세심하게

무언가 부탁을 받으면 "예." 하고 소극적인 응대를 하기보다는 "예, 곧 갖다 드리겠습니다."라고 자신감 있게 말하는 것이 상대방 입장에서 볼 때 신뢰감이 든다. 또 준비시간이 지체될 경우에는 "죄송합니다만, 지금 준비 중이니 5분 정도 기다려주시겠습니까?" 하며 정확하게 안내할 수 있어야 한다. 고객이 기다리는 시간은 같으나 서비스직원의 주의깊은 말 한마디로 고객이 기다리는 시간은 길게 느껴질 수도, 아주 짧게 느껴질 수도 있을 것이다.

단 한마디가 달라도 듣는 사람이 받는 인상은 크게 달라질 수 있다. 작은 일에서부터 '항상 무엇에든 책임을 지고 틀림이 없다'는 확신으로 좋은 이미지를 보여주려는 노력이 필요하다.

▪ 어떠한 상황에서든 긍정적으로 말한다

긍정적인 단어를 최대한 많이 사용하면 상대방에게 좋은 인상을 심어줄 수 있다. 무언가를 사러 나가서 "그 상품은 품절되었습니다. 없습니다.", "안 됩니다.", "그렇게 해드릴 수는 없습니다."라는 부정적인 대답을 듣는 것보다 "지금은 없습니다만, 창고에 재고가 있는지 알아보고 오겠습니다." 등의 적극적인 말을 듣게 되면 설령 상품이 없어도 일단 기분이 나쁘지 않다. 또 "마침 같은 상품은 없지만 대신에 이 상품은 어떠세요?"와 같은 방법으로 대안을 제시하는 점원은 센스 있게 느껴진다.

"지금은 바빠서 안 돼요."라는 표현보다는 "죄송합니다만, 급한 일을 먼저 처리하고 10분쯤 후에 해드려도 괜찮으시겠습니까?"로, "신분증 없으면 안 돼요."는 "이 업무를 처리하려면 반드시 신분증이 필요합니다."라는 긍정적인 표현을 사용해 보라.

질문의 용어도 주의깊게 선택하여 부정적인 느낌을 주는 질문은 피한다. '왜'라는 질문은 도전적인 것처럼 들릴 수 있고 부정적 감정의 반응을 촉진시킬 수 있다.

"왜 그렇게 하시죠?"는 "무엇 때문에…", "어떤 다른 일이 있으신가요?"로, "…라고 생각지 않으세요?"는 "…을 어떻게 생각하시나요?"라고 표현하는 것이 바람직하다.

어떤 경우에도 될 수 있는 한 부정문을 사용하지 않는 것은 상대방에게 최선을 다한다는 성실함으로 비쳐진다.

▪ 항상 의뢰형이나 청유형으로 말한다

사람은 누구나 타인으로부터 지시나 명령을 들으면 마음속에 저항감이 생기게 된다. 특히 서비스직원이라면 어디까지나 결정권은 고객에게 맡기도록 하며 청유형 문장으로 지시를 부드럽게 한다. "부탁한다, Please" 등의 한마디를 붙이는 것만으로도 고객과의 대화가 부드러워질 수 있다.

또한 극장이나 음악회 등 줄을 지어 입장해야 하는 장소에서 "줄 서세요."라고 지시하기보다 "차례대로 모시겠습니다."라는 표현으로 고객을 유도하는 말의 기술이 필요하다.

즉 상대방에게 '어떻게 하라, 하세요.' 등의 명령형의 말보다 '~해주시겠습니까?', '~해주시기 바랍니다.', '~해주시면 감사하겠습니다.' 등의 청유형이나 자신이 '어떻게 해주겠다'는 적극적인 응대의 화법을 사용하는 것이 좋다.

▪ 경어를 품위 있고 정중하게 구사한다

상대방을 높이는 경어표현은 자신의 인격을 돋보이게 한다.

'차 마시세요.'라는 소리보다는 '차 드시겠습니까?'라는 소리가 듣는 사람의 기분을 훨씬 좋게 할 것이다. 경어는 바로 '나를 중요하게 여겨준다.', '나에게 경의를 나타내준다.'라는 느낌을 받게 하기 때문이다.

또한 자연스럽게 경어를 사용하는 것도 중요하다. 매번 문장마다 "…이다. …습니까? 하십시오."를 연속적으로 말하다 보면 듣는 사람으로 하여금 딱딱한 기계적인 느낌과 함께 부담을 줄 수도 있다. 경어를 구사하되 "…그렇지요. 네, 알겠습니다." 하는 식으로 자연스럽고 조화롭게 부드러운 표현을 사용하는 것이 좋다.

▪ 쿠션어, 플러스 대화로 응대한다

"저기…"라든지 "여보세요." 등으로 말을 하고 싶은 것을 '실례합니다만, 죄송합니다만,' 등의 쿠션어로 말을 하기 시작하면 우아함이 있는 말 붙임이 가능하다. 영어에는 'Excuse me'라고 하는 편리한 단어가 있다.

특히 상대의 욕구를 채워주지 못할 때, 안 된다고 해야 할 때, 부정해야 할 때, 부탁할 때는 대화의 첫 부분에 쿠션을 줄 수 있는 말을 덧붙여 표현한다. '죄송합니다만', '번거로우시겠습니다만', '실례합니다만', '바쁘시겠습니다만', '괜찮으시다면', '불편하시겠지만', '양해해 주신다면' 등의 쿠션 언어는 뒤에 따라오는 내용을 부드럽게 연결시키고 보완하는 윤활유가 된다. 이와 같은 쿠션 언어를 이용하면 부드럽고 품위 있게 말할 수 있다.

고객의 경우 '서비스직원이 무성의하다'고 느낄 때는 바로 행동만 하고 말을 하지 않을 때이다. 말하지 않고 무표정한 행동으로 서비스를 한다면 친절함과는 거리가 멀어지게 된다. 그러므로 고객서비스 응대 시 한 가지 행동을 할 때 반드시 한 가지 말을 하는 것을 기본으로 한다. 상대방은 두 단어, 즉 복수로 말할 때 친절함을 느끼게 된다.

다음 중 고객이나 상사가 부를 때 어떻게 하는 것이 바른 행동일까?

1. 그냥 다가간다.
2. 다가가서 "부르셨습니까?"라고 한다.
3. 부르면 즉시 "네."라고 대답하고, 다가가서는 "부르셨습니까, 손님?" 혹은 "부르셨습니까, 부장님?"이라고 밝은 목소리로 응대한다.

당연히 3번이 친절한 응대가 될 것이다.

단순한 것 같지만 복수로 응대하는 것이 친절함을 느끼게 하는 데 크게 영향을 미치게 되므로 실천하고 습관화시키도록 한다. 단 고객이 서비스직원에게 다가올 때, 일어서서 고객에게 인사하고 마음으로 다가가서 간절히 돕고 싶어 하는 것을 보여준다.

"네, 그렇게 하겠습니다."

"네, 부르셨습니까?"

"손님, 무엇을 도와드릴까요?"

"손님, 잠시만 기다려주시겠습니까?"

"(오래 기다렸던 고객을 응대할 때) 손님, 오래 기다리셨습니다."

▪ 고객을 기억하여 호칭한다

'자신을 기억해 주는 서비스가 가장 좋은 서비스'라는 통계결과가 있다. 또한 호칭은 상대와 공감대를 형성하는 데 좋은 방법이 될 수 있다. 사람을 기억하기 위해서는 상대에 대한 관심과 노력이 필요하며 사람을 잘 기억하는 능력은 서비스 직원에게 필수불가결한 요소라고 할 수 있다. 즉 고객의 이름을 기억하여 사용하는 것은 고객과의 관계를 친밀하게 하는 좋은 방법이며 서비스직원의 의지가 있어야 한다. 그러한 의지만 있다면 그리 어려운 일이 아니다. 또한 중요한 것은 언제나 호칭하는 것 그 자체가 중요한 것이 아니라 한 분 한 분 고객에게 관심을 갖고 알아주는 것이 목적이다. 고객에게 어쩌다 '한 번 정도만 하면 되겠지' 하고 호칭하는 것은 고객에게 형식적인 느낌을 줄 수도 있다. 반면에 지나치게 남발하여 사용하면 오히려 부담스러울 수 있다. '이때쯤이다'라고 생각될 때 자연스럽게 호칭하기 위해서는 그 타이밍, 상황 등을 파악하는 센스가 필요하다.

대부분의 사람들은 특별하게 인식되고 특별한 개인으로 보여지는 것처럼 느끼고 싶어한다. 고객이 어떤 식으로 불리기를 원하는지 아는 것은 그 고객을 응대하는 데 있어 매우 중요한 영향을 미칠 수 있다.

◉ 이봐 승무원. 도대체 와인을 몇 번이나 주문을 했는데 어떻게 된 거야? 좌석을 원하는 곳에 해주지도 않고, 서비스가 엉망이군.

기내에서 발생하는 승객들의 불만 가운데 가장 많이 발생하는 사례 중 하나이다. 승무원은 수십 명의 승객에 대한 서비스 중 한 사람을 빠뜨린 것이지만 승객에게는 자신에게 주어지는 단 한 번의 서비스를 받지 못하는 만큼 그 불만 정도는 매우 클 것이므로 정중히 사과를 하고 부족한 서비스를 만회할 수 있도록 노력한다. 승객의 불만이 매우 심할 경우 상급자나 서비스 책임자에게 보고를 하는 것도 좋다.

◉ (비행점검 시간이 늦어져 출발이 지연된 상황)

이봐요, 승무원. 서울에 도착해서 급한 볼일이 있는 데 ○시간이나 늦게 도착한다니 당신들 책임질 수 있어요? 시간 내에 도착 못 하면 벌금을 ○○○만 원 물어야 되니까 당신 회사에서 배상해요!

우선 정확한 지연이유를 설명하도록 한다. 비행점검 등으로 인한 지연일 경우 안전한 비행을 위해서 불가피한 상황이라는 것을 정중하게 알리고 양해를 구한다. 그리고 비행기가 다소 늦게 출발하더라도 도착시간을 최대한 맞추기 위해서 노력하겠다고 말씀드린다(계속해서 출발이 지연되면 해당승객에게 수시로 상황을 설명한다).

항공기가 연착하는 이유는 기상변화나 공항혼잡과 같이 불가항력적인 경우가 많다. 항공권에는 이러한 상황별 연착에 대한 배상기준이 명시되어 있으며, 항공사 측의 실수에 의한 지연과 그렇지 않은 경우의 지연에 대한 책임과 배상은 큰 차이가 있다. 그러나 배상의 차원을 떠나서 지연된 사실 자체에 정중히 사과하고 최대한 승객의 감정이 상하지 않게 이러한 사실관계를 잘 설명한다. 상황에 따라 정확한 사실을 확인한 후에 답변을 하며, 승무원의 개인적인 소견으로 안내하는 것은 금지사항이다.

◉ 승무원이 자꾸만 내 팔을 치고 다녀서 내가 잠을 제대로 잘 수가 없다. 왜 다 하나같이 내 팔을 치고 다니느냐. 사무장 빨리 불러와라.

기내의 통로가 많이 좁기 때문에 실제로 이러한 컴플레인이 자주 발생한다.

이 경우 명백한 승무원의 잘못이기 때문에 정중히 사과하는 것이 최선의 방법이다. 그리고 해당 승객에게서 같은 실례가 발생하지 않도록 동료 승무원들에게 이러한 사실을 알려주는 것도 중요하다.

○ 기내식으로 스테이크와 비빔밥이 메뉴인데 비빔밥이 다 서비스되어 스테이크밖에 안 남았는데, 승객은 고기를 못 먹는다거나 스테이크를 싫어하니까, 끝까지 비빔밥을 구해달라고 하는 경우

국제선 비행에서 흔히 접하게 되는 승객의 불만사항이다. 우선 다른 지역의 근무자에게 여분의 비빔밥이 있는지 확인을 해야 한다. 승무원을 위해 탑재되는 승무원용 식사도 최대한 활용한다. 승객들은 자신을 위해 최선을 다하는 승무원의 모습을 보는 것만으로도 불만이 많이 줄어들게 될 것이다. 그리고 이렇게 한 번 불만을 가진 승객은 도착 때까지 좀 더 세심한 배려와 서비스가 필요하다. 두 번째 식사 때는 그 승객에게 식사 선택의 기회를 드리도록 한다.

○ 담배를 피우고 싶은데 한 번만 봐달라

기내에서의 흡연은 엄격하게 금지되어 있다. 흡연은 무엇보다 항공기 화재의 중요한 원인이 될 수 있으므로 많은 승객들의 생명을 위협할 수 있는 매우 위험한 행위이다. 이러한 위험성을 알려 안전운항을 위한 것임을 강조한다면 대부분의 승객들은 흡연을 포기한다. 하지만 이러한 만류에도 계속해서 흡연을 하려고 하면 항공법에 따라 처벌받을 수 있다는 내용을 단호하게 알리고 기내 책임자에게 보고하는 것이 좋다.

○ 아가씨, 우리 애가 너무 지겨워하는데 뭐 방법 없어요?

서비스 중이거나 바쁠 때는 사정을 잘 말씀드리고 시간이 날 때 최소한의 성의를 보여주는 것이 좋다. 매우 드문 경우이기는 하지만 무엇보다 승객의 입장에서 생각하는 것이 중요하다. 기내에 실린 선물이나 과자 같은 것을 아이에게 주는 것도 좋은 방법 중 하나이다.

○ 승객이 음식에 뭐가 들어갔다고(파리, 머리카락 등) 컴플레인

우선 정중하게 사과를 하고 다른 식사로 바꿔드려야 한다. 그리고 객실담당자(사무장)에게 즉시 보고를 한다. 이렇게 항공사 측의 명백한 실수에 대한 불만은 승무원의 노력에 따라 사후처리가 크게 달라지기 때문에 좀 더 적극적인 대처가 필요하다.

◎ ○○신문을 달라고 승객이 요구했는데 신문이 다 떨어진 경우

모두 서비스되었음을 알리고 정중히 사과한다. 차후 다른 승객이 다 본 ○○신문을 깨끗하게 정리해서 서비스한다. 물론 깨끗하게 정리해서 드리는 것도 잊지 말아야 한다.

◎ 기내가 너무 추운 거 같다는 상황 제시. 근데 옆 사람은 너무 덥다고 한다

기내온도는 항상 적정온도로 자동으로 유지됨을 알려드리고 춥다고 하는 승객에게 는 담요를 제공한다. 따뜻한 차나 음료를 권해드리는 것도 좋은 방법이다.

◎ 제가 지금 속이 메스껍거든요? 체한 것 같은데 아가씨 손 딸 줄 알아요?

비행 중인 항공기 안의 환경은 일반적인 경우와 많은 차이가 있다. 따라서 위급한 상황이 아니면 주관적인 판단으로 치료하는 것은 금물이다. 기내에 탑재된 구급약, 따뜻한 차, 소다류 등을 드리고 가능하면 '기내를 걷는 것'과 같이 간단한 운동을 권해 드리는 것이 좋다.

◎ 아래 상황을 잘 생각해 보고, 적절한 대처방법을 생각해 보라.

- (남자 승객이 계속 승무원의 엉덩이를 치면서 불렀을 때) 아가씨~
- (면세품 파는 시간) 물건 그만 팔고 불 좀 꺼요. 잠 좀 자게.
- (반말하는 승객) "야! 물 좀 가져와!"
- (술에 만취한 승객) 여기 코냑 한 잔 더!
- 저 자리 내 자린데 다른 사람이 앉아 있네요. 어떻게 좀 해주세요.
- (앉아 있는 손님) 아니. 그게 무슨 소리예요. 아까 저 승무원이 나보고 여기 앉으라 고 했는데 왜 이제 와서 옮기라 마라 하는 겁니까?
- (채식을 특별식으로 주문한 승객) 뭐라고요? 안 실렸다고요? 나 고기 못 먹는데?
- 감기가 심하게 걸렸는데 약 없어요?
- 승무원! 오늘 비가 와서 그런지 자리가 많이 비었네요. 솔직히 손님이 없는 게 편하죠? 회사 쪽에서는 아닐지 몰라도 승무원 입장에서는 없는 게 좋잖아요?
- 승무원들 월급은 얼마나 되나요?
- 심심해서 그러는데 뭐 없어요?

- 아가씨~ 우리 애가 조종실에 가고 싶어하는데 좀 데려다주세요.
- 아까는 몰랐는데 어떤 승무원이 내 흰 블라우스에 커피를 쏟고 갔네요.
- 앞의 승객이 의자를 너무 뒤로 눕혀서 불편해요.
- 어떻게 비행기가 일반 고속버스보다 좌석이 좁아요. 비즈니스클래스 자리는 남던데 가서 앉으면 안 되나요?
- 어린이들한테 주는 기념품 달라고 했더니 없다고 하던데, 아가씨가 하나 구해와요.
- 어머니랑 동생이랑 일행인데, 자리가 다 떨어졌어요. 아까 붙여준다고 했는데 왜 안 바꿔줘요?
- 왜 나만 빼놓고 식사를 안 주나? 아까 탈 때부터 나한테 소홀하더니 밥까지 안 주네!
- 이 담요 가져가도 되지요?
- 이거 기내식 그릇이 깨져 있거든요.
- 잠 좀 자려고 하는데 창가사람이 창을 열어서 잠을 못 자겠어요! (영화를 못 보겠어요!)
- 좌석을 창가로 옮겨주세요.

English Interview

영어면접은 지원자가 외국인과의 커뮤니케이션 능력을 어느 정도 갖추고 있는지를 테스트하는 것이기 때문에 상대의 질문을 잘 알아듣고 자신의 생각을 대답할 수 있다면 크게 두려워할 필요가 없다.

승무원에게 외국어능력이 중요한 것은 분명한 사실이지만 회사가 기대하고 있는 것은 단순한 외국어능력뿐만 아니라 다국적 승객을 대하는 승무원의 커뮤니케이션 능력도 평가하면서, 실제로 업무를 잘해 나가기 위한 기술, 의욕, 경험, 지식 그리고 가능성을 보고자 하는 것이라고 판단된다.

영어면접에서는 영어 표현능력이 평가핵심이 되는데, 여기서 말하는 표현력이란 유창한 영어를 말하는 것이 아니라 표현의 간결성, 명확성, 논리의 통일성 등을 말한다.

면접은 회화로 이루어지므로 어려운 단어를 구사하려고 애쓰기보다 간단한 문장으로 이해하기 쉽고 설득력 있는 표현을 하는 것이 중요하다.

또한 영어 인터뷰 시 세련된 매너로 그리고 내용을 정확하게 전달하기 위해서는 영어발음도 중요하나 자신의 의견을 상대에게 제대로 전하는 것이 가장 중요한 것이다. 발음에 다소 자신이 없더라도 면접관은 문맥으로 의미를 파악할 수 있으므로 올바르고 정확한 표현법을 사용하도록 한다.

면접자의 자격과 적성 등을 파악하기 위해 면접 담당자는 여러 가지 질문을 하게 된다. 그러나 질문의 내용은 일반적으로 평이하고 일정한 패턴이 있으므로 그 내용을 예상하고 미리 대답을 준비해 두면 유리할 것이다.

질문의 내용에 따라 다르기는 하지만, 중요한 사항 및 기억해 두었던 영어 표현들에 대해서는 메모하여 이를 참고로 답변하는 것이 면접을 성공으로 이끄는 비결이다. Part 4 Chapter 10에 나오는 질문사항들을 잘 읽어보고 자신에게 알맞은 자신의 답변을 잘 생각해 두기 바란다.

외운 답이 아니라 반드시 자신의 생각을 이야기한다는 느낌으로 각 예상문제에 대한 답변을 연습한 후 녹음기에 녹음해서 들어보라.

- 자신에 대해서 말할 수 있는 모든 것은 영어로 간단히 말할 수 있어야 하고, 서비스직에 관련되어 나올 만한 질문들을 사전에 살펴보고 답변들을 간단하게 말할 수 있어야 한다.

- "Tell me about yourself."라는 질문에 태어난 장소나 자라난 환경 등은 대답으로서는 좋지 않다. 즉 "My name is…"로 시작하는 천편일률적인 내용을 탈피하고 나의 경력과 특기를 중심으로 하는 핵심적이고 인상적인 내용으로 준비하도록 한다.

- 마지막으로 "Is there anything you want to ask? (무슨 질문이 있습니까?)"라고 물었을 때 곧 침착한 태도로 질문하면 플러스가 될 것이 분명하다. "May I ask you something?"이라고 하면서 말하도록 한다.

- 맞장구를 치는데, Yap! Uha! Oh, really! 등은 좋지 않다. Yes or No로 대답한다. 또한 You know! You guys!와 같은 말도 면접에는 어울리지 않는다.

- "No."라는 대답보다는 "I'm afraid…"라는 대답을 하고, 대답이 잘 생각나지 않을 때는 더듬거리며 불필요한 말을 꺼내기보다는 "Well…"이라고 약간의 시간을 둔 뒤 생각하여 차분하게 대답하도록 한다.

- 예상치 못한 질문, 그것도 의견을 묻는 질문에 답을 하다가 엉키고 논리가 뒤죽박죽이 되는 경우가 많다. 우리말로 하면 그렇지 않겠지만 영어이기 때문에 그런 것이다. 의견을 묻는 질문에는 차라리 Yes 또는 No, 그리고 설명할 자신만 있다면 Yes & No로 일단 화두를 잡고 Because로 시작하는 편이 좋다.

- 질문을 모르는 경우나 알아듣기 어려운 경우는, 정직하게 모르겠다고 대답한다(영어 표현이 안 떠올라도 절대 우리말을 해서는 안 된다).

- 상대방의 말을 제대로 파악하지 못했다면 당황한 나머지 짐작해서 대답하지

말고 다시 묻도록 한다. 면접 때는 반드시 질문자의 의도를 확실히 알아낸
후에 대답하도록 한다.

I beg your pardon, sir.

Would you repeat that for me, sir?

Pardon me? (2초 이내의 짧은 간단한 문장을 놓쳤을 때)

Could you say that again? (보통 길이의 질문을 못 알아들었을 때)

Sorry, I don't follow you. (제법 길어서 듣다가 놓쳤을 때)

Sorry, I still don't get it. (다시 설명해 주었는데도 놓쳤을 때)

I am not sure that I understand you. (여전히 못 알아들었을 때)

계속 못 알아듣는 안타까운 상황이 되면 차라리 알아들은 부분을 가지
고 확인을 해본다.

You mean…

You said…

Warming-up 질문

- Can I ask your name?
- How do you feel? Are you ok?
- Are you tired?
- Are you comfortable with the uniform?
- What time did you come?
- What did you do before you came in?
- Did you come here alone?
- Where do you live?
- How long does it take to get here?
- What did your parents say to you today?
- Did you have breakfast (lunch)?
- Who did you eat lunch with? What did you have?
- How did you prepare for this test?
- What time did you go to sleep last night?
- What did you do last weekend?
- Tell us about your last birthday. What did you do?
- Talk about an experience you had that changed your life?
- What time do you get up in the morning?
- What time do you go to bed at night?
- Do you know your blood type?
- What are you planning to do after this interview?
- Where do you like to go on vacation?
- If you could buy a car, what maker and model would you buy?
- How often do you cook a meat for yourself?

- When you go out for dinner, where do you usually go?
- Where did your family live when you were young?
- What do you do with your family for entertainment?

학교/전공/외국어에 관한 질문

- What's your major?
- How did you study a foreign language?
- Tell me about your school.
- Why did you choose the major?
- What is your favorite subject and worst subject?
- What kind of activities did you do at your college?
- Do you think you are a good student?
- Did you study hard?
- You are good at speaking English. Have you ever been abroad to study English?
- How have you studied English?
- Can you speak another language?
- Can you tell me about your university life?
- What is the most impressive thing in your school life?
- How long have you studied English?
- Why are you studying English?
- Do you believe you can master English?
- Have you ever given a speech in English?

성격/취미/특기 등 개인신상에 관한 질문

- Do you think you are a very fortunate person?
- Are you hard working? Why do you think so?
- What are your strong points?
- What are your weak points?

- Do you have many friends?
- When you make friends, do you choose friends who are different from you or similar to you?
- What is the most important in true friendship?
- Can you describe one of your best friends?
- Have you read the news recently?
- What is the biggest headline news these days?
- What have you read?
- What kind of movies do you like?
- Have you watched a movie recently?
- What is the most impressive movie you've ever seen?
- What foods do you like?
- Can you recommend any good restaurants that are located near your place?
- Do you like to go shopping?
- How often do you go?
- Where do you go shopping?
- Why do you always to go shopping there?
- Do you like to go shopping with others or alone?
- Do you have a boyfriend?
- How long have you dated?
- What do you do when you meet with your boyfriend?
- How many members are in your family?
- What has been your biggest success in life?
- Can you tell me about a time when you showed leadership skills?
- What kind of animal (music, books or sports) do you like best?
- How do you think people will remember you?
- If you could meet any music star, who would you like to meet?
- Do you act spontaneously or by a plan?

- Do you see yourself as being a competitive person?
- What seems to anger you the most and why?
- What is your favorite style of book to read?
- Tell me about your personality.
- What kind of people do you like?

건강/스트레스에 관한 질문

- Do you think you are healthy?
- Can you swim? Do you go swimming often?
- What food would be good for your health?
- What sports do you like?
- How do you handle your stress?

여행에 관한 질문

- Have you ever been abroad?
- Where have you been?
- Why did you go there?
- What did you do there?
- Which cities were the best you've been to so far?
- How different are they than Korea?
- Have you ever been in a difficult situation while traveling?
- Can you tell me about Jeju Island?
- Do you have any vacation plans this summer?
- If you became a flight attendant, where would you like to go flight? And why?
- Do you prefer traveling alone or with others?

회사/승무원 직업에 관한 질문

- Have you ever applied to our company?
- If yes, why do you think that you failed to get a job?
- Why did you apply to our company?
- Are you interviewing with any other companies?
- To become a flight attendant, how have you prepared for this interview?
- There are so many applicants. Why should I hire you of all people?
- What do you know about our company?
- What do you think about the uniform of Korean Airline?
- Do you know how many cities we serve?
- What are some advantages and disadvantages of becoming a flight attendant?
- What kind of flight attendant would you like to be?
- What are some important characteristics of becoming a flight attendant?
- Do your parents want you to become a flight attendant?
- Which one is more important: safety or good service?
- How long will you work at our company?
- What will you do in 10 years? What do you expect to be doing in 10 years?
- What do you do for a living?
- Can you tell me about your working experience?
- Can you tell me about a time you had to deal with a difficult customer?
- Do you have any expectations in terms of your salary?
- Do you have any expectations about future promotions or a possible pay raises?
- Do you have any particular conditions that you would like the company to take into consideration?
- How do you think the working conditions will be here?
- How would you get to work?

- I'd like to hear about your visions for your future.

- Describe your ideal career.
- What are some of your career objectives?
- In order to succeed in this field, what kind of personal attributes would an employee need to have?
- Do you consider the kind of work that you do more important than the amount of money you get paid for that work?
- What do you do when you make a mistake at work?

Role-playing

- If a passenger smokes on the air plane, how can you handle him/her?
- If a baby keeps crying, what would you do?
- How can you recognize a passenger who is angry?
- If a drunken passenger keeps requesting more alcohol, what would you do?
- If you knew you were dying in a month, what would you do before?
- What would you do if an economy-class passenger asks for the first-class meal?
- If the passenger complains that it's really hot in the aircraft, what would you do?
- If there is a bomb threat, how would you feel? How would you handle yourself?
- If a passenger wants to change his/her seat to first class, what would you do?
- If a passenger asks you on a date, what would you do?
- If you have some tension with your senior, how can you handle it?

- What do you think are some difficult problems working with foreign passengers?
- How can you explain bibimbap? Can you explain how to eat it?
- If a passenger keeps touching your butt, what would you do?
- There could be a lot of emergency situations on airplanes. How can you handle them?
- If a passenger takes a blanket, what would you do?
- When you get your first paycheck, what would like to do with this money?
- What would be your reaction toward an angry passenger? And why?

기내방송

기내방송은 일부 항공사에서 채용과정 중 평가하기도 하는 항목이며, 승무원지망생에게 기내방송문은 스피치 훈련에 아주 적합한 학습자료이다. 방송을 통한 스피치 훈련이야말로 기내 상황을 간접적으로 느끼며, 보다 흥미롭게 연습할 수 있기 때문이다.

승무원 시험준비를 위해 기내방송연습을 할 때 항공사별로 시기에 따라 그 내용이 약간씩 변화되므로 특정 방송문을 외우려 노력하지 말고 어떠한 방송문이 주어져도 내용에 맞게 읽어내는 능력을 키우는 것이 매우 중요하다.

승객은 전문성 있고, 친절하고, 자신감 있는 목소리를 듣고 싶어한다.

자신이 항공기 탑승객이라 가정하고 기내에서 방송하는 승무원이 어떤 목소리로 방송하는 것이 좋게 들릴 것인가를 생각해 보라.

각 나라 말에는 그 나라 말의 특성에 따라 억양, 스피드, 강세 등이 서로 다르듯이 우리나라 말도 이러한 여러 가지 특성들이 서로 혼합되고 조화를 이루어 하나의 언어로 탄생하게 된다.

다음에 제시되는 듣기 좋은 목소리와 싫은 목소리의 자질을 참고하여 자신의 느낌을 구체화하여 비교해 보라.

- 듣기 좋은 목소리 : 밝고 명랑한 목소리, 친절하고 상냥한 목소리, 탁 트인 목소리, 다정하고 부드러운 목소리
- 듣기 불편한 목소리 : 가늘고 약한 목소리, 쉬거나 거친 목소리, 콧소리, 억양이 없는 단조로운 목소리, 기계적이고 냉담한 목소리, 메마르고 침착하지 못한 목소리, 힘없는 목소리, 성의 없는 목소리

　서비스의 질적 향상을 위하여 상냥하고 아름다운 목소리를 내는 것은 필수적이다. 자연스럽고 편안한 감정을 상대에게 전달할 수 있는 안정되고 자신감 있는 목소리로 서비스할 수 있도록 목소리 훈련을 열심히 해야 한다.

- 방송에 적합한 목소리는 밝고 명랑하며 친절한 목소리이다.
- 전달력을 높이기 위해 일반 대화보다 천천히 명확하게 말하고 일정한 톤을 유지해야 한다.

　누구나 긴장하면 자신도 모르게 말이 빨라지는데, 여기서 '천천히'란 느리게 말하라는 것이 아니라 한마디를 하고 나서 충분히 호흡을 가다듬은 후에 다음 말을 이어나가는 여유로움이 중요하다는 뜻이다.

　예를 들어 [오늘도 / ○○항공을 찾아주신 / 손님여러분! /]이라고 방송할 때 (/)로 표시된 부분을 쉬어가면서 충분히 호흡한 후 다음 말을 해 나가면 말하기 쉬울 뿐 아니라 듣는 승객 또한 편안한 마음으로 들을 수 있다.

- 자연스럽게 말한다. 글자 한 자 한 자에 음의 변화를 주거나 단어에 악센트를 주다 보면 말이 부자연스럽고 청중이 듣기 거북하게 된다. 많은 탑승객을 대상으로 하는 방송이지만 승객 개개인이 듣기에 마치 승무원이 자신 앞에서 말하는 것처럼 느끼듯 자연스럽게 방송하도록 한다.

영어방송을 세련되고 정확하게 하기 위해서는 다음의 요소들을 우선 이론적으로 이해하고 있어야 한다.

① 명료하고 세련된 영어방송 기본 요소

- 음소의 정확한 조음(correct articulation of sounds)
- 올바른 억양(correct intonation)
- 정확한 강세(exact stress)
- 자연스런 리듬(natural rhythm)

② 비행 편 수(Flight Number) 읽기

비행 편 수(flight number)를 알려주는 숫자를 말할 때에는 한 자리씩 띄어 읽는다.

0은 단어 첫머리에 올 때에는 zero[zirou]로 읽고 단어 중간이나 어미에 올 때에는 alphabet 'o'[ow]로 읽는다.

This is ^flight 704 [^seven o ^four] ｜ ^bound for ^Tokyo

③ 현지 시간과 날짜 말하기

장거리 비행에서 출발지와 도착지는 시간대가 달라질 수 있다. 따라서 시차가 발생하고, 날짜 변경선을 지나 비행하는 경우 날짜가 달라진다. 도착 시 Farewell 방송에서 현지시간(local time)과 날짜를 정확하게 알려주기 위하여 다음과 같은 문장형식을 사용한다.

The local time is…

The local time ｜ is eight fifty five P.M. ｜ Monday ｜ May fifteenth

---

어순(word order) : 시간 + 요일 + 달 + 날짜

■ Baggage Securing

Ladies and gentlemen,

For your comfort and safety, please put your carry-on baggage/ in the overhead bins or under the seat in front of you.

When you open the overhead bins, please be careful as the contents may fall out.

Thank you.

손님 여러분, 갖고 계신 짐은/ 앞좌석 밑이나 선반 속에 보관해 주시고, 선반을 여실 때는/ 먼저 넣은 물건이 떨어지지 않도록 조심해 주십시오.

감사합니다.

■ Welcome at Original Station : General

Good morning (afternoon, evening), ladies and gentlemen.
On behalf of captain(family name) and the entire crew, welcome aboard
○ ○ ○, air flight _____ bound for _____ (via _____).
Our flight time to _____/will be _____ hour(s) _____ minutes/ after take-off.
Please refrain from smoking at any time in the cabin or in the lavatories.
If there is anything we can do/ to make your flight more comfortable, our cabin crew are happy to serve you.
Please enjoy the flight.
Thank you.

손님 여러분, 안녕하십니까?
이 비행기는 (~를 거쳐) _____까지 가는 ○○항공 _____편입니다.
목적지인 _____공항까지의 비행시간은/ 이륙 후 _____시간 _____분으로 예정하고 있습니다.
오늘 (Full Name) 기장과 (Full Name) 사무장, 그리고 _____명의 승무원이/ 여러분의 항공여행을 안내해 드리겠습니다.
손님 여러분, 화장실을 비롯한 모든 곳에서 담배를 피우시는 것은/ 항공법으로 금지되어 있으니, 유의하시기 바랍니다.
아무쪼록 (도시명)까지 편안한(즐거운) 여행을 하시기 바랍니다.
감사합니다.

▪ Seatbelt Sign Off 안내

Ladies and gentlemen, the seatbelt sign/ is now off.
For your safety, please keep your seat belt fastened while seated.
When opening the overhead bins, be careful as the contents may fall out.
Thank you.

손님 여러분, 방금 좌석 벨트 사인이 꺼졌습니다.
그러나 기류변화로 비행기가 갑자기 흔들릴 수 있으니 자리에 앉아 계실 때는/ 항상
좌석 벨트를 매주시기 바랍니다. 또한 선반 속의 물건을 꺼내실 때는/ 안에 있는 짐들이
떨어지지 않도록 조심해 주십시오.
감사합니다.

▪ Turbulence : Light

Ladies and gentlemen,
A. We will be passing through turbulence.
B. We are now passing through turbulence.
Please return to your seat and fasten your seat belt.
Thank you.

안내말씀 드리겠습니다.
A. 기류변화로 비행기가 (다소) 흔들릴 것으로 예상됩니다.
B. 기류변화로 비행기가 흔들리고 있습니다.
여러분의 안전을 위해/ 자리에 앉아 좌석 벨트를 매주시기 바랍니다.
감사합니다.

▪ Approaching

Ladies and gentlemen,

We are approaching _____ airport.

We will be preparing for the landing.

Your cooperation will be appreciated.

Thank you.

손님 여러분, 우리 비행기는 약 (20분) 후에 _____ 공항에/ 도착하겠습니다.

저희 승무원들의 착륙준비에 협조해 주시기 바랍니다.

감사합니다.

▪ Landing

Ladies and gentlemen,

We will be landing shortly.

Please fasten your seat belt/ and return your seat back, (foot rest,) and tray table/ to the upright position.

Also, please secure your carry-on baggage/ under the seat in front of you or in the overhead bins.

Thank you for your cooperation.

손님 여러분

우리 비행기는 잠시 후에 착륙하겠습니다.

좌석 벨트를 매주시고, 등받이와 (발 받침대) 테이블을 제자리로 해주십시오.

아울러 꺼내놓으신 짐들은 선반 속과 앞좌석 밑에 다시 보관해 주십시오.

감사합니다.

■ Farewell at Terminal Station : General

Ladies and gentlemen,
Welcome to (도시명)
The local time is (_____ : _____) in the morning(afternoon/evening).
For your safety, please remain seated/ until the captain has turned off the seat belt sign.
When you open the overhead bins, be careful as the contains may fall out.
And also please have all your belongings with you when you deplane.
Thank you for flying (항공사명), and we wish you a pleasant stay/ hear in (도시명).
Thank you.

손님 여러분, (도시명)에 오신 것을 환영합니다.
지금 이곳 시간은/ 오전(오후) ___시 ___분입니다.
비행기가 완전히 멈춘 후, 좌석 벨트 사인이 꺼질 때까지/ 잠시만 자리에서 기다려주시기 바랍니다.
선반을 여실 때는/ 안에 있는 물건이 떨어지지 않도록 조심해 주시고, 잊으신 물건이 없는지/ 다시 한번 살펴주십시오.
오늘도 저희 ○○항공을 이용해 주셔서 감사합니다.
안녕히 가십시오.

저자 소개

박 혜 정

이화여자대학교 정치외교학과 졸업
세종대학교 관광대학원 관광경영학과 졸업(경영학 석사)
세종대학교 대학원 호텔관광경영학과 졸업(호텔관광학 박사)
대한항공 객실승무원
대한항공 객실훈련원 전임강사
동주대학교 항공운항과 교수
현) 수원과학대학교 항공관광과 교수

항공사 객실승무원 면접

2024년 6월 25일 초판 1쇄 인쇄
2024년 6월 30일 초판 1쇄 발행

지은이 박혜정
펴낸이 진욱상
펴낸곳 백산출판사
교 정 성인숙
본문디자인 오행복
표지디자인 오정은

저자와의
합의하에
인지첩부
생략

등 록 1974년 1월 9일 제406-1974-000001호
주 소 경기도 파주시 회동길 370(백산빌딩 3층)
전 화 02-914-1621(代)
팩 스 031-955-9911
이메일 edit@ibaeksan.kr
홈페이지 www.ibaeksan.kr

ISBN 979-11-6639-448-5   13320
값 23,000원